111 GRÜNDE, SCHOKOLADE ZU LIEBEN

W0179726

Eva Derndorfer

111 GRÜNDE, SCHOKOLADE ZU LIEBEN

Wissenswertes und Anekdoten über den süßen Genuss

SCHWARZKOPF & SCHWARZKOPF

hand von Schokolade die Geschlechtergleichstellung zunehmend erkennbar ist | Weil Schokolade eines der Pionierprodukte war, um Fair Trade bekannt zu machen | Weil Schokolade zur politisch-korrekten Bewusstseinsbildung beitragen kann | Weil es viele Bioschokoladen gibt | Weil es auch Schokoladen für Veganer gibt | Weil sich Kakaobohnenschalen als Dünger und als Teezusatz bewähren | Weil Schokolade wohl eines jener Lebensmittel ist, die am seltensten weggeworfen werden

Weil wir alle von Geburt an süß lieben | Weil im Alter der Geschmackssinn zwar nachlässt – die Wahrnehmung von Süßem aber am besten erhalten bleibt | Weil es einen neuen Trend zu bitteren Lebensmitteln und Getränken gibt | Weil der perfekte Schokogenuss erst beim Konsum entsteht | Weil unterschiedliche Kakaobohnensorten und ihre Herkünfte den Geschmack variieren | Weil die Vielfalt enorm ist: von der Salzschokolade bis zur Safranschokolade | Weil man Schokolade sogar mit Käse essen kann | Weil viele Schokoladen Vanille – den Lieblingsduft der Welt – enthalten | Weil Haselnüsse in Schokolade wunderbar schmecken | Weil Schokolade mit Kaffee harmoniert | Weil Schokolade mit Wein interessante Kombinationen ergibt | Weil Schokolade mit Bier eine Symbiose eingeht | Weil dunkle Schokolade mit manchem Whisky mithalten kann | Weil Wein- und Kaffeebeschreibungen lustvoller klingen | Weil Konsumenten eine einheitliche Schokosprache sprechen | Weil sich Schokolade bestens zur Demonstration von Sensorikmethoden eignet

Weil Schokolade als Dickmacher ein Mythos ist | Weil der Trend zu kleinen Portionsgrößen geht | Weil Schokolade munter macht | Weil Schokolade als Brainfood wirkt | Weil Schokolade in der dunklen Jahreszeit das Gemüt erhellt | Weil dunkle Schokolade den Blutdruck senkt | Weil dunkle Schokolade gegen Stress hilft | Weil Schokolade den Cholesterinspiegel sogar positiv beeinflusst | Weil Schokolade als Aphrodisiakum gepriesen wurde und wird | Weil Schokolade kein (illegales) Doping ist |

Weil Schokolade eine gute Magnesiumquelle ist | Weil Kakao vor Karies schützt | Weil Ärzte und Pflegepersonal Schokolade brauchen | Weil viele Schokoladen laktosefrei sind | Weil Schokolade alle fünf Elemente enthält | Weil Genießen nachweislich gesund ist

Weil man mit Schokolade sein historisches Wissen aufbessern kann | Weil Schokolade vor der Oper nicht haltmacht | Weil Schokolade auch in der Unterhaltungsmusik den Ton trifft | Weil es Bonbonball, Zuckerbäckerball & Co gibt | Weil man ganze Museen damit füllen kann | Weil Schokolade in der Kunstfotografie und der Malerei besticht | Weil Schokolade im Zeichentrickfilm wirkungsvoll eingesetzt wird | Weil man in Krimis immer wieder auf Schokolade stößt | Weil in vielen Blogs über Schokolade berichtet wird

Weil Schokolade ein Jobmotor ist | Weil Schokoladenverkoster ein eigener (Neben-)Beruf ist | Weil Schokolade Innovationen fördert | Weil es essbare Verpackungen aus Schokolade gibt | Weil man bei »Bean to Bar« weiß, dass der Hersteller seine Schokolade von der Bohne weg produziert | Weil Conchieren die Qualität von Schokolade verbessern kann | Weil es Schokoladenprämierungen gibt | Weil man durch den Raw-Trend eine neue Schokoseite kennenlernt | Weil gegen Fettreif auf Schokolade zwar kein Kraut gewachsen, aber ein EU-Projekt durchgeführt worden ist | Weil Schokolade formbar ist | Weil die Möglichkeiten, Schokolade anzupreisen, schier unerschöpflich sind | Weil sich Schokolade für innovativen und fächerübergreifenden Schulunterricht eignet

Weil die Dessertkarte ohne Schokolade kurz und die Kuchenvitrine ziemlich leer wäre | Weil es Spaß macht, alte Rezepte wie Linzer Torte aus vergangenen Jahrhunderten zu backen und zu kosten | Weil Pralinenher-

stellen entschleunigt | Weil man mit Schokolade auch pikante Gerichte kochen kann | Weil Schokolade tolles Fingerfood ist | Weil Schokolade den Frühstückstisch bereichern kann | Weil Schokolade im Buchstabenmenü nicht fehlen darf | Weil Schokolade ein guter Aufhänger ist, um kochen zu lernen | Weil man aus Schokolade Seifenblasen, Kaviar und Schüsseln machen kann | Weil Schokolade bei Staatsbanketten serviert wird | Weil Schokolade eine schöne Verzierung ist | Weil Schokoladendesserts auf fast jedem Geschirr schön aussehen | Weil Schokolade zur Resteverwertung eingesetzt werden kann

Weil das Spiel »Schokolade schneiden« süße Kindheitserinnerungen weckt | Weil Katzenzungen ein skurriles Produkt sind | Weil Nugat eine nette Bedeutung hat | Weil Schokolade kein Blut enthält | Weil es unzählige Sprichwörter und Lebensweisheiten zu Schokolade gibt | Weil die Farbe Schokoladenbraun sogar im Duden verankert ist | Weil Schoko-LADE einen Hinweis auf ihren Aufbewahrungsort gibt | Weil es sogar Briefmarken gibt, die nach Schoko riechen und schmecken | Weil die Sollbruchstelle bei Schokolade positiv besetzt ist | Weil wir Serien lieben | Weil es mehr als 111 Gründe gibt | Weil Gründe individuell sind

Lassen Sie es sich schmecken!

Als mich mein Literaturagent ansprach, ob ich gerne ein Buch mit 111 Gründen, Schokolade zu lieben, schreiben würde, dachte ich sofort: Ja, das hört sich spannend an! Aber 111 Gründe sind auch viel. Also habe ich mich hingesetzt und alles notiert, was mir spontan eingefallen ist. Nach ein paar Stunden hatte ich bereits mehr als 70 Stichwörter auf dem Papier! Da wusste ich, dass ich kein Problem haben würde, genügend Gründe zu finden. Und so war es dann auch!

Ich habe für dieses Buch keinen Selbstversuch gescheut. Ich habe gefriergetrocknetes Astronautenschokoladeneis bestellt und gekostet, mir Schokoladenmasken auf das Gesicht geschmiert und zu Räucherforelle keinen klassischen Sahnemeerrettich gegessen, sondern Meerrettich mit weißer Schokolade verfeinert. Ich habe Schokolade gegrillt und mit ihr eingekocht. Das Schreiben war für mich eine Bereicherung, eine Erweiterung meiner persönlichen kulinarischen und literarischen Entdeckungen!

Als Genussmittel hat Schokolade den Ruf, ungesund zu sein. Dem möchte ich widersprechen. Dunkle Schokolade hat sogar positive gesundheitliche Auswirkungen, wenn man den Konsum nicht übertreibt. Und Schokolade eignet sich für viele Situationen, beim Sport ebenso wie auf Reisen.

Dieses Buch ist ein Plädoyer für das Genießen, für den entspannten Schokoladengenuss, eine Absage an die Genussfeindlichkeit! Schokolade muss man einfach lieben, und 111 Gründe dafür lesen Sie in diesem Buch. Ich bin mir aber sicher, dass es noch viel mehr davon gibt!

Ich wünsche Ihnen eine genussvolle und spannende Lektüre,

Ihre Eva Derndorfer

Kapitel 1

SCHOKOLADE FÜR UNTERWEGS

Weil Schokolade ein idealer Begleiter beim Wandern ist

Am Anfang einer Wanderung fühlt sich fast jeder Rucksack leicht an. Wer wie ich gerne weit wandert – also tagelang wandert und abends nicht zum Ausgangspunkt zurückkehrt, sondern sich kontinuierlich fortbewegt –, weiß jedoch, wie trügerisch das ist. Der anfangs ach so leichte Rucksack entpuppt sich unweigerlich immer mehr als Last. Auch Wiederholungstäter in Sachen Wandern, die ohnehin kein überschüssiges Zeug einpacken, wissen: Der Rucksack ist am Abend schwer!

Gewisse Dinge müssen einfach mit. Keine Regenjacke ist bei mehrtägigen Wanderungen ebenso ein No-Go wie kein zweites Paar Schuhe. Dazu kommen Kulturbeutel, Kleidung, Getränke. Das Einzige, bei dem sich theoretisch Gewicht sparen lässt, ist das Essen. Und so kehrt man in einer idealen Welt in Hütten oder Gasthäuser ein oder kauft bei Talwanderungen Brotzeit im Geschäft. Allein, wer nicht gerade auf dem Jakobsweg im Großraum Santiago de Compostela wandert, wo Hunderte Pilger unterwegs sind und die Infrastruktur darauf eingerichtet ist, weiß um die reale Welt abseits der ausgetretenen Pfade Bescheid. Geschlossene Hütten, Ruhetage oder eingeschränkte Öffnungszeiten von dörflichen Geschäften sind keine Ausnahmeerscheinungen. Und machen das Wandern zu einer Art persönlichen Jakobsweg.

Wie oft ist es mir beim Weitwandern so ergangen, dass ich mit entsprechender Vorfreude und Hunger ausgestattet an etlichen Gasthäusern vorbeigewandert bin, aber jedes Mal »Ruhetag«- oder »Wir sind auf Urlaub«-Schilder vorgefunden habe. Und das im Sommer! Das Glück im Unglück war immer das Gleiche: Irgendjemand aus dem Freundeskreis konnte etwas aus dem Hut zaubern. Meist waren das Schokolade oder Neapolitaner-Waffeln mit einer Haselnuss-Kakao-Creme gefüllt. Viel Energie bei wenig Gewicht! Guter Geschmack! Und nebstbei das Gefühl, etwas Gutes zu teilen.

Das ist aber nicht das einzige Argument für Schokolade im Wandergepäck. Am Berg ist es meist kühl, die Schokolade schmilzt im Gebirge nicht. Sie ist kompakt und daher auch platzsparend, nicht nur leicht. Sie ist gut verpackt. Sie lässt sich häppchenweise essen, wenn man zwar langsam energiedefizitär wird, aber noch keinen Hunger verspürt. Wir sind mit ihr am Berg vertraut, war sie doch Begleiter zahlreicher Wandertage, als wir noch Kinder waren. Die meisten meiner Freundinnen und Freunde sind mit einer bestimmten Marke Neapolitaner-Schnitten groß geworden und assoziieren diese auch heute mit Wandern. Kein Schulwandertag ohne zahlreiche Verpackungen in Rosa.

Viele Schokoladenmarken weisen unmissverständlich auf die Berge hin: etwa Alpenmilchschokolade verschiedener Hersteller oder Schokolade in Form von Berggipfeln, die es abzubrechen gilt. Beim Genuss von BergEnzian- oder Almkräuterschokolade sind wir geistig im Gebirge, auch wenn wir gerade im Tal sitzen. Müsliriegel sind sowieso oft mit Schokolade überzogen und als haltbare Variante sehr dankbare Wanderkompagnons. Der Hinweis auf die Berge ist bei Schokoladen passenderweise auf die Alpenländer reduziert. Im flachen Belgien wird Schokolade völlig anders positioniert.

Als Kind bekam ich beim Wandern Traubenzucker, wenn ich müde wurde. Das war sinnlos, er macht kurz fit und dann, wenn der Blutzucker in den Keller fällt, erst recht müde. Schokolade ist die bessere Alternative. Da sie nicht nur Zucker enthält, sondern auch Fett, steigt der Blutzuckerspiegel weniger rasant. Und fällt auch weniger rasch. Und dass sie besser schmeckt als Traubenzucker, brauche ich wohl nicht näher auszuführen.

13

Weil Schokolade Marathonläufer und Kletterer zu Höchstleistungen motiviert

Sportliche Höchstleistung ist so eine Sache. Es bedarf nicht nur Veranlagung oder Talent, nicht nur Ehrgeiz und Willenskraft, nicht nur unfassbaren Trainingsaufwands und fachlicher Betreuung. Wer intensiv sportelt, muss es schaffen, genügend zu essen. Das klingt leichter als gesagt, denn wer intensiv trainiert, verspürt zwar die Notwendigkeit nach deutlich höherer Energieaufnahme, aber oft nicht ausreichend Hunger. Und eine üppige Mahlzeit vor dem Training ist auch nicht förderlich. Es ist sicher nicht umsonst so, dass viele Sportler auf Schokolade setzen, nicht während des Wettkampfes, aber davor, in der Trainingszeit, oder danach. Wer dann schon zu müde zum Kauen ist, kann sie schmelzen lassen. Manche schwören auch auf Weißbrot mit Schokohaselnussaufstrich als Marathonfrühstück.

Klappe, die erste: Wienmarathon 2014. Die deutsche Marathonläuferin Anna Hahner kommt als schnellste Frau ins Ziel, strahlt nach der Anstrengung übers ganze Gesicht und tanzt Walzer. Sehr beeindruckend, wo sie die Energie zum Tanzen auch noch hernimmt! Wenig später sehe ich auf YouTube ein Video, wie sie mit ihren Tempomachern nach dem Lauf Sachertorte isst. Ein Genussmittel, das sie offensichtlich liebt, aber auch eine Möglichkeit, viel Energie zu gewinnen. So schreiben die Zwillinge Anna und Lisa Hahner auch auf ihrer Webseite:

Als Marathonläufer haben wir einen sehr hohen Energieumsatz und die Energie bekommen wir durch das Essen. (…) Der Hauptanteil ist frisch, gesund und ausgewogen, und die obere Spitze des Berges besteht aus Kuchen und Schokolade. Unsere mittlerweile mehr oder weniger heimliche Leidenschaft ;-)[1]

Damit sind die schnellsten Marathonzwillinge der Welt nicht die Einzigen. Sängerin Helene Fischer besingt in ihrem Lied *Marathon* ebenso ihre Liebe zur Schokolade. Mit Laufen hat das Ganze nichts zu tun, wenngleich ihr Herz es so empfindet:

Mein Herz läuft Marathon,
wenn ich in deine Nähe komm'
Ich geb' es nicht gern zu,
mein größter Schwachpunkt – bist du
Mein Herz läuft Marathon;
und die mich kennen, wissen schon
Wenn ich schlecht funktionier',
dann hab' ich Lust nur – nach dir
Für Schokolade sterbe ich
Was wär ein Tag denn – ohne Dich[2]

Klappe, die zweite: Auch viele Kletterer haben Schokolade als probates Mittel für sich erkannt. Beim Klettern – im Gegensatz zum Laufen – ist der Schokokonsum auch zwischendurch möglich. Während sie beim Laufen den Mund verkleben würde, ist das beim Sportklettern nicht der Fall. Man schnauft beim Klettern weniger als beim Langstreckenlauf und hat keinen derart trockenen Gaumen. Verhältnismäßig kurze, intensive Belastungen wechseln mit Erholungsphasen zwischen den Routen, in denen man Schokolade essen kann, ab. Vor Jahren schrieb ich für die Kletterzeitschrift *Climax* einen Artikel über Ernährung beim Klettern.[3] Als Jux machten wir eine Jausensackerl-Analyse von bekannten Kletterern. Schokolade, schokoüberzogene Riegel und Schokokekse waren gut im Proviant vertreten. Bei aller Liebe zur Schokolade sei aber gesagt: Essen kann Training nie ersetzen, kann weder mangelnde Muskelkraft noch fehlende Muskelkoordination, Ausdauer oder Technik kompensieren.

Als Kletterer kann man aber auch auf andere Weise auf Schokolade stoßen. Denn so manche Kletterroute ist mit einem Namen versehen, der Schokolade enthält! »Schokobauer«, »Schokokamin«, »Schoko intensiv«, »Es geht weiter, Schoko« und die leichteste in der Serie, »Schokoladenpudding«, sind sehr nette Routen in Niederösterreich. Hatte da jemand schon eine Fata Morgana von der Anstrengung am Fels? Oder saß derjenige nach vollendeter Erstbegehung und -benennung bereits bei der Belohnung? Wie auch immer: Die netten Bezeichnungen ermuntern vor der Anstrengung! Ein Österreich-Spezifikum ist das nicht. Eine Suche im Kletterportal *thecrag.com* zeigte eine erstaunliche Anzahl schokobenannter Routen, von »chocolate cream« über »chocolate reaction«, »chocolate coated parents« (eine durchaus eigenartige Vorstellung) oder »chocolate coated razor blades«, »chocolate to the bone« und viele mehr. Die Beste ist wohl: »Life is a chocolate cake«!

3. GRUND

Weil Schokolade ein guter Grund für eine Reise nach Belgien ist

Belgien ist ein Land mit ausgeprägter Esskultur. Es besitzt eine große Anzahl an Restaurants mit Michelin-Sternen. Es hat gute Käse und eine differenzierte und traditionsreiche Bierkultur. Bier wird in Belgien wie anderswo Wein getrunken, nicht halbliterweise, sondern glasweise, ja gar aus bierspezifischen Gläsern. Jedem Bier sein Glas. Und – sonst würde ich hier nicht über Belgien schreiben – es hat eine Schokoladenkultur!

Wussten Sie, dass die erste Praline vor gut 100 Jahren, genau 1912, in Brüssel erfunden wurde? Der Erfinder war angeblich Jean Neuhaus, Inhaber einer Confiserie und Chocolaterie. Die Bezeichnung »Praline« geht allerdings nicht auf Neuhaus, sondern auf den Koch des Grafen Plessis-Praslin (1598–1675) zurück, der »Pralinen« aus Zucker und Mandeln erfunden und nach seinem Herrn benannt hatte. Die damalige Praline hat in ihrer Zusammensetzung mit der heutigen Praline wenig zu tun, weshalb Neuhaus als der eigentliche Pralinenvater gilt.

Wann ein Produkt als »Praline« bezeichnet werden darf? Sie muss zwei Dinge erfüllen: einen Schokoladenanteil von mindestens 25 Prozent aufweisen und mundgerecht sein. Hat sie weniger als 25 Prozent Schokoladenanteil, darf sie als »Konfekt« gehandelt werden. Die wohl bekanntesten belgischen Pralinen sind »Meeresfrüchte«. Das sind Pralinen, die außen marmoriert sind, aus Milchschokolade und weißer Schokolade bestehen und mit Nougat gefüllt sind. Sie haben Formen von Muscheln, Seepferdchen, Seesternen und Wasserschnecken. Meeresfrüchte gibt es als Massenware und als handgemachte Pralinen. Wenn jemand behauptet, Heißhunger auf Meeresfrüchte zu haben, ist wohl eher von der Schokolade als von echten Muscheln die Rede!

In Belgien findet man heute zahlreiche Chocolatiers und Pralinenboutiquen mit händisch hergestellten Kreationen. Und zwar nicht nur in Brüssel, auch in Brügge, Antwerpen und anderen belgischen Städten. In Brügge bewegt man sich regelrecht von Chocolatier zu Chocolatier, einigen kann man bei der Manufaktur zusehen! Ein Schokolademuseum gibt es als Draufgabe in Brügge.

Belgische Schokolade schmeckt nicht nur königlich. Seit 1916 gibt es auch einen königlichen Verband der Konditoren und Chocolatiers, die FENACO, oder NATIONAAL VERBOND DER SYNDJCATEN VAN PATROONS SUIKERBAKKERS EN CHOCOLADEBEWERKERS VAN BELGIE. Essen Belgier denn mehr Schokolade als andere Europäer? Nein, Statistiken weisen den Schweizern den höchsten Pro-Kopf-Verbrauch zu, gefolgt von Deutschen, Briten und Skandinaviern. Erst dann kommt Belgien. Quantität vor Qualität ist das Prinzip!

Was isst man sonst noch in Belgien? Verbreitet sind Pommes frites in Kombination mit Miesmuscheln. Reiskuchen aus Milchreis sowie Lütticher Waffeln, die wiederum gerne mit Schokolade gegessen werden, zählen zum süßen Repertoire. Und Eis kommt auch in Belgien nicht ohne Schoko aus: Vanilleeis mit heißer Schokoladensauce und Schlagsahne heißt »Weiße Dame«, auf Französisch »Dame blanche«, und ist ein typisches Dessert. Wird die Schokoladensauce aus dunkler belgischer Schokolade selbst gemacht, wird der Klassiker ein Genuss.

4. GRUND

Weil es in verschiedenen Ländern Schokofestivals gibt

In Deutschland wird es in der dunklen Jahreszeit besonders süß. Die »chocolART«, ein Schokoladenfestival, findet seit 2004 von Ende Oktober bis Anfang November in Wernigerode statt und seit 2006 im Dezember in Tübingen. Und dort wird einiges geboten! Es gibt einen Schokomarkt, Schokoladenverkostungen, Kochkurse und Pralinenkurse. Esskultur im wahrsten Sinne des Wortes versprechen Kakao-Malkurse, Theater, Lesungen und Vorträge. Spitzenchocolatiers aus mehreren Ländern sind vertreten. Und für Kinder gibt es eine Schokowerkstatt. Das Ganze ist eingebettet in nette Städte mit Fachwerkbauten, wo Flanieren ohnehin eine besondere Qualität hat. Besucher können sich die kurzen Wintertage und langen Winternächte selbst versüßen und rechtzeitig kleine Weihnachtsgeschenke kaufen. Im September 2014 fand zudem das erste Schokoladen-Gourmet-Festival in Hannover statt. Dort wurden Videos von den Plantagen gezeigt, man konnte der Pralinenherstellung live beiwohnen, es gab Vorträge, Segway-Touren mit Verkostung, eine Gesundheitszone und Kinderprogramm.

Wer es im Winter gerne ein paar Grade wärmer hat, reist indes nach Kroatien. Anfang Dezember ist es in der Küstenstadt Opatija in Istrien wieder so weit. In der K.-u.-k.-Zeit, also der österreichisch-ungarischen Monarchie, war Opatija Kur- und Urlaubsort, und auch heute ist es eine Touristenstadt mit altem Charme. Passend zur k. u. k. Vergangenheit wird die größte Kaisertorte mit einer Höhe von 10,5 Metern für das Festival 2015 bereits angekündigt. Verkostungen an vielen Orten, Workshops und Schokoladenmenüs lassen süße Herzen höherschlagen. Und in der Vorweihnachtszeit ist ohnehin jeder auf süß eingestellt!

In der portugiesischen Kleinstadt Óbidos, die für den vollständigen Erhalt ihrer begehbaren Stadtmauern bekannt ist, findet seit 2003 jährlich ein Schokofestival statt – und zwar im Frühling. Aus eigener Erfahrung weiß ich, dass Frühling in Portugal noch durchaus frisch sein kann, vor allem abends, wenn die Sonne untergegangen ist. Das tut einer Reise aber keinen Abbruch. Auf dem Programm stehen Modenschauen, ein Wettbewerb zum besten Chocolatier des Jahres sowie ein internationaler Wettbewerb, bei dem das beste Schokorezept gekürt wird. Für Kinder gibt es ein Schokoladenhaus, für Erwachsen Kochkurse. Schokoladeskulpturen können bewundert werden.

All diese Veranstaltungen gab es im 20. Jahrhundert noch nicht. Die Gegenwart ist also reif für Schokoladegenuss. Mehr denn je!

5. GRUND

Weil das Wort »Schokolade« in vielen Sprachen verständlich ist

Reisen macht Spaß! Spaß macht auch, wenn man versteht, was man zum Essen bestellt. Und da gibt es bekanntlich schon im deutschen Sprachraum Sprachbarrieren. Beim Schreiben dieses Buches achte ich als Österreicherin darauf, Begriffe wie »Hefe« oder »Aprikose« zu verwenden. Man versteht sie auch in Österreich, während »Germ« und »Marille« in Deutschland kaum bekannt sind. Auch die Schweiz hat ihre kulinarischen Sprachausdrücke. Bei einem

Produkt verstehen wir drei uns aber prächtig: Schokolade wird in allen deutschsprachigen Ländern so bezeichnet!

Wenn einer eine Reise tut, landet er aber nicht notwendigerweise im Nachbarland. Allein in der EU gibt es 28 Länder, also durchaus ein vielfältiges Reiseangebot, mit 24 Amtssprachen. Was glauben Sie: In wie vielen Sprachen kann man Schokolade beim Lesen verstehen?

In mindestens 22! Nur im Griechischen und Bulgarischen hapert es eventuell mit dem Verständnis. Wer das griechische oder bulgarische Alphabet beherrscht, hat aber auch da keine Schwierigkeiten. Schokolade können wir also überall kaufen oder schokoladige Desserts bestellen. Wörter für Milch, Brot oder Saft unterscheiden sich deutlicher zwischen den Sprachen.

Und so schreibt man Schokolade in der EU:
Bulgarisch: шоколад
Dänisch: chokolade
Deutsch: Schokolade
Englisch: chocolate
Estnisch: šokolaad
Finnisch: suklaa
Französisch: chocolat
Griechisch: σοκολάτα
Irisch: seacláid
Italienisch: cioccolato
Kroatisch: čokolada
Lettisch: šokolāde
Litauisch: šokoladas
Maltesisch: ċikkulata
Niederländisch: chocolade
Polnisch: czekolada
Portugiesisch: chocolate
Rumänisch: ciocolată

Schwedisch: choklad
Slowakisch: čokoláda
Slowenisch: čokolada
Spanisch: chocolate
Tschechisch: čokoláda
Ungarisch: csokoládé

Woher kommt das Wort »Schokolade« ursprünglich? Dafür machen wir eine Zeitreise und eine Reise über den Ozean. Es leitet sich vom mexikanischen Wort *xocolatl* ab, was »bitteres Wasser« bedeutet. *Xocolatl* hieß das Getränk nämlich bereits bei den Azteken, die scharfe Kakaogetränke mit Wasser herstellten.

6. GRUND

Weil die gleiche Schokomarke, in unterschiedlichen Ländern gekauft, unterschiedlich schmeckt

Gemeinsam essen und trinken hat immer schon verbunden. Gemeinsam verkosten tut es heute! Verkostungen sind immer interessant, aufschlussreich und kurzweilig. Und sie eignen sich als Abschluss für Fachtagungen, für berufliches Teambuilding, für die Familienfeier im kleinen Kreis oder den geselligen Abend mit Freunden.

Bei den jährlichen Fachtagungen des »Sensorik Netzwerk Österreich« in Wien organisieren einige Kollegen und ich immer eine »Taste-Party«. Einmal gab es einen Nuss-Nugat-Aufstrich zu verkosten, den eine Kollegin in den USA, in Frankreich, Deutschland und Österreich gekauft hatte. Es war die gleiche Marke, das Produkt sah vom Verpackungsdesign her völlig identisch aus, nur die Verpackungsgröße unterschied sich. Der Aufstrich schmeckte je nach

Land mal süßer, mal bitterer, war mal grießiger und mal cremiger in der Konsistenz. Jeder Teilnehmer musste einen Tipp abgeben, woher welcher Aufstrich stammte. Bei solchen Vergleichsverkostungen lernt man zum einen, dass Markenprodukte nicht unbedingt überall gleich sind, sondern sich an den Geschmack eines Landes anpassen. Und man lernt auch einiges über Vorlieben in den Ländern!

Warum unterscheiden sich die Vorlieben in unterschiedlichen Ländern? Das hängt von der Gewohnheit ab. Regional verfügbare Lebensmittel, aber auch die Zubereitung und Würzung von Speisen divergieren deutlich zwischen Regionen, Ländern und Kontinenten. Kaffee wird unterschiedlich stark geröstet, es wird je nach Land eine unterschiedliche Menge Kaffee auf die gleiche Wassermenge genommen und eine unterschiedliche Zubereitungsart gewählt. Ähnliches gilt für Speisen. Italiener leiden regelrecht, wenn sie sehen, was in anderen Ländern als »Risotto« serviert wird – aber dort kommt es gut an! Wer etwas Abertausende Male gegessen hat, ist dementsprechend geschmacklich geprägt. Klar, dass das auch auf Schokolade zutrifft. Japanische Schokolade mit Matcha-Tee trifft nicht den europäischen Durchschnittsgeschmack, Nussschokolade schon.

Der Aufwand solcher Verkostungen hält sich in Grenzen: Einfach aus dem Urlaubsland ein Produkt eines Markenherstellers mitnehmen und auch Freunde, Familie oder Kollegen bitten, das zu tun. Dann kann's schon losgehen! Es muss auch nicht alles von einer Marke sein. Eine dunkle Schokolade oder die am weitesten verbreitete Milchschokolade des jeweiligen Landes sind genauso möglich.

Das Ganze ließe sich auch begleitend zu Fußballeuropameisterschaften oder -weltmeisterschaften kosten. Welches Land gewinnt mit dem Ball, welches bei der Schokolade? Ski-Affine konzentrieren sich auf das Schokopodest unter den Ski-Nationen, Biathleten schöpfen Schokolade aus den Teilnehmerstaaten. Kulinarisches versus sportliches Kräftemessen! Es könnte dabei durchaus Gerechtigkeit geben. Wenn man als Land beim Sport verliert, kann man vielleicht süß punkten.

Eine richtige »Weltmeisterschaft der süßen Künste« gibt es aber auch. Die *Mondial des arts sucrés* findet jährlich im März in Paris statt.

Weil Schokolade die Notration von Autofahrern ist

Ich bin einige Jahre selbst täglich zum Arbeitsplatz gependelt. Der am weitesten entfernte Arbeitsplatz war mit öffentlichen Verkehrsmitteln miserabel zu erreichen ,und mit dem Auto dauerte die einfache Strecke 75 Minuten – wenn alles gut ging. Zweieinhalb Stunden am Tag im Auto war also das Minimum, und bei Schneefall oder Stau auf der Autobahn dauerte das Ganze entsprechend länger. Da sinken die Energie, die Laune, die Erholungszeit. Da steigen der Hunger, der Durst und der Grant. Was freilich gegen schlechte Laune hilft, ist Musikhören. Helfen würde auch das Telefonieren, aber das Handyfonieren am Steuer ist nicht umsonst in ganz Europa mit hohen Strafen versehen, ist doch das Unfallrisiko entsprechend hoch. In den Niederlanden kann man dafür den Spitzensatz von 230 Euro berappen.

Gegen den Energieeinbruch hilft aber weder das Radio noch eine gute CD noch das Telefongespräch. Und so hat mancher regelmäßige Autofahrer eine Notration im Kofferraum oder Handschuhfach so automatisch dabei wie das Pannendreieck. Ein paar Getränkeflaschen, etwas Süßes. Riegel und Kekse gehen das ganze Jahr, Schokolade in der kühleren Saison. Mancher hat im Winter sogar eine Decke im Kofferraum oder auf der Rückbank. Man weiß ja nie.

Wenn ich im Fernsehen Bilder von kilometerlangen Staus im Winter sehe, Chaos auf den Straßen, wo Helfer Decken und Tee aus Thermoskannen an die gestrandeten Fahrer und Mitfahrer verteilen, dann verstehe ich gut, warum manche Menschen solche Notrationen dabeihaben! In Extremfällen stehen die Autos Tag und Nacht auf der Fahrbahn! Staus sind nicht nur zu Beginn von Schulferien oder Feiertagen gehäuft, sie kommen auch bei besonders schlechten Bedingungen wie etwa Nebel zustande. Ist der Himmel besonders grau – gibt es Stau. Und ist dann auch der Magen flau – dann au! Dazu kommt die Kälte, denn Motor und Heizung die ganze Zeit laufen lassen geht nicht, da bleibt kein Benzin zum Weiterfahren übrig. Autofahrern wird bei schlechten Bedingungen daher empfohlen, immer frühzeitig zu tanken und nicht darauf zu warten, bis das Tanklicht leuchtet.

Natürlich ist Schokolade kein Ersatz für eine Mahlzeit! Aber wenn man Auto fahren muss, der Blutzucker und die Konzentration sinken, dann ist neben einer Pause ein Stück Schokolade Gold wert. Und noch wertvoller, wenn die Fahrdauer bzw. Stehdauer nicht mehr abschätzbar ist. Abgesehen davon, dass Schokolade nicht nur die Energie, sondern auch die Laune hebt. Bananen würden das vielleicht rein biochemisch auch tun, aber eine Notration Bananen im Koffer ist eben nicht lange haltbar. Auch im Winter nicht und das Frieren bekommt einer Banane gar nicht gut, während eine Schokolade auch das Einfrieren und Auftauen locker übersteht. Sie ist daher einfach die logischere »eiserne Reserve«.

Essen kann aber noch etwas leisten: Es nennt sich »nahrungsinduzierte Thermogenese«, was bedeutet, dass durch Essen Körperwärme entsteht. Das machen unterschiedliche Lebensmittel unterschiedlich gut, aber jedes macht es zu einem gewissen Grad. Auch Schokolade hilft daher beim Autofahren – nicht nur gegen Frust, sondern auch gegen Frost!

Weil Schokolade zum Gelingen eines Urlaubs beiträgt

Eine Kindheitserinnerung von mir hängt mit Schwarzwälder Kirschtorte zusammen. Sie ist nicht nur in Deutschland eine der beliebtesten Torten, sondern war mir auch in Österreich bereits als Kind bekannt. Bei einem Skiurlaub gemeinsam mit einer anderen Familie spielten wir Kinder abends Karten. Dabei wurde ausgemacht, was die Verlierer tun mussten: eine Hechtrolle im Schnee machen. Mit einem Bauchklatscher im Tiefschnee landen. Einen Kopfstand oder Handstand im kalten Weiß versuchen. Sich im Schnee auf den Rücken legen und durch entsprechende Bewegungen mit Armen und Beinen die Form eines Engels im Schnee hinterlassen. Alles, was ein bisschen Überwindung kostet, aber lustig ist, auch und vor allem für die Zuseher!

Wir hielten jeden Abend fest, wer welche Schnee-Stunts einzulösen hatte. Unser deklariertes Ziel: Am letzten Abend wollten wir eine ganze Schwarzwälder Kirschtorte haben. Und unsere Eltern, die bei den Schneeübungen zusahen, sollten das Ganze finanziell unterstützen. Am Ende der Woche traten wir also unsere Übungen an, es wurde viel gelacht, und jedes Elternpaar übernahm die Kosten der halben Torte. Wir Kinder und Jugendlichen wussten: Die hätten wir sonst nie bekommen! Noch heute sehe ich den Speiseraum des Quartiers vor meinem geistigen Auge – und die Torte aus mehreren Lagen Schokoladenbiskuit, mit Schlagsahne und Sauerkirschen gefüllt und mit geriebener Schokolade dekoriert.

Was ich damals noch nicht wusste: dass unklar ist, ob die Torte wirklich aus dem Schwarzwald stammt, gibt es in der Schweiz doch eine »Schwarzwälder Torte«, die Vorgänger gewesen sein könnte. Auch die dunkle – fast schwarze – Schokolade war mitunter namensstiftend. Das Kirschwasser, das immer Bestandteil der berühmten Torte ist und traditionell im Schwarzwald hergestellt wird, könnte auch mitverantwortlich für die Namensgebung sein.

Ähnlich lief es bei einem Sommerurlaub auf dem Lande gemeinsam mit Verwandten ab. Wir fünf Kinder studierten untertags im Heustadel des Bauernhofes Sketche und Witze ein und machten jeden Abend eine Vorführung vor unseren Eltern. Die mussten jeweils die besten Showeinlagen auswählen, die wir dann nochmals am »Galaabend« vorführten. Jeden Abend sammelten wir Spenden von den Eltern, in der Größenordnung von ein paar Schillingen (heute im Cent-Bereich). Am Ende des Urlaubs hatten wir genauso viel Geld gesammelt, sodass wir fünf Kinder jeder einen Eisbecher (mit Schlagsahne und sicher auch Schokosauce) essen konnten. Wir waren selig! Nicht, dass wir sonst nie Eis bekommen hätten, aber dieses Eis hatten wir uns selbst verdient. Und dass wir den ganzen Tag über beschäftigt waren, hat unsere Eltern sicher auch nicht gestört.

9. GRUND

Weil selbst Astronauten nicht auf Schokogenuss verzichten können

Gehören Sie selbst zu jenen Menschen, die im Flugzeug – und nur dort – Tomatensaft trinken? Wenn nicht, kennen Sie mit großer Wahrscheinlichkeit jemanden, der das tut. Warum mag man ein Getränk nur im Flugzeug? Ist das Einbildung, oder liegt es nur daran, dass man Tomatensaft im Flugzeug immer angeboten bekommt? Die Antwort ist wohl komplexer. Die Luft der Flugkabine ist trocken, das Geruchsempfinden folglich beeinträchtigt. Auch durch den Niederdruck ist man in der Flugkabine unempfindlicher beim Riechen und Schmecken. Ein Produkt, das uns »oben« schmeckt, muss uns »unten« daher nicht unbedingt munden und umgekehrt.

Für Astronauten gilt etwas Ähnliches, nur deutlich ausgeprägter! Im Zustand der Schwerelosigkeit ist man weniger hungrig, und dazu kommt natürlich, dass im Raumschiff nicht einfach gegessen werden kann. Denn auch Speisen sind im All schwerelos. Es erfordert also spezielle Produktentwicklungen und Geschmäcker, die auch unter gegebenen Bedingungen nicht nur toleriert, sondern gemocht werden! Und es bedarf einer Verpackung, die Essen im Weltraum zulässt. Nun könnte man meinen, der Aufwand der Produktentwicklung für Astronauten wird nur zu Ernährungszwecken betrieben. Weit gefehlt! Auch Astronauten wollen glücklich sein! Essen ist auch im All ein sozialer Event und soll nicht nur ernähren, sondern auch Wohlbefinden erzeugen. Da gehört Schokolade dazu.

Astronautennahrung gibt es seit dem Mercury-Programm. Es war der amerikanische Astronaut John Glenn, der 1962 die erste Mahlzeit im Weltraum – Apfelmus aus der Tube – zu sich nahm. Er war nicht der erste Mensch im All, aber der erste, der dort etwas aß. Die ersten Missionen waren kurz genug, um ohne Lebensmittel auszukommen. Neben Apfelmus gab es Nahrung in Würfel gepresst sowie gefriergetrocknete Pulvernahrung, die an Bord mit Wasser versetzt wurde. Das machte Probleme: Essen aus der Tube befriedigt nur bedingt. Und wenn Cookies zu Würfeln gepresst werden, damit man sie – ohne zu bröseln – mit einem Happs in den Mund stecken kann, geht die beliebte Textur verloren. Es bestätigte sich bei zahlreichen Weltraumflügen, dass Speisen, die von den Astronauten auf der Erde in Verkostungen als gut empfunden wurden, »oben« nicht befriedigten. Viele Astronauten verloren Gewicht, weil sie zu wenig aßen.

In den 1970er-Jahren gab es bei Flügen ins All einen Gefrierschrank – und somit auch Eiscreme. In den 1980er-Jahren gab es bei Space-Shuttle-Flügen hingegen keine Kühl- und Gefrierschränke mehr, sondern Lebensmittel, die ungekühlt haltbar waren, da die Zeitdauer der bemannten Weltraumflüge wieder deutlich kürzer ausfiel. Spaceshuttle-Astronauten konnten aus mehr als 350

Produkten auswählen. Was darunter zu finden war? Frühstücksgetränke aus Schokolade oder Kakao! Auch auf der ISS, der bemannten internationalen Raumstation, findet man schokoladige Menükomponenten, etwa »hard chocolate« und »candy coated chocolates« als Dessert.[4] Das macht im All Sinn, denn Schokolade ist gut haltbar und bröselt nicht.

Was ist die Sichtweise von Astronauten zum Thema Essen im All? »Astronauts tend to play with their food. M&Ms could be floated across the cabin to a waiting mouth«[5], beschrieb es etwa Astronaut Rhea Seddon, die Schokodragees flogen also in den Mund der Kollegen.

Nun, den schwerelosen Zustand kann man zu Hause nicht nachempfinden. Aber ich wollte zumindest ein schokoladiges Astronautenprodukt kosten! Auf der Suche bin ich dann auf ein Astronauteneis gestoßen, ein gefriergetrocknetes Eis mit Schokoladengeschmack und Schokostückchen. Ich war zugegebenermaßen etwas skeptisch, als ich die Verpackung aufriss. Der Inhalt – das »Eis« – war ganz leicht, relativ blass und sah nicht sehr vielversprechend aus. Es erinnerte optisch an eine Mischung aus Kreide und Marshmallow, einer Zuckerschaumware. Der Geschmack war dann eine sehr positive Überraschung, schokoladig und durchaus an Eis erinnernd. Die Konsistenz war ähnlich der eines Schoko-Baisers.

Kapitel 2

SCHOKOZEIT IST JEDERZEIT

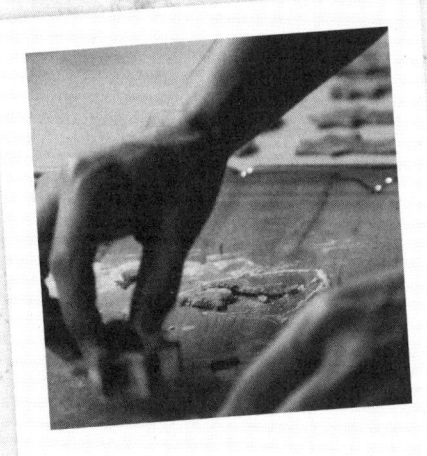

Weil Schokolade auf Faschingskostümen
von Schleckermäulern vorkommt

Zum Fasching wird ordentlich gefeiert, bevor am Aschermittwoch die sechswöchige Fastenzeit beginnt. Verkleidungen, Umzüge, Musik oder Lärm, Essen und Trinken haben dabei ihren Stellenwert. Und haben Tradition, denn Faschingsfeste gibt es schon seit Jahrtausenden. Man feierte bereits in Mesopotamien, im alten Ägypten, bei den Griechen und Römern. Masken waren frühzeitig im Einsatz, hatten allerdings damals eine andere Bedeutung als heute. Man wollte mit gruseligen Masken den Winter vertreiben und den Frühling heraufbeschwören.

Heute ist Faschingszeit vor allem Kinderzeit! Die meisten Kinder lieben es, sich zu verkleiden und Räume mit Girlanden und Konfetti zu dekorieren. Faschingskostüme gibt es in jeder Variante und Form, eines perfekter als das andere. Kinder können als Dinosaurier gehen, sich als Fee verkleiden und sich rosa Flügel umhängen. Das Katzenkostüm ist professionell geschneidert, ebenso die Maus; und Froschmasken sind genauso wie Hase oder Esel vorhanden. Superman und Spiderman sind und bleiben anscheinend beliebt. Aber auch den Feuerwehrmann gibt es nach wie vor als Kostüm. Besonders »süße« Kinderkostüme im wörtlichen Sinn wären jedoch folgende:

Die Naschkatze: Einfach auf ein Katzenkostüm kleine Süßigkeiten mit Sicherheitsnadeln aufstecken. Das ist schnell adaptiert, entspricht dem Geschmack des jeweiligen Naschkätzchens und kommt gut an.

Der Schokotiger: Er kommt im Tigerkostüm und ist mit Schokolade behangen.

Die Schokofee: Eine Fee ist nie alt (und somit als Kinderkostüm prädestiniert), und sie verkörpert immer das Gute. Ergo bringt sie Schokolade mit.

Für Erwachsene, die sich gerne verkleiden, gibt es anspruchs-vollere Ideen für ein Kostüm. Einfach zusammengesetzte Wörter auswählen und verkörpern: Eine »Kakaobutter« kann sich mit Kakaobohnen und Butter schmücken. Wer als »Trinkschokolade« geht, verkleidet sich bloß als Schokolade und hat ständig ein Ge-tränk in der Hand.

Auch wer als Speise verkleidet ist, will irgendwann essen! Was traditionell zum Fasching gehört – und das seit Jahrhunderten – sind Faschingskrapfen alias Berliner Pfannkuchen, aus Hefeteig, mit Marmelade gefüllt, in Schmalz frittiert. Wobei der Krapfen selbst noch älter ist, er lässt sich bis in die Antike zurückverfolgen, als die alten Römer ein ähnliches Gebäck zu ihren Bacchusfesten verzehrten. Fasching ohne Schokolade? Mitnichten. Der Kuchen kann das Kostüm widerspiegeln: Schokoladenmuffins werden mit rosa Verzierung zu Prinzessinnenmuffins, und Hänsel und Gretel brauchen ein Knusperhäuschen.

11. GRUND

Weil Fasten den (Schoko-)Genuss steigert

Während Nahrungsmittelknappheit früher naturbestimmt war, ist Fasten heute ein freiwilliger Akt, der entweder der eigenen Gesund-heit dienen soll, oder zumindest Selbsterfahrung bedeutet. Manche verzichten eine Woche komplett auf Essen. Andere machen Basen-fasten- oder Ayurvedakuren, die auch über mehrere Wochen ausge-dehnt sein können. In Zeiten, wo sich viele Menschen selbst quan-tifizieren, wo die einen Kilokalorien zählen und die anderen mit Schrittzählern herumlaufen, ist Totalfasten die Antithese. Nichts konsumieren heißt, dass auch nichts quantifiziert werden kann.

Fasten kann man auch aus religiösen Gründen, wobei alle Reli-gionen ihre Fastenbräuche haben. Dabei waren vor allem Katholiken in der Vergangenheit äußerst kreativ, um das Fasten tolerant zu definieren. Mönche brauten extrastarke Biere, da Trinken während der Fastenzeit erlaubt war und sie damit ihre ansonsten exorbitant hohe Energieaufnahme sicherten. Vögel wurden verspeist, da sie laut Genesis ebenso wie die Fische und Seetiere am vierten Tag entstanden. Ergo konnten auch Gänse und Enten den Speiseplan bereichern. Fischotter und Biber wurden überhaupt kurzerhand zu den Fischen gezählt, da sie sich gerne im Wasser aufhielten. Und man stellte Gerichte aus Fisch her, die Fleisch imitieren sollten. Auch Kakao wurde lange als Ausnahme betrachtet, man konnte ihn auch während der Fastenzeit konsumieren. Diese »Erlaubnis« geht auf Papst Pius V. (1504–1572) zurück. Als ihm mexikanische Bischöfe 1569 Kakaobohnen sendeten, entschied der Papst, dass das daraus hergestellte wässrige Getränk in der Fastenzeit getrunken werden durfte – ganz einfach, weil ihm das ungesüßte Getränk selbst nicht mundete!

Heute nehmen viele die sechswöchige Fastenzeit vor Ostern als Anlass, um auf etwas zu verzichten, was sie gerne mögen. Oft sind das einzelne Genussprodukte, die ausgelassen werden: Kaffee, Alkohol oder eben Schokolade. Der Genuss dieser Produkte soll danach wieder gesteigert sein – die Fastenzeit geht somit in eine nachfolgende Genusszeit über! Viele berichten, dass ihre Sinne nach einer Fastenkur wieder geschärft sind, dass sie Lebensmittel mit einer anderen Intensität erfahren. »Heut fasten kocht morgen die Suppe süß«[6], lautet ein Sprichwort.

Aber auch unabhängig von jahreszeitlich festgelegten Ereignissen verzichten manche Genießer strategisch gelegentlich auf bestimmte Produkte, ganz einfach um den Genuss dauerhaft zu bewahren. Auch diese Erkenntnis ist alt. Schon Epikur vertrat die Ansicht, dass die höchste Lust durch den Verzicht entsteht. Wer sich also den Schokogenuss langfristig erhalten oder diesen sogar steigern möchte, kann mit temporären »Schokofastenzeiten« ein Stück dazu beitragen. Ob religiös oder nicht spielt dabei keine Rolle.

Weil man Schokolade grillen kann

Grillen war immer beliebt. Und doch ist es in den letzten Jahren stärker ins Rampenlicht gerückt. Das liegt wohl daran, dass neben der traditionell-rustikalen Art des Kochens das Gourmet-Grillen als eher junge Erscheinung dazugekommen ist. Grillbücher verkaufen sich wie warme Semmeln, es gibt Grillmeisterschaften und -kurse. Neue Grillgeräte werden vielerorts angeschafft und entsprechend viele Einladungen ausgesprochen. Grillen ist etwas Soziales, man macht es nicht alleine, sondern gemeinsam. Wenn Essen schon verbindet, tut es Grillen noch einmal mehr! Hier isst man nicht nur gemeinsam, man bereitet auch gemeinsam zu, steht abwechselnd am Grill, um das Grillgut zu wenden. Und Grillen hat, egal ob traditionell oder auf Gourmetniveau, etwas Archaisches: Man ist draußen, man steht am Feuer.

In der Generation meiner Eltern war Kochen meistens noch den Frauen vorbehalten, während Grillen damals schon Männersache war. In meiner Generation haben Männer genauso den Kochlöffel in der Hand, die meisten Männer im eigenen Freundeskreis kochen zumindest gelegentlich, während auch Freundinnen gemeinsam grillen. Mit Kochbüchern zum Thema Grillen werden aber nach wie vor gezielt Männer angesprochen, ganz als ob das Hantieren mit Feuer in den männlichen Genen läge.

Grillen ist nicht nur für das Landleben geeignet. In vielen Städten gibt es öffentliche Grillplätze, die man kostenlos nutzen kann. Auch manche urbanen Wiesenflächen sind erlaubte Grillzonen, wenn man selbst Grillgerät und Grillgut mitbringt. Das verbindet nicht nur die miteinander Essenden, sondern auch zwischen den Grillgruppen: Man borgt sich eine Zwiebel, einen Spritzer Bier oder ein paar Gewürze. Kinder der unterschiedlichen Grilltische spielen miteinander. So charmant und gemütlich das Grillen im eigenen

Garten oder am Balkon auch ist – es ist anders, aber genauso attraktiv im öffentlichen Raum. Man muss nur besser planen und mitdenken, was man brauchen könnte.

Was wird gegrillt? Neben allerlei Fleisch und Fisch boomt auch Grillkäse. Und als Dessert dann Schokolade! Ich muss zugeben, dass ich nicht schlecht gestaunt habe, als Kinder von Freunden plötzlich Grillschokolade in der Hand hatten. Das ist nichts anderes als eine Aluminiumschale mit Schokotropfen aus Milchschokolade und weißer Schokolade. Legt man die Schale am Ende des Grill-Events auf den noch warmen Grillrost, schmilzt die Schokolade zum Fondue. Man kann nun sommerliche Früchte eintauchen.

Es gibt aber auch ganz andere Möglichkeiten des Schokolade-Grillens. Wie wär's mit gegrillten Schokobananen? Dafür einfach Bananen in der Schale der Länge nach aufschneiden, kleine Schokoladenstücke zur Frucht geben und die Banane mitsamt der Schale mit dem Schlitz nach oben auf den Grillrost setzen. Die Bananenschale wird dunkel, die Banane selbst weich und warm, und die Schokolade schmilzt. Wer dazu Vanilleeis reicht, hat eine Art Bananensplit vom Grill. Wer selbst gemachtes Bananeneis und gehackte, getrocknete Bananenchips dazugibt, hat eine Trilogie von der Banane auf dem Teller, mit Textur- und Temperaturkontrast. Harte, knackige Chips stehen in Kontrast zur weichen Banane und zum weichen Eis. Die heiße Banane, die normal temperierten Chips und das kühle Eis weisen eine interessante Temperaturbandbreite auf. Schokolade kann aber auch einfach als Nachspeise nach dem Grillgut genossen werden. Auch wenn sie nicht vom Grill ist.

Gegrillt wird nicht nur im Sommer: Neu sind winterliche Einladungen zum Glühwein im Garten, gepaart mit Suppe und Häppchen. Das Grillgerät ist entweder nur zum Aufwärmen der leicht Frierenden gedacht oder dient auch der Nahrungszubereitung. »Happen-Schnappen« nennt das eine Freundin. Mehrere Kochbücher sind zum Wintergrillen bereits erschienen. Die Schokobanane vom Grill schmeckt auch in der kalten Jahreszeit!

Weil man Früchte mit Schokolade einkochen kann

Ich liebe Marmelade, Chutney & Co! Ich koche und esse sie gerne, auf Brot wie zum Käse. Marmeladen und Chutneys als Käsebegleiter enthalten bei mir neben Früchten oft spannende Gewürze, etwa tasmanischen Bergpfeffer, Assam Langpfeffer oder Wattleseeds, das sind Akaziensamen der australischen Aborigines. Und dann halte ich es wieder simpel, füge nur etwas Thymian zur Himbeermarmelade hinzu.

Der Unterschied zwischen Chutney und Marmelade ist der, dass im Chutney auch Zwiebeln, in etwas Öl angeschwitzt, sowie etwas Essig dabei sind, wobei ich bei Letzterem sehr sparsam bin. Manchmal füge ich einen Spritzer Wein dazu, oft scharfe Gewürze. Marmeladen enthalten nur Zucker oder Honig. Wenn die Marmelade als Käsebegleiter gedacht ist, wandern gelegentlich auch Kräuter oder Gewürze hinein. Ich kredenze fast immer Käse, wenn eine Runde Freunde zum Essen da ist. Das Geheimnis ist wohl auch, immer mehrere verschiedene Marmeladen und Chutneys parat zu haben. Ich erzeuge nur kleinste Mengen und fülle sie in Ein-Portions-Marmeladengläser ab. Marmelade als Brotaufstrich mache ich natürlich in etwas größerer Menge – aber auch da nie mehr als drei Gläser auf einmal. Lieber friere ich die Früchte entsteint und geschnitten ein, taue sie bei Bedarf auf und koche Marmelade ein. So schmeckt sie immer frisch.

Auch das Einkochen mit Schokolade habe ich versucht. Man nimmt als Zusatz zu Chutney oder Marmelade nicht viel davon. Schokolade ist beim Einkochen eher als Gewürz zu sehen! Mein erster Versuch war eine Zwetschgenschokomarmelade, ein süßer Brotaufstrich, nicht als Käsebegleiter gedacht. Die Marmelade enthielt nur Zwetschgen, Gelierzucker, eine kleine Menge fein geriebener Schokolade mit 100 Prozent Kakaoanteil und einen Schuss

Rotwein. Nachdem manche Rotweine pflaumig und schokoladig schmecken, fand ich es naheliegend, zu einer Zwetschgenmarmelade Schokolade und etwas Rotwein zu geben. Fazit: ein Hammer! Mengenmäßig habe ich auf 400 Gramm Zwetschgen nur 15 Gramm Schokolade gegeben. Das schmeckt man sehr stark!

Grandios war auch eine Rote Grütze mit Schokolade. Dafür habe ich entsteinte Kirschen und rote Johannisbeeren in Apfelsaft und etwas Wasser gegart, der Apfelsaft wird von den Früchten rot. Eingedickt habe ich die Grütze mit Vanillepuddingpulver, gesüßt mit Ahornsirup und echtem Bourbon-Vanillezucker, und ganz zum Schluss habe ich etwas ganz fein geriebene dunkle Schokolade eingerührt. Fünf Gramm Schokolade auf 400 Gramm Früchte, das ist nur ein kleines Stück, aber wenn man Schokolade mit 100 Prozent Kakaoanteil nimmt (die ich pur nicht essen würde, aber zum Kochen ist sie spitze!), hat man selbst in dieser Menge eine deutliche Schokonote in der Grütze. Aber es dominiert dann die Frucht, was ja sein soll. Das Ganze ist süß-herb.

Einkochen ist Arbeit, wenn man es in großen Mengen macht. Berge an Kirschen entsteinen, viele Früchte schneiden, Gläser auskochen, das ist durchaus etwas Patzerei. In kleinen Mengen empfinde ich es nicht als Arbeit, sondern als kleinen kulinarischen Ausflug, ein Probieren. Ich bringe Kostproben meiner Gläschen als Mitbringsel mit. Und wenn die nächste Obstsaison beginnt, ist das Ganze längstens aufgebraucht.

Weil manche zu Halloween Scho(c)kolade lieben

Halloween findet jährlich in der Nacht vom 31. Oktober auf den 1. November statt. Das Wort »Halloween« leitet sich von *All Hallows' Eve*, also dem Abend vor Allerheiligen, ab. Der Brauch kommt nicht, wie oft gedacht, aus Amerika, sondern stammt aus Irland. Es waren die irischen Einwanderer, die Halloween in die USA brachten und ihre eigene Tradition aufrechterhielten. Der beleuchtete Kürbis, der in Irland ursprünglich eine Rübe war und heute unersetzlich ist an Halloween, kam zum Einsatz, da es in den USA viele Kürbisse gab.

In den 1990er-Jahren kam Halloween dann nach Mitteleuropa. Langsam, aber stetig. Was mit Partys begann, setzte sich darin fort, dass Kinder die Wohnungen und Häuser in der Nachbarschaft zwecks Süßigkeiten abklappern. »Süßes, sonst gibt es Saures!«, so die Androhung.

Bei Halloween-Partys scheinen viele ihr sonstiges Ekelgefühl abzulegen. Da gibt es Speisen, die wie abgehackte Finger oder Zehen aussehen, Torten mit Spinnenverzierungen, Würmer und Maden, wabbelige Geleeaugen, Gehirnnachgebilde, Knochen aus Baisermasse; der Fantasie scheinen keine Grenzen gesetzt. Manche dieser Rezepturen enthalten Schokolade. Natürlich weiß jeder, dass diese Ekel-Schmankerln Speisen sind, die geschmacklich gut und »sicher«, sprich: nicht verdorben sind. Aber dennoch erstaunt es mich. Denn Schokopudding in Hundekotform mochten in einem psychologischen Experiment die wenigsten essen – obwohl die Betroffenen wussten, was vor ihnen stand. Das war nicht an Halloween.

Warum finden wir Dinge eklig? Nun, dass wir überhaupt Ekel empfinden können, ist angeboren. Wovor uns ekelt, ist großteils aber erlernt. Eltern lehren ihre Kinder, was eklig ist. Pfui, Spinne. Igitt, Leber. Brrr, was auch immer. Kulturkreise definieren, welches Essen eklig ist. In einem Buch mit dem treffenden Titel *Strange Food* sind Rezepte für Schokoladen-Grillen-Plätzchen enthalten, ein anderes Bild zeigt Mehlwürmer und Grillen in Schokolade getaucht.[7] In Europa würde das kaum auf große Resonanz stoßen. Zwar gibt es seit einigen Jahren die Diskussion, ob Insekten potenzielle künftige Nahrungsmittel sein können, durchgesetzt hat sich das aber keineswegs, nicht einmal gedanklich.

Zurück zu Halloween. Vielleicht geht es uns ja um was anderes. Vielleicht geht es um den wohligen Grusel, bei dem man sich dennoch in Sicherheit wiegt. Grusel per se scheint jedenfalls etwas zu sein, was uns fasziniert. Sonst gäbe es keine Geisterbahnen, wo Kinder freiwillig fahren und Erwachsene halbfreiwillig mitfahren. Märchen und Schokoladen-Krampusse[8] für die Kleinen, Schauergeschichten und Kinderkrimis für die Größeren und Krimis für die Großen sind wohl der beste Beweis dafür. Grusel in Buch- oder Filmformat, während man es sich selbst auf der Couch gemütlich macht. Ist es das auch beim Essen? Grusel, Ekel, aber keine Gefahr?

15. GRUND

Weil auch Erwachsene einen Adventskalender mit guter Schokolade mögen

Adventskalender waren einmal nur bebildert. Dann kam eine Generation an Schokoladenkalendern, wo die Schokolade täglich in einer anderen Form enthalten war. Es war immer Milchschokolade von mäßiger bis durchschnittlicher Qualität. Die Stückchen waren klein, und man tastete sich als Kind täglich zum heiß ersehnten Weihnachten vor! Einmal haben meine Brüder und ich nach Weihnachten versucht, die geleerten Kalenderformen selbst wieder zu befüllen. Wir haben Schokolade geschmolzen und in die Formen des Schokokalenders gegossen. Warum das nie so toll wurde, ist mir heute klar. Wir hatten keine Ahnung vom richtigen Temperieren. Ergo glänzte unsere Schokolade nicht und hatte ein eigenartiges Mundgefühl.

Heute gibt es Schokokalender aller möglichen Hersteller, in allen Größen und Formen. Schöner wäre ein selbst befüllter Kalender, der das Thema Kakao und Schokolade einmal etwas weiter fasst. Dabei könnten an manchen Tagen kleine, besondere Schokoladen oder Trinkschokoladen drin sein. Ist die mit dem Kalender beschenkte Person weiblich, wartet an manchen Tagen Lippenpflege aus Kakaobutter, eine Kakaobutter-Körpercreme in Reisegröße oder eine Gesichtsmaske aus Schokolade. Zwischendurch könnte man einzelne Inhaltsstoffe oder Schokoladenzutaten, etwa Vanilleschoten, geröstete Kakaobohnen zum Knabbern, selbst gemachtes Marzipan mit Schokoüberzug oder besondere Gewürze, in den Kalender füllen. An anderen Tagen freut sich der oder die Beschenkte über ein tolles Schokorezept oder über ein nettes Sprichwort über Schokolade. Man kann den Kalender mit kakaohaltigen Teemischungen füllen. Kugelschreiber oder Socken in der Farbe Schokobraun sind ebenso eine Möglichkeit. Dieses Buch mit seinen 111 Gründen kann bestimmt eine Inspirationsquelle sein!

Auch wenn statt des kindlichen Vorweihnachtsfiebers bei Erwachsenen oft vorweihnachtlicher Stress vorherrscht, sind gewisse Rituale schön, um langsam in Stimmung zu kommen. Dazu gehört auch der alljährliche Besuch mindestens eines Christkindlmarktes, meist sind es mehrere. Alle Jahre wieder schmecken Glühwein und Glühmost picksüß, aber trotzdem hat es was.

Adventskalender, Christkindlmarkt und Lebkuchen backen – wer damit in der Vorweihnachtszeit nicht in Stimmung kommt, hat immer noch an den Feiertagen selbst Zeit dazu. Auch mit Schokolade!

Weil viele Weihnachtskekse ohne Schokolade aussterben würden

Viele Genussmittel haben ihren Ursprung – oder zumindest ihre Weiterentwicklung – den Klöstern zu verdanken. Ob Käse, Wein, Bier, Kräuter – Essen und Trinken hatte im Kloster auch in der Vergangenheit großen Stellenwert. So auch Weihnachtskekse! Zwar hatten bereits die alten Ägypter Honigkuchen als Grabbeigabe im Repertoire. Süße Weihnachtsbäckerei mit Gewürzen, wie wir sie heute kennen, begann man jedoch im mittelalterlichen Kloster. Bis ins 19. Jahrhundert blieben Kekse Luxusgüter. Zucker oder Kakao waren teuer und Kekse folglich der reichen Bevölkerung vorbehalten. Das änderte sich mit dem zunehmenden Verfall der Rohstoffpreise.

Heute ist Weihnachten ohne Kekse nicht vorstellbar. Weihnachtsgebäck ist etwas sehr Persönliches – beziehungsweise Familiäres. *Was* gebacken wird, *wann gebacken* wird, *wie viel* gebacken wird und *wann* die Kekse *vernascht* werden, da gibt es unterschiedliche Philosophien!

Was?

Die Keksauswahl ist groß: Schokolade enthalten etwa Schokoladenmakronen oder – wie man in Österreich sagt – *Schokobusserl*, weiter Florentiner, Rumkugeln, Nugatringe, schokoglasierte Lebkuchen, Ingwerschokokekse, Ischler Törtchen, Scherboschnitten, in Schokolade getauchte Linzer Stangerl. Zimtsterne enthalten etwas Kakaopulver, und wer kein großer Bäcker ist, macht Konfekt oder Häufchen aus Cornflakes oder Trockenfrüchten, Gewürzen und Schokolade. Die Vielfalt der Weihnachtskekse ist eine Augenweide – doch wer macht sich Gedanken darüber, was die Formen zu bedeuten haben? Diese sind nämlich durchaus symbolträchtig: Runde Kekse machte man ursprünglich in Anlehnung an die kalte und finstere Jahreszeit. Die Sonne scheint im Dezember wenig, der runde Keks war ein Zeichen der Hoffnung. Die Sonne sollte irgendwann wiederkommen! Brezeln sind hingegen als innere Einkehr zu verstehen, die Brezelform spiegelt verschränkte Arme wider. Und die Verzierung von Keksen? Sie kannte man im mittelalterlichen Kloster auch noch nicht, sondern sie geht vermutlich auf das Biedermeier (1815–1848) zurück.

Wann (backen)?

Eine Bekannte bäckt die ersten Vanillekipferl (ohne Schokolade) beim ersten Schneefall – ein netter Anlass! Sie bringt die Kekse mit zur Arbeit, wo sich alle darüber freuen. Meist wird aber im Advent gebacken. Während Teegebäck immer Saison hat, gibt es Weihnachtsgebäck eben nur an Weihnachten. Der Unterschied zwischen Tee- und Weihnachtsgebäck liegt darin, dass Weihnachtskekse Gewürze enthalten und oft verziert sind. Vielfach sind Weihnachtskekse auch gehaltvoller.

Wie viel?

Meine Erfahrung sagt: Das hängt nicht immer von der Anzahl der Esser, sondern mehr von der Vorliebe zum Backen ab! Oder davon, wie viele Menschen man sonst beglücken möchte.

Wann (vernaschen)?

Während die einen Kekse vor allem in der Vorweihnachtszeit genießen, ist es in anderen Familien tabu, Kekse vor dem 24. Dezember anzurühren. Dabei ist es meist die Zeit davor, wo die Lust am größten ist. Spätestens am ersten Januar heißt es: Neues Jahr, neues Essen. Weihnachtskekse sind dann out. Schokolade ist aber auch an Weihnachten nicht auf Kekse beschränkt. Es lebe das Dessert!

17. GRUND

Weil Schokolade am Christbaum hängt

O Tannenbaum, o Tannenbaum, wie treu ist deine Schoko! Du schmeckst nicht nur zur Sommerzeit, nein, auch im Winter, wenn es schneit. O Tannenbaum, o Tannenbaum, die Schoko ist ein Kindertraum …

Ja, das war sie auch bei uns daheim! Süßes hing nicht im Übermaß am Weihnachtsbaum, aber es gab Dinge darunter, die es sonst das ganze Jahr nicht gab. Etwa Windringe aus Baiser, oder Wiener Schaumgebäck, das sind Schaumzuckerwaren in der Form von Brot und Gebäckstücken. Auch gefüllte Schokofläschchen – für uns Kinder natürlich ohne, für die Eltern mit alkoholischer Füllung – waren üblich. Damit wir nicht alles sofort vom Baum holten, hängten meine Eltern nicht alles auf einmal an den Baum, sondern rationierten den täglichen Zuckerschub. Eine Woche lang wurden täglich kleine Mengen aufgehängt.

Was am Baum hängt, ist familiär geprägt. Weihnachtszeit ist für Kinder Traditionszeit, das bedarf eines gewissen Wiedererkennungswertes. Glänzen Kugeln, Glöckchen und Lametta vom Baum oder ist es ein Bauernchristbaum mit Strohsternen, Äpfeln und Lebkuchen? Oder ein ganz bunter Kitsch-Christbaum? Als Kind fand ich immer spannend, was auf den Christbäumen bei Freunden hing. Geleefrüchtchen in kleinen Säcken, Schokoschirme, Herzen und Tannenzapfen aus Schokolade, die mit glänzender Folie umwickelt waren, oder Schokokugeln in buntem Bastpapier, sodass man beim Runternehmen vom Baum nicht sah, was man essen würde – jedes Gustostück ein Überraschungspaket! Als Kind hätte mich die Abwesenheit von Süßigkeiten am Baum sicher befremdet und enttäuscht. Mittlerweile ist das Angebot an süßem Christbaumschmuck noch um vieles breiter geworden. Rentiere aus Schokolade kannte ich als Kind noch nicht. Auch handgeschöpfte Schokopralinen gibt es mittlerweile einzeln verpackt in zierlichen Schachteln.

Zuckerwaren am Weihnachtsbaum gibt es schon lange, weshalb der Christbaum mancherorts auch Zuckerbaum genannt wird. Interessanterweise ist der Christbaum in Österreich mit 200 Jahren deutlich jünger als in Deutschland, wo es ihn seit 500 Jahren gibt. Angeblich wurde er in Deutschland vom protestantischen Adel erschaffen und erst später in der Biedermeierzeit in Österreich aufgegriffen.

Auch Goethes Buch *Die Leiden des jungen Werthers* soll zur Verbreitung des Christbaums beigetragen haben. Der Briefroman handelt von einer Liebesgeschichte zwischen dem jungen Werther und dem Mädchen Lotte. Lotte, die noch acht jüngere Geschwister hat, wurde von ihrer Mutter am Sterbebett jedoch einem gewissen Albert anvertraut. Diesen heiratet Lotte dann auch, in einer mehrmonatigen Abwesenheit Werthers. Weihnachten ist eine Schlüsselzeit im Roman. Lotte, die nun bereits verheiratet ist, bittet Werther, sie ein paar Tage nicht zu besuchen und erst zu Weihnachten wiederzukommen. Werther hält sich jedoch nicht daran, sucht Lotte auf, und die beiden werden von ihren Gefühlen überwältigt. Das Dreiecksverhältnis Albert-Lotte-Werther endet schließlich in Werthers Selbstmord, da er die Ausweglosigkeit seiner Situation erkennt.

Weihnachtsbaum und Süßwaren werden in Goethes Roman wie folgt geschildert:

> *An demselben Tage, als Werther den zuletzt eingeschalteten Brief an seinen Freund geschrieben, es war der Sonntag vor Weihnachten, kam er abends zu Lotten und fand sie allein. Sie beschäftigte sich, einige Spielwerke in Ordnung zu bringen, die sie ihren kleinen Geschwistern zum Christgeschenke zurecht gemacht hatte. Er redete von dem Vergnügen, das die Kleinen haben würden, und von den Zeiten, da einen die unerwartete Öffnung der Tür und die Erscheinung eines aufgeputzten Baumes mit Wachslichtern, Zuckerwerk und Äpfeln in paradiesische Entzückung setzte.[9]*

Die Leiden des jungen Werthers war damals einer der meistgelesenen Romane. Er dürfte mehrere Trends gesetzt haben, denn nicht nur der Christbaum, sondern auch die Kleidung, die Werther getragen hatte, war plötzlich in.

Weil Schokolade zu Silvester dabei ist

Silvester hat seinen Reiz, ist es doch Jahresende und Jahresbeginn zugleich. Schon die alten Römer feierten den Übergang ins nächste Jahr, wenngleich das Fest damals noch nicht Silvester hieß. Diese Symbolik von Tod und Geburt, Vergänglichkeit und Neubeginn nehmen viele zum Anlass, über das vergangene Jahr zu reflektieren und über das neue nachzudenken. Was war gut im letzten Jahr? Wie soll's weitergehen? Was soll sich verändern?

Diese Reflexion findet um, aber selten an Silvester statt. Denn an diesem Abend wird meist ausgelassen gefeiert, von den einen im kleinen, familiären Rahmen, von den anderen im Freundeskreis, wieder andere bevorzugen Silvesterpfade mit Menschenmassen in den Großstädten. Jeder hat seine Tradition, was für ihn Silvester ausmacht. »The same procedure as every year«[10], der gleiche Ablauf wie jedes Jahr. Wobei die Bräuche nicht nur persönlicher Natur sind, sondern sich auch in verschiedenen Ländern unterscheiden. Spanier essen beispielsweise zu den zwölf mitternächtlichen Glockenschlägen zwölf Weintrauben und wünschen sich pro Weintraube etwas fürs nächste Jahr. Ein netter Brauch!

Am Silvesterabend wird meist viel gegessen, bevor der erste Januar mit Serien an Neujahrsvorsätzen beginnt. Silvester ist quasi die Henkersmahlzeit vor dem kollektiven »weniger und gesünder essen«. Wobei bereits der 1. Januar mit den Resten der Party einen ersten Bruch des Vorsatzes darstellt.

Schokolade kann dabei in vielerlei Form eine Rolle spielen. Als Dekoration alias Konfekt. In Form gekaufter Glücksbringer aus Schokolade – die werden nämlich im Gegensatz zu Marzipanschweinchen auch gegessen! Oder man bäckt Glücksbringer selbst, indem man die gewünschte Form aus Schokomürbeteig aussticht. Das sieht nett aus und ist persönlicher.

Bei uns wird am Silvesterabend gemeinsam mit Freunden gekocht. Jeder überlegt sich einen Gang, besorgt die Zutaten, zubereitet wird dann miteinander. So gibt es viele kleine Gänge, die immer von ein, zwei, drei Leuten zubereitet werden. Desserts werden meist vorbereitet und mitgebracht – etwa Mousse au Chocolat mit süßem Kürbiskompott, Maroni-Tiramisu, das man mit Kakao bestreuen kann, oder Kuchen. Das ist lecker und praktisch – denn Kakao macht auch munter. Das ist zu Silvester durchaus wesentlich!

19. GRUND

Weil Schokolade ein Produkt für alle Jahreszeiten ist

Kennen Sie die alte Weisheit, dass man Muscheln nur in Monaten mit *r* – das heißt von September bis April – essen darf? Das hatte traditionelle Gründe und hat mit der Algenblüte zu tun. Algen blühen in Monaten ohne *r* und bilden während der Blüte Giftstoffe, welche von den Muscheln aufgenommen werden. Muschelvergiftungen kommen daher nur in heißen Monaten vor. Darüber hinaus waren früher die Lager- und Transportbedingungen von Fischen und Meeresfrüchten nicht so ausgereift wie heute, und in heißen Monaten kam es rascher zum Verderb. Das führte letztlich zur Volksweisheit, wann man Muscheln (nicht) essen soll. Heute ist das Ganze insofern anders, als Küsten ganzjährig auf Algengiftstoffe kontrolliert werden. Muscheln werden nur dann für den Verzehr freigegeben, wenn sie unbedenklich sind. Das Risiko einer Muschelvergiftung ist daher sehr gering – Bauernregeln sind aber hartnäckiger als Gesetze.

Für Schokolade gibt es in Anlehnung daran auch eine Weisheit. Sie geht auf die Amerikanerin Sandra Boynton zurück und lautet: *»As with most fine things, chocolate has its season. There is a simple memory aid that you can use to determine whether it is the correct* *time to order chocolate dishes: any month whose name contains the letter A, E, or U is the proper time for chocolate.*«[11] In Kürze: Auch Schokolade hat ihre Saison, wie alle schönen Dinge des Lebens. Jeder Monat, der den Buchstaben A, E oder U enthält, eignet sich für den Konsum von Schokolade.

Das heißt: Nicht nur Frühlings-, Herbst- und Winterzeit, sondern jederzeit ist Schokozeit! Nach Faschings- und Fastenzeit ist spätestens zu Ostern regelrechte Frühlingsschokoladen-Hochsaison. Osterhasen und Ostereier aus Schokolade erreichen erstaunliche Dimensionen. Das *Guinness Buch der Rekorde* weist zum Zeitpunkt des Schreibens als größtes Schokoosterei eines aus, das 10,39 Meter hoch war. Es wurde in Tosca, Italien, im April 2011 hergestellt, hatte einen Umfang von 19,6 Metern und wog satte 7.200 Kilo! Auch Schokoladensorten, die es nur im Frühling gibt, sind verbreitet. Diese »Limited Editions« enthalten Beeren und Blüten und sollen Frühlingsgefühle wecken.

Dass Schokolade auch ein Sommerthema ist, beweist der »Tag der Schokolade« am 7. Juli. An heißen Sommertagen kann Schokolade allerdings eine Herausforderung sein. Da die Kakaobutter bei etwa 36 Grad Celsius schmilzt, zergeht sie angenehm im Mund – bei heißen Temperaturen jedoch bereits in der Verpackung! Alufolie von weicher Schokolade zu separieren, ist dann eine Geduldsprobe. Die Folie zerreißt, und irgendwann hat man entweder Aluminiumreste im Mund oder die Schokolade überall. Kunststofffolien sind leichter handhabbar.

Wer im Sommer Urlaub am Meer macht, kann thematisch passend auf Schokoladen mit Meersalz oder Algen zurückgreifen. Besonders bietet sich Schokolade natürlich in Form von Eis an. Die Schokoglasur stellt dabei sogar einen Schutz dar, dass das Schokoladeneis nicht sofort schmilzt.

Für sehr heiße Regionen werden auch hitzefeste Schokoladen entwickelt. So etwas ist möglich, wenn ein Teil der Kakaobutter durch andere Fette, meist Palmöl, Sheabutter und Illipé, ersetzt wird. Man nennt das auch Kakaobutteräquivalente. Ihr Zusatz ist auch innerhalb der EU bis zu fünf Prozent erlaubt, muss aber deklariert werden. Bei Schokolade, die nicht für tropische Temperaturen gedacht ist, sollte Kakaobutter aber das Maß der Dinge sein!

Wer im Sommer Schokolade isst und dazu zur Erfrischung kaltes Wasser trinkt, verändert den Geschmack von Schokolade, wie Wissenschaftler von der University of Arkansas herausfanden.[12] In dieser Studie spülten Testesser ihren Mund mit 4, 20 oder 50 Grad Celsius heißem Wasser, bevor sie dunkle Schokolade mit 70 Prozent Kakaoanteil aßen. Nach dem eiskalten Wasser empfanden die Tester die Schokolade als weniger süß, weniger cremig, attestierten ihr weniger Schokogeschmack und mochten sie auch weniger gerne als nach 20 oder 50 Grad. Nur die Bitterkeit blieb unbeeinflusst.

Im Herbst beginnt wieder verstärkt die Kuchenzeit und damit auch die Schokokuchenzeit! Leckere herbstliche Kombinationen sind Schoko-Birne oder Schoko-Walnuss.

Im Winter sind die bereits beschriebenen Adventskalender, Lebkuchen, Christbaumbehang aus Schokolade und Weihnachtskekse angesagt. Aber auch Stollen mit Schokostückchen und Weihnachtsschokoladen mit Gewürzen sind auf kurze Zeit beschränkt.

Jederzeit gibt es Schaumrollen, etwa an diversen Jahrmärkten und Kirtagen (Österreich), Kirchweihen (Deutschland), oder Kilbis (Schweiz). Letztere können in jede Jahreszeit fallen, denn sie hängt oft vom jeweiligen Schutzpatron der Kirche ab.

Kapitel 3

MIT SCHOKOLADE GUTES TUN: SICH SELBST, ANDEREN UND DER UMWELT

Weil Schokoladeessen keinen Zweck erfüllen muss

Jede Maschine hat einen Zweck, oft sogar mehrere. Die moderne Waschmaschine trocknet die Wäsche auch gleich. Ein und dasselbe Küchengerät knetet und bäckt den Teig. Der Drucker ist zugleich Scanner und Kopierer. Auch Sportmode ist funktional alias schnell trocknend und wärmend und zugleich modisch. Das ist alles durchaus praktisch!

Und wir selbst, ja, wir funktionieren auch, sind eine Gesellschaft des Funktionierens. Das bedeutet im Positiven: Wir sind in Gang, wir sind arbeitsfähig und -willig, wir haben Visionen, verfolgen Ziele, setzen diese in Taten um. Zum Funktionieren gehört auch, dass man es uns ansieht. Fit, sportlich, gesund, glücklich, aber doch auch ein wenig gestresst, das gehört fast zum guten Ton. Negativ betrachtet bedeutet es ein Strampeln im beruflichen Hamsterrad, wenig Zeit zum Innehalten und fast schon den Zwang, gesund und fit zu sein.

Auf den Gesundheitszwang nimmt auch die Autorin Juli Zeh in ihrem Roman *Corpus Delicti* Bezug.[13] In diesem Buch ist der Staat eine »Gesundheitsdiktatur«, wo Gesundheit nicht freiwillig, sondern Verpflichtung ist. Sport, Essen, Schlafen, Blutwerte – der Überwachungsstaat wird in ihrem Roman über alles informiert. Und zieht radikale Konsequenzen, wenn sich jemand dem entzieht.

Was als Science-Fiction geschrieben wurde, ist aber gar nicht so weit weg von der Realität. Es gibt Krankenkassen, die den Selbstkostenanteil verringern, wenn der Patient nachweislich etwas für seine Gesundheit tut und definierte Gesundheitsziele erreicht, die ärztlich bestätigt werden müssen. Die Versicherung kennt dann einige Gesundheitsdaten!

Nichts gegen Funktionalität – ohne sie würde unser Wirtschaftssystem zusammenbrechen. Sie darf aber nicht völlig auf Kosten des

Genusses gehen, nicht Selbstausbeuterei bedeuten, sondern muss in zufriedener Koexistenz mit Muße bestehen. Stress braucht Ausgleich, Anstrengung braucht Ruhe, Yin braucht Yang. Vielleicht wurde Retro deshalb chic – als Absage an die Funktionsgesellschaft. Alte Kinderwägen sind schwer und daher selten wahnsinnig praktisch, alte Anoraks sehen lässig aus, haben aber keine so tollen Materialeigenschaften wie heutige Sportkleidung, und beim Oldtimer steht die Funktion definitiv nach der Schönheit auf der Prioritätenliste.

Auch Lebensmittel sind sowohl Genussmittel als auch Energie- und Nährstofflieferanten – und damit »Funktionsmittel«. Doch das reichte manchen noch nicht aus, und so wurde vor geraumer Zeit sogenanntes »Functional Food« mit gesundheitlichem Zusatznutzen ausgestattet, getreu dem Motto »Sicher ist sicher«.

Schokolade ist meist eine Antithese zur Funktionalität. Abgesehen vom Spitzensport, wo Schokolade die Funktion der Energiegewinnung hat, ist sie eben kein Mittel zum Zweck. Man isst sie, weil man sie mag – und das war's dann auch! Auch wenn dunklen Schokoladen diverse positive gesundheitliche Aspekte nachgesagt werden, so kenne ich dennoch niemanden, der ausschließlich deshalb Schokolade isst. Niemand isst ein Stück Schokolade zum Senken des Blutdrucks! Wenn, dann ist das eine positive Nebenerscheinung. Niemand isst Schokolade nur, damit er im Alter geistig fit bleibt! Wir genießen sie einfach. Weg mit dem Zweck!

Weil Schokoladeessen ein kleines und persönliches Genussritual ist

Ein Witz lautet: Eine alte Frau überreicht dem Busfahrer jede Woche eine Packung Nüsse. Der Busfahrer bedankt sich erfreut und fragt nach einiger Zeit, warum er regelmäßig in diesen Genuss kommt. Darauf antwortet die Frau: »Die Nüsse sind in der Schokolade enthalten, aber ich kann sie nicht beißen!«

Nun, für die alte Dame ist das vielleicht trotzdem ein Genussritual, denn sie kauft gezielt keine Schokolade ohne Nuss. Das Separieren der Nüsse von der Schokolade ist aber nicht nur eine Frage des Alters. Den Witz hat mir nämlich eine 42-jährige Freundin erzählt, die Schokolade genauso isst: Sie separiert im Mund die ganzen Nüsse von der Schokolade – isst die Nüsse aber danach. Das ist ihr Genussritual!

Und so habe ich mich umgehört und entdeckt, dass es fast so viele Arten gibt, Schokolade zu essen, wie es Schokoladen gibt. Eine Freundin »schält« eine schokoüberzogene Marzipankugel mit den Lippen, während die andere hineinbeißt. Der eine isst die Schokowaffel lagenweise, der andere beißt ab. Viele schieben das Stück Schokolade ganz in den Mund, andere essen sie häppchenweise. Ob Schokolade zerkaut wird oder das Stück im Mund schmilzt, wird ebenso unterschiedlich praktiziert – ist aber wohl auch abhängig davon, um welche Schokolade es sich handelt. Hauchdünne Milchschokolade ist prädestiniert zum Zergehenlassen auf der Zunge.

Derartige Essrituale sind nicht sinnlos, im Gegenteil! Sie erhöhen den Genuss, die empfundene Geschmacksintensität und räumen dem Genussprodukt Schokolade mehr Wertschätzung ein. Das zeigte auch ein amerikanischer Versuch von Kathleen Vohs[14]. 52 Studenten wurden zu einem Experiment eingeladen. Alle bekamen eine Tafel Schokolade, aber mit unterschiedlichen Instruktionen. Die Hälfte der Studierenden sollte die verpackte Schokolade zuerst in der Mitte auseinanderbrechen, dann eine Hälfte auspacken und diese essen. Dann erst sollten die Tester die zweite Hälfte auspacken und essen. Sie folgten somit einem Ritual. Die zweite Gruppe Studenten aß die Schokolade hingegen wie gewohnt. Dabei wurde gemessen, wie lang die Teilnehmer für den Verzehr (ohne Auspacken) der Schokolade benötigten. Dann mussten alle Teilnehmer Fragen beantworten, wie sehr sie die Schokolade genossen. Sie hielten fest, wie viel sie für die Schokolade zahlen würden, und letztlich bewerteten sie, wie reichhaltig-süß die Schokolade schmeckte. Die Ritualgruppe hatte länger etwas vom Genuss, empfand diesen Genuss stärker, würde mehr zahlen und bewertete die Schokolade im Geschmack als intensiver. Das heißt: Sie hatte mehr davon!

Man kann den Schokoladeverzehr auch technokratischer untersuchen. Lebensmittelsensorik ist eine Wissenschaft, bei der es um die Wahrnehmung und Bewertung von Lebensmitteln mit den Sinnen geht. In einer Sensorikstudie[15] wurde die Konsistenz von zwei Schokoladen miteinander verglichen. Dafür aßen 57 Testpersonen die zwei Schokoladen und bewerteten, welche sie lieber mochten. Dann gaben sie an, welche der beiden Schokoladen härter war, welche schneller schmolz, welche sich glatter anfühlte, welche dicker war und welche den Mund mehr auskleidete. Zusätzlich – und das ist der technische Teil – wurde mithilfe von Elektromyografie die Kaumuskelaktivität gemessen, mit Elektroglottografie das Schluckverhalten. So wurde beispielsweise aufgezeichnet, wie oft die Tester in die jeweilige Schokolade beißen mussten, wie lange der Kauvorgang dauerte, wie viel davon rechts und links passierte, oder wann zum ersten und wann zum letzten Mal geschluckt wurde. So konnte letztlich überprüft werden, welche Eigenschaften die bevorzugte Schokolade hatte. Mit zahlreichen Oberflächenelektroden im Gesicht ist der Ritualaspekt beim Schokogenuss allerdings vermutlich keiner gewesen …

Weil Kakaobutter und Schokolade
gut für die Körperpflege sind

Sie denken bei Schokolade an die »Körperpflege« von innen? Nun, damit beschäftigen sich ohnehin zahlreiche Kapitel in diesem Buch. Nun geht's ums Äußere! Für den kosmetischen Bereich werden schließlich zahlreiche Lebensmittel eingesetzt. Schon Kleopatra badete in Milch und Honig, und auch heute kann man in Honig- oder Meersalzbädern liegen, Avocado-Hautcreme und Bodylotion mit Mandelöl auftragen. Traubenkerne werden ebenso zur Körperpflege eingesetzt wie Arganöl, Olivenöl, Mango oder Grapefruit. Warum nicht auch Schokolade?

Dass Kakaobutter in zahlreichen Körperpflegemitteln eingesetzt wird, ist ohnehin nicht neu. Kakaobutter ist das Fett der Kakaobohnen. Um sie zu gewinnen, werden die rohen Kakaobohnen geröstet, gebrochen und geschält. Der Kakaokernbruch wird zu einer feinen Masse gemahlen. Dabei entstehen Druck und Wärme, und die fein zermahlene braune Masse wird dickflüssig, weil die enthaltene Kakaobutter schmilzt. Nun wird die Kakaobutter abgepresst, der Pressrückstand ist eine nahezu fettfreie Masse und wird zu Kakaopulver verarbeitet. Die gewonnene Kakaobutter ist blassgelb. Ein Teil der Kakaobutter wird zu Schokolade verarbeitet, ein Teil kommt in den kosmetischen Bereich.

Kakaobutter enthält vorwiegend gesättigte Fettsäuren. Etwa ein Drittel macht die einfach ungesättigte Ölsäure aus, die wir auch vom Olivenöl kennen. Durch den hohen Anteil gesättigter Fette ist Kakaobutter bei Zimmertemperatur fest – sonst könnten wir keine Schokolade essen. Da sie aber knapp unter Körpertemperatur schmilzt, zergeht sie so herrlich im Mund. Diese Eigenschaft ist auch in der Kosmetik relevant. Hautcreme soll schmelzen, einziehen. Kakaobutter ist also prädestiniert für die Körperpflege und in Form von Gesichts- und Körpercremes, Lippenpflegeprodukten und Seifen zu finden. Sie kommt in Antifaltencremes ebenso zum Einsatz wie in Cremes gegen Schwangerschaftsstreifen.

Neu ist, dass nicht nur Kakaobutter, sondern auch Schokolade in der Körperpflege angekommen ist. Cremes duften nach Schokolade, es gibt Schokoladenseifen und Gesichtsmasken mit Schokolade. Diese pflegen die Haut, riechen gut und sind theoretisch essbar. Wer sich also mal über die Lippen leckt, schmeckt das auch!

Dass die Produkte nach Schokolade duften, macht Sinn. Denn die Verarbeitung von Gerüchen erfolgt im Gehirn unmittelbar im limbischen System, wo Emotionen verarbeitet werden. Da die Geruchsinformation »schokoladig« von der Nase direkt ins limbische System gelangt, löst der Geruch eine sofortige Reaktion, ein Lustempfinden aus. Wir fühlen uns, wenn wir Schokolade mögen, wohl durch den Geruch! Und wer Schokolade nicht mag, der wird sich wohl keine Schokomaske auftragen …

Von der Theorie zur Praxis. Ich habe natürlich eine Schokomaske ausprobiert. Assoziationen beim Herausdrücken aus der Packung: Sie sieht aus wie Schokopudding, hat aber eine gelartige Konsistenz. Geruch: eindeutig Schokolade! Während der zehnminütigen Einwirkphase ist man von dezentem Schokogeruch eingenebelt. Gefühl im Gesicht: Angenehm, die von mir verwendete Marke spannt auch nach zehn Minuten nicht. Resultat danach: Entspannung pur! Weiche Haut. Dass die Falten weniger geworden sind, bezweifle ich aber. Denn mit Sicherheit sind einige Schmunzelfalten dazugekommen.

Weil sich Schokolade als Geschenk eignet

Früher war Schokolade als Geschenk etwas Besonderes. Wer in die Schweiz fuhr, brachte Schweizer Schokolade mit, da sie als besonders wohlschmeckend galt. Man erhielt sie fast nur in der Schweiz. Dann wurden Blumen oder Schokolade eine Zeit lang als unpersönliche Geschenke betrachtet, die aber dafür immer passend waren. Alles hat seine Vor- und Nachteile.

Aber diese Zeit scheint vorbei zu sein! Das Schokoladenangebot im Geschenkesektor ist unglaublich groß geworden. Nicht nur zu den spezifischen Feiertagen wie Geburtstag, Muttertag oder Vatertag, nicht nur zu Ostern, Krampus, Nikolaus oder als Adventsmitbringsel. Es gibt Dankeschön-Schokoladen und Gute-Besserung-Schokoladen. Es gibt sie mit allerlei Wünschen versehen: etwa dem Wunsch nach guter Laune. Man kann mit Schokolade heute aufgrund der Sortenauswahl, der Verpackung oder des Inhalts etwas Besonderes ausdrücken, von originell bis exklusiv, zumal die Verfügbarkeit mancher besonderer Schokoladen begrenzt ist. Man kann Schokolade mitbringen oder per Post versenden (außer im Hochsommer, aber der ist in unseren Breiten ja auf sehr kurze Zeit beschränkt). Man kann sie in der jeweiligen Urlaubsdestination als Mitbringsel kaufen. Ich habe mich sehr gefreut, als eine Freundin, die ihren Sommerurlaub im Baltikum verbracht hat, mir Schokoladen aus Estland, Lettland und Litauen mitgebracht hat!

Persönlich kann ein Schokoladenpräsent auf zwei Arten werden: wenn ein persönlicher Bezug zwischen Schokolade und Schenker besteht, oder wenn er zwischen Schokolade und Beschenktem vorliegt. Ich habe einmal zu Weihnachten einige Päckchen gemacht, in denen ich verschiedene Lebensmittel aus Regionen zusammengestellt habe, die ich zuvor besucht hatte. Da waren spezielle Öle dabei, Essige, Honige und auch Schokoladen. Dadurch, dass ich selbst vor Ort war und die Hersteller aufgesucht habe, war das Präsent definitiv ein persönliches Geschenk. Handgeschöpfte Schokoladen haben zudem meist nett designte Verpackungen, sodass man sich zusätzliches Verpackungsmaterial sparen kann.

Mancher Produzent erzeugt auch individuelle Kreationen. Man gibt Wunschzutaten an und bekommt die wirklich einzigartige Schokolade. Wie die Komposition schmeckt, ist dann eine Überraschung. Essbare »Verbrauchsgegenstände« zu schenken hat noch einen Vorteil: Schenker und Beschenkter können sie auch gemeinsam genießen.

Bleiben Firmenweihnachtsgeschenke: Sie sind eine nette Geste an die Kunden und können nicht auf jeden Kunden zugeschnitten werden, sollen aber mit dem Schenker, mit der Firma in Verbindung gebracht werden. Firmen können Schokoladen beispielsweise mit ihrem Logo bedrucken lassen.

24. GRUND

Weil Schokolade Teil einer grandiosen Geburtstagsüberraschung sein kann

Zu meinem 40. Geburtstag brachten zwei meiner Freunde eine grandiose Überraschung mit: 40 Muffins, wovon jeder einzelne individuell gefüllt war! Und nicht nur das, die Füllung wurde so ausgewählt, dass sie perfekt mit dem jeweiligen Teig harmonierte, denn es waren vier verschiedene Teige im Spiel, ein Schokoteig, ein Mohnteig, ein Nussteig und ein Joghurtteig. Oft bestand die Füllung nicht nur aus einem Element, sondern aus einer Kombination.

Die Kombinationen folgten dem Foodpairing-Prinzip, also jener Theorie, dass Zutaten dann miteinander harmonieren, wenn sie gemeinsame Aromastoffe besitzen. Die beiden Hobbybäcker hatten also zuerst ganz schöne Recherchearbeit geleistet. Was passt alles zu Schokolade? Was harmoniert mit Mohn? Welche Zutaten kann man mit Joghurt bzw. Nüssen kombinieren?

Jeder Muffin war wie ein Überraschungsei: Mal war eine Maroni im Mohnteig versteckt, mal ein Stück Banane. Camembert fand sich ebenso im Nussteig wie Blauschimmelkäse. Der Joghurtteig war oft pikant gefüllt, mal mit Aubergine und Pistazien, mal waren Sardellen, Kapern und Birnen gemeinsam drin zu finden, ein anderer Muffin enthielt Kürbis mit Lauch. Die Schokoladenteigvarianten waren vorwiegend mit Früchten und Nüssen gefüllt: Sauerkirschen, Erdbeeren, Äpfel, Birnen, Heidelbeeren, Trockenmarillen, Paranüsse und Haselnüsse, Kokosnuss, Mandeln in der Zubereitungsform Marzipan. Die Liste mit den Kombinationen – quasi die Auflösung – habe ich ein paar Tage später erhalten.

Diese Muffins werde ich sicher nie vergessen! Sie wurden zum Partyknüller. Ich empfehle uneingeschränktes Nachahmen, im Wissen, dass der Aufwand groß ist, mussten doch Gemüsestückchen oft einzeln vorgegart werden, um dann einen einzigen Muffin zu füllen! Ich wurde also auch mit Zeit beschenkt.

Die gute Zeit fällt nicht vom Himmel, sondern wir schaffen sie selbst; sie liegt in unseren Herzen eingeschlossen[16], wusste auch Dostojewski.

25. GRUND

Weil Schokolade ein Produkt ist, das man gerne teilt

Teilen kann man alles Mögliche: Materielles (wie Schokolade), Immaterielles (wie das Wissen, wie man den besten Schokoladekuchen bäckt). Man kann jemandem etwas *mit*teilen, d. h. am eigenen Wissen teilhaben lassen (z. B. was Bioschokolade ausmacht). *An*teil zu nehmen am Leben anderer heißt, deren Empfindungen zu teilen. *Teilen* hat mit Solidarität zu tun, mit Gerechtigkeit, mit Freundschaft. Essen mit jemandem zu teilen hat einen besonderen Status. Die Geburtstagstorte teilt man mit nahestehenden Menschen.

Glück ist das Einzige, was sich verdoppelt, wenn man es teilt – so heißt es. Nun, Schokolade verdoppelt sich beim Teilen nicht. Aber der gemeinsame Genuss von Schokolade bereitet trotzdem doppelte Freude! In Deutschland wurde 2003 eine Genussstudie[17] von zwei Marktforschungsinstituten im Auftrag von Japan Tobacco International Germany durchgeführt. Dabei wurden vier unterschiedliche Genießertypen identifiziert: Couchgenießer, Geschmacksgenießer, Erlebnisgenießer und Alltagsgenießer. Es sind die Alltagsgenießer, für die das Genießen ein wichtiger, aber gleichzeitig unspektakulärer Lebensbestandteil ist – den sie gerne mit anderen teilen.

In der Natur ist das Teilen hingegen kein Akt von Nettigkeit oder Geselligkeit, sondern eine Notwendigkeit. Blumen bieten den Bienen süßen Nektar an, die Biene trägt dafür die Blütenpollen weiter und sorgt für Bestäubung. Auch die Chilipflanze hat einen ausgetüftelten Mechanismus entwickelt, wie die Samen effektiv verbreitet werden. Säugetiere werden vom Scharfstoff Capsaicin abgeschreckt, sie fressen Chilischoten nicht. Vögel nehmen den Scharfstoff Capsaicin hingegen nicht wahr – sie fressen daher die Schoten und verbreiten die Samen. Für die Pflanze ist das ein Vorteil, da Vögel meist einen größeren Aktionsradius als Säugetiere haben. Teilen folgt in der Natur damit dem Prinzip »Geben und Nehmen«.

Teilen kennen wir auch von Religionen. In der christlichen Lehre wird im November der Heilige Martin gefeiert, der seinen Mantel mit einem Armen teilt. Beim letzten Abendmahl werden Brot und Wein geteilt.

»Teilen ist das gemeinsame Nutzen einer Ressource«, so lautet der erste Satz des Artikels über Teilen auf Wikipedia.[18] Derzeit gibt es einen Trend zum Teilen statt zum Besitzen: Beim Carsharing werden beispielsweise Autos geteilt. Weitere Internetplattformen ermöglichen einen Leihhandel, bei dem man Güter, die man verleihen möchte, ins Netz stellt und bei jeder Leihgabe einen geringen Beitrag dafür bekommt. Das bietet sich für Güter an, die man nur selten braucht.

Viele Schokoladenprodukte sind ohnehin zum Teilen konzipiert. In Österreich gibt es schokoladeüberzogene Waffeln in Tortenform, wobei die »Tortenstücke« bereits geteilt sind. Schokoriegel enthalten oft zwei Stück in einer Verpackung. Werbungen zeigen selten den alleinigen Schokogenuss, und Familienpackungen richten sich nicht an Singles.

Teilen und Gerechtigkeit sind aber oft zwei Paar Schuhe. Bekanntlich bekommt nicht jeder ein gleich großes Stück vom Kuchen ab. Das trifft zu, egal, ob es um wirklichen Kuchen oder um andere Dinge geht.

Weil es Schokoladenduft sogar in Form von Blumen gibt

Blumen tun uns allen gut! Blumen sprechen mehrere Sinne an: Sie sehen schön aus, verströmen Düfte, manche Blüten sind sogar essbar. Hören können wir sie nicht, aber wir hören das Summen von Insekten, die die Blüten anfliegen. Allerdings hinterlassen manche Blumen mit ihren Dornen einen nachhaltigen haptischen Eindruck. Blumen sind also ein multisensorisches Spektakel der Natur.

Der Duft der Blumen ist das Resultat vieler in der Pflanze vorkommender Aromastoffe. Und er hat eine Wirkung aufs Gemüt, lösen Gerüche bei uns Menschen doch bekanntlich Emotionen aus. Düfte können uns beruhigen, aktivieren oder betören, und sie können sogar therapeutisch genutzt werden. Denn ätherische Öle wirken nicht nur, indem wir sie riechen, sondern auch, indem sie über die Haut in den Körper gelangen. Aromatherapie behandelt ganzheitlich, das heißt Körper, Geist und Seele. Sie basiert einerseits auf langer Erfahrung mit ätherischen Ölen, ist aber mittlerweile wissenschaftlich untermauert.

Die Pflanze duftet aber nicht aus Jux und Tollerei, sondern verfolgt dabei mehrere Ziele. Einerseits locken ätherische Öle Insekten an, die der Bestäubung dienlich sind. Andererseits vertreibt der Geruch fressende Feinde. Auch Samenkeimung und Wachstum anderer Pflanzen in unmittelbarer Umgebung können unterdrückt werden, denn in der Natur gilt das Prinzip »Survival of the fittest«.

Die Tageszeit, wann eine Blume ihren Duft verströmt, hängt primär davon ab, auf welches Tier sie spezialisiert ist. Der Duftcharakter ist also eine für den Menschen angenehme Begleiterscheinung, von der Pflanze aber nicht geplant.

Es gibt zwei Blumen, die nach Schokolade duften. Beide sind leider nicht essbar! Der Geruch ist dennoch gut. Die Schokoladen-Kosmee (Cosmos atrosanguineus) ist eine in Mexiko beheimatete Blume, deren Duft an Zartbitterschokolade erinnert. Sie blüht von Juli bis September und verströmt ihren Duft am späten Nachmittag. Die Blüten sind dunkelrot bis bräunlich und unterscheiden sich nicht nur im Geruch, sondern auch optisch von der echten Schokoladenblume (Berlandiera lyrata). Diese stammt aus Nordamerika, gedeiht jedoch bis Mexiko. Ihre gelben Blüten blühen von Mai bis September und duften nach Vollmilchschokolade. Beide Blumen zählen zwar zur großen Pflanzenfamilie der Korbblütler, sind aber nicht miteinander verwandt.

Wer schokoladige Blüten essen will, hat aber dennoch Möglichkeiten: Essbare Blüten können getrocknet werden und Schokoladenkonfekt verzieren. Blumen können aber auch direkt aus Schokolade geformt bzw. gegossen werden!

Weil anhand von Schokolade die Geschlechtergleichstellung zunehmend erkennbar ist

Frau oder Mann: Wer isst mehr Obst? Wer mehr Fleisch? Wer mag Bitterschokolade lieber, wer greift auf weiße Schoko zurück? Wer kann besser schmecken, wer genießt mehr?

Nun, Frauen essen vielleicht mehr Obst und Männer etwas mehr Fleisch. Vorlieben für einzelne Lebensmittelgruppen unterscheiden sich zwischen den Geschlechtern – aber das Ausmaß ist geringer, als oft postuliert wird. Oder sogar anders als angenommen. Zum Beispiel bei Schokolade. Bei einer Schokoladenverkostung in der Schweiz stellte sich nämlich heraus, dass Frauen dunkle Schokolade lieber mochten als Männer und dass Milchschokolade vorwiegend bei jungen Menschen punktet. Umso interessanter, dass Bitterschokolade lange Zeit als »Herrenschokolade« galt und schon seit Ende des 19. Jahrhunderts auch so vermarktet wurde. Das lag wohl daran, dass Schokolade im 19. Jahrhundert generell als weibliches und kindliches Produkt angesehen wurde. Sollte die als weiblich geltende Süßware auch unter die Männer kommen, war eine unterschiedliche Kommunikationsstrategie gefragt. Ein Grundprinzip im Marketing also, das man damals schon beherrschte.

Bittere »Herrenschokoladen« und weiße »Damenschokoladen« gibt es zwar heute auch – aber die wenigsten weißen Schokoladen sprechen gezielt die Damenwelt an, wie auch die wenigsten Bitterschokoladen sich konkret ans männliche Geschlecht wenden. Ausnahmen kommen am Muttertag und Vatertag daher. Und dann wird's richtig traditionell. Zwar sind Schokoladen für den besten und liebsten Mann, Papa oder Opa nicht mehr ausschließlich bitter, sondern vielfach als Vollmilchvariante erhältlich. Schokoladen mit Whiskycreme richten sich dann aber doch an den Mann, während auf Mama zum Muttertag Blüten, Früchte, Nugat oder Marzipan warten, vorzüglich in Vollmilch- oder weißer Schokolade. Abseits dieser Elterntage ist Gender Marketing bei Schokolade aber nur am Rande zu spüren. Immer nur schwarze Herrenschokolade und weiße Damenschokolade waren einmal!

Fakt ist hingegen, dass das Konsumverhalten von Schokoladenessern genderspezifisch ist. Heißhunger auf Schokolade ist bei Frauen in Stresssituationen stärker verbreitet als bei Männern. Vor allem tritt er aber auf, wenn Frau auf Diät ist. Frauen können auch schlecht widerstehen, wenn Schokolade sichtbar vor ihnen liegt.

Fakt ist auch, dass Frauen im Durchschnitt bessere Sinne haben – biologische Gründe für unterschiedliche Vorlieben beim Essen wären also durchaus vorhanden. Denn im Durchschnitt sind Frauen besser im Farbsehen, im Riechen, im Schmecken, im Tasten. Frauen erkennen Gerüche besser als Männer. Vor allem in der fruchtbaren Zeit haben Frauen einen ausgeprägten Geruchssinn. Mehr Frauen als Männer sind besonders sensibel für bitter. Und mit den kleineren Fingern spüren Frauen mehr. Das heißt wohlbemerkt nicht, dass jede Frau besser im Riechen, Schmecken oder Tasten ist als jeder Mann – aber als Gruppe schneiden sie besser ab.

In der Genussfähigkeit unterscheiden sich die Geschlechter einer Studie zufolge hingegen kaum. Und so kann jede und jeder das genießen, was er lieber mag. Zumindest hier gibt es also Gleichberechtigung!

Weil Schokolade eines der Pionierprodukte war, um Fair Trade bekannt zu machen

Ich kann mich noch gut an meine ersten Fair-Trade-Einkäufe erinnern. Es war Kaffee, den ich vor gut 20 Jahren regelmäßig in einem EZA-Laden erstand. Kaffee war das erste Fair-Trade-Produkt, das damals in Österreich erhältlich war. Aller Anfang ist bekanntlich schwierig! Die internationalen Anfänge reichen nämlich durchaus weit zurück. In den USA wurden die ersten »fairen« Handarbeiten bereits in den 1940er-Jahren verkauft. Europa war deutlich langsamer und der deutschsprachige Raum später dran als die Briten. In Deutschland begann Fair Trade 1992, als der Verein TransFair entstand. In der Schweiz wurde die Max-Havelaar-Stiftung 1992 gegründet und TransFair Österreich wurde ein Jahr später ins Leben gerufen. Die Vereine sind selbst keine Händler, sondern agieren gemeinnützig mit dem Ziel, fairen Handel zu fördern. Fair-Trade-Schokolade kam 1996 auf den österreichischen Markt und war somit immer noch eines der Pionierprodukte, das fairen Handel bekannt machte.

Was ist Fair Trade? Es handelt sich um eine Handelsform, bei der die Produzenten, die meist in Entwicklungsländern leben, einen garantierten Mindestpreis für ihre landwirtschaftlichen Erzeugnisse wie Kakaobohnen oder Rohkaffee, aber auch Handwerksprodukte erhalten. Meist sind die Produzenten Kleinbauern. Es geht also um die Verbesserung der Lebensbedingungen in Entwicklungsländern, um eine Form sozialer Wirtschaft. Der Mindestpreis ermöglicht den Bauern, Investitionen zu tätigen. Fair gehandelte Waren erkennt man am internationalen Gütesiegel. Ein Produkt bekommt nur dann das Gütesiegel, wenn sämtliche Zutaten, die durch Fair Trade verfügbar sind, auch als solche verwendet werden. Die Ware wird hauptsächlich in Industrieländer exportiert.

Schokolade ist ein fairer Sonderfall. Denn für die beiden Hauptzutaten von Schokolade – Kakao und Zucker – gibt es eigene Fair-Trade-Programme. Schokolade darf auch dann als Fair-Trade-Produkt vermarktet werden, wenn nur eine der beiden Zutaten Fair-Trade-zertifiziert ist. Es geht also um den Rohstoff, nicht um das verarbeitete Endprodukt Schokolade. Das soll kein Betrug am Abnehmer im Industrieland sein, sondern eine Absatzchance für den Primärproduzenten darstellen. Die Verwässerung der Anforderungen – also dass eine der beiden Zutaten als Fair Trade ausreicht, um eine faire Schokolade zu produzieren – hat aber zu nicht unerheblicher Kritik geführt. Und goss Öl ins Feuer jener, die ohnehin am Fair-Trade-Konzept zweifeln. Die weiteren Kritikpunkte wären die mangelnde Rückverfolgbarkeit mancher Produkte, darunter auch Kakao und Zucker. Auch dass die Vereine hohe Lizenzgebühren verlangen, wird von Gegnern kritisiert.

Wer Fair Trade kauft, bietet aber nicht nur dem Produzenten höheren Profit – er profitiert auch selbst davon. In einer deutschen Studie[19] wurden 241 Studierende in vier Gruppen geteilt. Eine Gruppe bekam Fair-Trade-Schokolade mit einem Fair-Trade-Gütesiegel, die zweite Gruppe bekam die gleiche Schokolade, aber ohne Siegel. Die dritte Gruppe erhielt Schokolade, die nicht aus fairem Handel stammte, jedoch mit Fair-Trade-Siegel gekennzeichnet war, die vierte Gruppe erhielt Schokolade ohne Fair-Trade-Hintergrund und auch ohne Fair-Trade-Siegel. Alle mussten bewerten, wie gut ihnen die Schokolade schmeckte. Das Gütesiegel hatte einen großen Einfluss auf die Vorliebe. Sowohl die konventionelle Schokolade als auch das Fair-Trade-Produkt wurde besser bewertet, wenn ein Fair-Trade-Label angebracht war. Ein gutes Gewissen ist also nicht nur ein Ruhekissen, sondern fördert auch den Genuss!

Weil Schokolade zur politisch-korrekten Bewusstseinsbildung beitragen kann

Mehlspeisen haben oft eigenwillige Bezeichnungen: »Gebackene Mäuse« sind süße Hefeteigklumpen, die im heißen Fett frittiert werden. Man kann darüber diskutieren, wie animierend die Bezeichnung »gebackene Mäuse« ist, vielleicht unterhält sie einfach nur. Bezeichnungen werden oft aufgrund optischer Ähnlichkeiten gewählt, und manchmal sind diese eben an die Fauna angelehnt. Die »gebackene Maus« ist zwar eine unförmige Maus, aber Form und Größe stimmen ungefähr. Und wer daran gewöhnt ist, findet den Namen nicht weiter komisch.

Der Spaß der Namensgebung hat aber eine moralische Grenze. Nämlich dort, wo Kuchenbezeichnungen an die Hautfarbe von Menschen angelehnt werden. Der »Indianer mit Schlag« erinnert im Aufbau an einen Hamburger. Zwei Kuchenteile werden mit Schlagsahne zusammengesetzt, und der obere Teil ist in Schokoladenglasur getaucht. Mindestens ebenso bekannt ist der »Mohr im Hemd«, ein Dessert-Klassiker der Wiener Küche, der meist in der Form eines Minigugelhupfes serviert wird. Er wird nicht gebacken, sondern im Wasserbad gekocht, noch warm mit dunkler Schokoladensauce überzogen und mit Schlagsahne serviert. Dieses Dessert hat in seinem Ursprung mit der Oper zu tun – allerdings nicht mit der Musik, sondern mit der Hauptfigur Otello in der gleichnamigen Oper von Verdi. Otello war ein Feldherr mit dunkler Hautfarbe. Als die Oper *Otello* 1888 erstmals in Wien aufgeführt wurde, gab es rasch die passende Mehlspeise im Kaffeehaus. Heute weiß das wohl kaum ein »Mohr im Hemd«-Esser. Shakespeares Theaterstück *Othello* war übrigens die Grundlage für Verdis Oper.

Die Bezeichnung »Mohr« stammt ursprünglich von den Mauren ab. Seit dem Mittelalter wurden Menschen mit dunkler Hautfarbe als Mohren bezeichnet. Heute taucht der Begriff kaum mehr auf. Besonders das damit verbundene Stereotypbild – Ringe in den Ohren, dicke Lippen, dunkle Locken – zeigt eigenartige bis diskriminierende Vorstellungen von Menschen dunkler Hautfarbe. Es ist daher nicht nur sinnvoll, sondern schlicht und ergreifend nötig, die Diskussion um die Bezeichnung der Mehlspeise zu führen und diese Bezeichnung abzulösen. Denn die Macht der Sprache ist groß. Und niemandem wird sein Schokokuchen weggenommen, wenn dieser zeitgemäß umgetauft wird.

Ich schlage daher einige völlig andere Beispiele vor, wie man den »Mohr im Hemd« künftig bezeichnen könnte: Wie gefällt Ihnen »Schornsteinfeger im Hemd«? Auch »Schneemann mit Hut und Stiefel« wäre denkbar. »Frack mit Schärpe«, »Silberstreif am Nachthimmel« sowie »Nonne mit weißem Kragen« passen auch zur Farbkomposition. Auch ein Ausflug ins Tierreich ginge: »Zebrakuchen« etwa oder »Pinguin«.

Analog könnte der »Indianer mit Schlag« durchaus »Bär mit weißem Bauch« genannt werden. Das würde insofern passen, als es ohnehin bereits zahlreiche Kuchen, Kekse und Desserts gibt, die auf Tiere verweisen, etwa der Rehrücken, die Bärentatzen oder der Biskotten-Igel. Keine dieser Bezeichnungen ist diskriminierend, alle sind neutrale Vergleiche.

Schokolade dient aber nicht nur der politisch korrekten Bewusstseinsbildung. Auch Vorbildwirkung hat mit Bewusstseinsbildung zu tun. In meiner Kindheit gab es noch Schokozigaretten. Die wurden glücklicherweise abgeschafft. Ganz ohne Protest und Gegenwind!

Weil es viele Bioschokoladen gibt

Die Meinungen zum Thema »bio« mögen auseinandergehen. Bio zu sein ist sicher keine heilige Kuh. Aber zweifellos eine Erfolgsstory und hat die Landwirtschaft in den letzten 40 Jahren gewissermaßen revolutioniert. Auch wenn nach wie vor nur ein relativ kleiner Anteil unserer Lebensmittel bio ist – er wurde größer. Und er hat sicher auch bei konventioneller Produktion zu mehr Natürlichkeit geführt. Bei biologischer Landwirtschaft geht es nicht nur um (keine) Chemie, sondern auch um nachhaltige Nutzung der Böden und des Wassers. Und da hat der Biotrend vor allem eines: Bewusstseinsbildung erreicht!

Ob Biolebensmittel in Folge gesünder sind, steht auf einem anderen Blatt Papier. Da scheiden sich wieder einmal die Geister. Wer »gesund« am Vitamingehalt festmacht, wird auf keine Unterschiede stoßen, aber diese Sichtweise ist doch eine sehr eingeschränkte. Man weiß, dass die Pestizidbelastung von Bioprodukten geringer ist. Man weiß, dass in Bioprodukten mehr sekundäre Pflanzeninhaltsstoffe enthalten sind. Biomilch enthält im Durchschnitt mehr Omega-3-Fettsäuren als konventionelle Milch. Der direkte gesundheitliche Nutzen ist vermutlich klein, aber nichts ist das dennoch nicht.

Ob Bioprodukte besser oder anders schmecken, damit haben sich ebenso zahlreiche Studien beschäftigt. Wobei der Nachweis durchaus schwierig ist. Ich habe vor einigen Jahren im Zuge einer Pressekonferenz eine einzige Ananas in Würfel geschnitten und die Würfel auf zwei Teller verteilt. Die Fruchtstücke von einem Teller habe ich als Bioananas angepriesen, die anderen als konventionelle. Dann wurde eine Vergleichsverkostung gemacht: Circa 80 Prozent der anwesenden Journalisten schmeckte die »Bioananas« besser! Das zeigt, dass unsere Einstellung, unsere Erwartung durchaus einen bedeutenden Einfluss darauf hat, wie wir ein Lebensmittel empfinden.

Als ich vor etwa zehn Jahren als Jurymitglied zu einer Bioschokoladenprämierung eingeladen wurde, waren Bioschokoladen noch ein Nischenthema. Das hat sich geändert, heute gibt es viele Bioschokoladen. Wer pro bio ist, dem schmecken Bioschokoladen vermutlich allein, weil sie bio sind, besser, egal, ob das wissenschaftlich nachweisbar an der Bioproduktion liegt oder nicht.

Wer Bioschokoladen kaufen will, erkennt diese EU-weit am gleichen Gütesiegel. Das seit Juli 2010 existente Logo ist ein Blatt aus EU-Sternen auf einem grünen Hintergrund und soll ein Symbol für Europa und Natur sein. Mindestens 95 Prozent der Zutaten müssen aus biologischer Landwirtschaft stammen, damit Schokolade (oder ein anderes Produkt) als Biolebensmittel ausgelobt werden darf. Ein bisschen bio ist für das Siegel zu wenig.

Weil es auch Schokoladen für Veganer gibt

Die meisten klassischen Kuchenrezepte sind vegetarisch, aber nicht vegan. Sie enthalten Eier und Milchprodukte oder zumindest eines davon. Gebacken wird oft mit Butter, manchmal auch mit Honig – der als Bienenprodukt ebenso zu den tierischen Produkten zählt. Vegetariern steht somit die gesamte Kuchenbandbreite offen.

Veganer verzichten hingegen auf alle tierischen Lebensmittel. Da wird es mit Kuchen schon deutlich schwieriger. Ausnahmen sind Strudelteige aus Mehl und Wasser, die leicht pflanzlich gefüllt werden können. Auch Mürbeteig, der aus Zucker, Fett und Mehl besteht, kann vegan sein, wenn, statt Butter, auf pflanzliches Fett zurückgegriffen wird. Vegane Rührteigkuchen werden mit Öl und oft auch Mineralwasser gemacht, aber so gut wie mit Eiern wird das nicht.

Vegan zu leben ist ein Lebenskonzept, eine persönliche Entscheidung. Es geht um Tierschutz und Umweltschutz, um Ethik und Moral, um Konsumverweigerung bzw. Konsumänderung. Die Tötung von Tieren lehnen Veganer rigoros ab. Aber auch die Tatsache, dass mit pflanzlicher Nahrung mehr Menschen ernährt werden können als mit tierischen Lebensmitteln, kann eine Rolle spielen. Meist verzichten Veganer nicht nur auf tierische Lebensmittel, sondern auch auf andere tierische Produkte wie Lederwaren, Wolle und Seide, für deren Herstellung Raupen das Leben lassen. Da die Zahl der Veganer deutlich im Steigen ist, Umfragen zufolge liegt der Anteil bei einem Prozent, gibt es mittlerweile zahlreiche Kochbücher und Rezepte in Internetforen.

Wer vegan lebt und Süßes essen möchte, ohne selbst zu backen, kann auf manche Schokoladen zurückgreifen. Weiße Schokolade besteht normalerweise aus Kakaobutter, Milchpulver und Zucker – sie ist somit für Veganer ungeeignet. Es gibt aber mittlerweile vegane weiße Schokoladen aus Reismilch oder Sojamilch. Vollmilchschokolade enthält Kakaomasse, Kakaobutter, Zucker und Milchpulver. Auch hier gibt es vegane Varianten auf Reismilch- oder Sojamilchbasis. Die oftmals der Schokolade zugesetzte Vanille ist ohnehin pflanzlichen Ursprungs. Sind Nusspasten enthalten, so passen diese ebenso ins vegane Konzept. Dunkle Schokoladen ohne Milchanteil sind von Natur aus vegan – und definitiv kein Kompromiss in Sachen Geschmack!

Vegane Trinkschokoladen können in Soja-, Hafer- oder Reisdrink aufgelöst werden – oder sie sind ohnehin so konzipiert, dass sie in Wasser eingerührt werden. Schokopudding aus Sojamilch gibt es ebenso wie vegane Eiscreme.

Veganer können also viele Schokoladenprodukte genießen. Schokolade diskriminiert Veganer nicht – sie unterstützt ein Lebenskonzept.

32. GRUND

Weil sich Kakaobohnenschalen als Dünger und als Teezusatz bewähren

Eine Kakaofrucht enthält zwischen 20 und 70 Kakaobohnen. Sie sind die Samen der Kakaofrucht. Die Kakaobohnen sind circa drei Zentimeter lang, besitzen eine Schale und liegen eingebettet im Fruchtfleisch. Das Fruchtfleisch wird noch im Anbauland beim Fermentieren der Bohnen nach der Ernte von Hefen zersetzt. Was aber bleibt, sind die Schalen. Und davon jede Menge! Sie fallen nicht im Anbaugebiet, sondern im Schokoladenherstellerland an. Was kann man damit tun?

Erstens: Die Schalen können als Zusatz zu Kräuter- und Gewürztees verwendet werden. Chai-Mischungen mit und ohne Schwarztee sowie Gewürztees aus *Tausendundeiner Nacht* werden ebenso mit Kakao bereichert wie heimische Kräuterteemischungen, denen Kakao eine aromatische Zusatznote verleiht. Der Duft erinnert an Winter und Weihnachten oder an ferne Länder. Als Teezusatz werden Schalen aus biologischer Landwirtschaft eingesetzt.

Das Prinzip, möglichst viele Teile eines Lebensmittels zu verbrauchen, war früher ganz normal und ist seit einigen Jahren wieder im Trend. Bei Pflanzen gibt es Initiativen, was man aus vermeintlichem Abfall alles machen kann. Schalen von Biozitronen kann man trocknen, aus Radieschenblättern Pesto machen. Bei Tieren werden wieder verstärkt nicht nur Edelteile verzehrt, sondern das ganze Tier – »nose to tail«. Ochsenschwanzsuppen und Fischfonds aus Fischköpfen und Gräten sind wieder en vogue. Der kulinarische Einsatz von Kakaobohnenschalen geht in die gleiche Richtung. Angeblich kommen Kakaobohnenschalen auch in Tierfuttermischungen für Rinder und Schweine zum Einsatz, wobei es EU-Verordnungen gibt, wie viel Theobromin – der anregende Inhaltsstoff des Kakaos – in diesen Futtermitteln enthalten sein darf. Wie viel Theobromin vom Futter in Fleisch oder Milch übergeht, ist nicht bekannt, dürfte aber laut der europäischen Lebensmittelsicherheitsbehörde EFSA für den Menschen vernachlässigbar sein.[20]

Zweitens: Kakaobohnenschalen können als Dünger und zum Mulchen im Garten verwendet werden. Nicht nur auf dem Land – Urban Gardening ist nach wie vor im Trend. Zu den Vorteilen dieses Naturdüngers zählen die passende Farbe zum Boden, die Nährstoffeinbringung in den Boden und der gute Geruch, der allerdings nur wenige Tage anhält. Regenwürmer fühlen sich im Kakaoschalenbett wohl, und angeblich wirken die Schalen zumindest geringfügig gegen Schneckenplagen. Damit hat wohl fast jeder Hobbygärtner zu kämpfen! Werden die Bohnenschalen von einem Schokohersteller vor Ort bezogen, hat man zudem keine schlechte Ökobilanz, sondern vermeidet im Gegensatz sogar Müll. Natürlich ist es nur bei Biokakao sinnvoll, die Schalen zu verwenden. Ein möglicher Nachteil wird in der Anziehungskraft auf manche Vögel diskutiert.

Drittens: Kakaobohnenschalen können als Biomasse im Kraft-werk der Energiegewinnung dienen. Dabei werden Pellets aus Ka-kaoschalen angefertigt. Die genannten Hauptverwendungszwecke lassen sich noch erweitern. Als Naturfarbstoff für Wolle ist Kakao-schalenextrakt geeignet. Man kann aus Kakaoschalen einen was-serlöslichen Klebstoff erzeugen oder sie als Füllstoff verwenden.[21]

33. GRUND

Weil Schokolade wohl eines jener Lebensmittel ist, die am seltensten weggeworfen werden

Alle reden von Nachhaltigkeit, vom verantwortungsvollen und ressourcenschonenden Umgang mit unserem Planeten und damit auch mit unseren Lebensmitteln. Das beinhaltet natürlich auch das Thema »Wegwerfen«. Was sich in der Theorie gut anhört, stößt in der Praxis auf Nachholbedarf: 19 Kilo Lebensmittel werden pro Kopf und Jahr weggeschmissen. Die Liste wird angeführt von Brot, Süß- und Backwaren, gefolgt von Obst und Gemüse, Milchproduk-ten und Eiern. Ein Produkt, das dabei wohl kaum ins Gewicht fällt, ist Schokolade! Und das hat viele Gründe:

Erstens wird Schokolade selten lange liegen gelassen. Die meis-ten Schokoladenliebhaber essen sie in kurzer Zeitspanne.

Zweitens sind ungefüllte Schokoladentafeln sehr lange haltbar. Milchschokoladen haben eine Mindesthaltbarkeit von etwa einem Jahr, dunkle Schokoladen halten noch länger. Der Milchanteil ist der limitierende Faktor, nicht der Kakao. Auch am Ende der Min-desthaltbarkeit ist Schokolade nicht gleich »schlecht« alias verdor-ben, sondern schmeckt einfach nicht mehr so gut und wird hart. Die meisten Mikroorganismen brauchen frei verfügbares Wasser. Das ist eine Bedingung, die ungefüllte Schokolade kaum erfüllt. Die Wasseraktivität wird in der Fachwelt in Form des aw-Wertes angegeben, ein Wert von 0 bis 1. Die meisten Mikroorganismen brauchen eine Wasseraktivität von 0,98 und darüber. Bei einer Wasseraktivität unter 0,85 gilt ein Lebensmittel als gering verderblich, Schokolade hat einen aw-Wert von 0,70 bis 0,82.

Drittens lässt sich etwas härter gewordene Schokolade immer noch verbacken. Das klassische Beispiel sind wohl Schokoosterhasen und -nikoläuse, die oft stehen gelassen werden – weil sie schön sind, oder weil einfach zu viele davon verschenkt werden. Die dreijährige Tochter einer Freundin bekam 15 Osterhasen von verschiedenen Familienmitgliedern und das trotz der Bitte, das Ganze nicht zu übertreiben! Ein anderes Kind aus dem Freundeskreis fürchtet sich vorm Krampus – und isst daher auch keinen Schokoladenkrampus, sondern lässt ihn für den Papa übrig. Wenn der Papa aber auch keinen Krampus mag, was dann? Nun möchte niemand einen Nikolaus nach Weihnachten essen, das passt einfach nicht mehr. Ähnlich hat keiner Lust auf Osterhasen im Juni, auch wenn die Schokolade noch gut ist. Wegzuwerfen braucht sie trotzdem keiner, denn für Schokokuchen, Muffins oder andere feine Backwaren sind sie allemal geeignet. Das Internet ist voll von Rezepten.

Die ganze Mülldebatte führt aber unweigerlich zur Frage, was uns Lebensmittel wert sind. Schon die Mayas und Azteken verwendeten Kakaobohnen als Zahlungsmittel. Für eine Kakaobohne bekam man bei den Azteken eine große Tomate oder fünf grüne Paprika, drei Kakaobohnen hatten den Gegenwert eines Truthahneies, für vier bekam man einen Kürbis und zehn Bohnen entsprachen einem ganzen Hasen. Umgekehrt wurde Kakao nicht verkauft, er war das Geld. Falschgeld gab es auch damals schon, Bohnen wurden in Wasser aufgequollen und angemalt, sodass sie wie Kakao aussahen.

Heute sind Goldbarren oder Schokoladenmünzen, die als Glücksbringer verschenkt werden, vielleicht ein gutes Sinnbild. Schokolade soll einen Wert haben und daher auch wertschätzend gehandhabt werden.

Kapitel 4

SCHOKOLADE
IST
GESCHMACKSSACHE

Weil wir alle von Geburt an süß lieben

Was unsere geschmacklichen Vorlieben betrifft, steckt die Wissenschaft nicht mehr in den Kinderschuhen. Man hat untersucht, welche Vorlieben angeboren und welche erlernt sind. Man weiß, dass geschmackliches Lernen schon im Bauch der Mutter beginnt. Und man weiß, dass manches überall auf der Welt gleich ist.

Kinder naschen schon im Mutterleib buchstäblich mit und reagieren auf Gerüche und Geschmäcker der mütterlichen Nahrung. Ein Fötus kann ab der 28. Schwangerschaftswoche riechen und ab der 32. Woche schmecken. Die Schluckrate des ungeborenen Kindes steigt, wenn das Fruchtwasser süß schmeckt, bzw. sinkt, wenn das Fruchtwasser bitter ist. Von einer Bekannten weiß ich, dass das Kind im letzten Schwangerschaftsmonat immer sehr aktiv wurde, wenn die werdende Mutter ein Stück Schokolade aß.

Dass Kinder auf süßes Fruchtwasser reagieren, hat wohl den Grund, dass die Vorliebe für süß angeboren ist. Es gibt nämlich kaum süße Nahrungsquellen in der Natur, die giftig sind. Süß wird daher oft »Sicherheitsgeschmack« genannt, die Bevorzugung süßer Lebensmittel war ein evolutionärer Vorteil. Henne oder Ei, das ist wohl die Frage. Es kann nämlich durchaus auch umgekehrt sein, dass der süßliche Geschmack des Fruchtwassers eine prägende Wirkung auf spätere Vorlieben hat.

Die angeborene Präferenz für süß gilt weltweit. Egal ob in Mitteleuropa oder Neuseeland, Guatemala oder Vietnam, auf Grönland oder in Botswana, alle Säuglinge haben befriedigte Gesichter, lächeln und saugen, wenn man ihnen Zuckerwasser auf die Zunge tropft. Und das schon wenige Stunden nach der Geburt! Nach ein bis vier Tagen können Neugeborene sogar zwischen verschiedenen Zuckern unterscheiden. Angeborene Reaktionen gibt es übrigens auch auf Gerüche. Am Tag der Geburt reagieren Säuglinge positiv auf Vanille oder Bananengeruch, verziehen hingegen beim Geruch von faulen Eiern das Gesicht. Wohl eine angeborene Ablehnung als Selbstschutz.

Wir haben also eine biologische Erklärung, warum wir Schokolade lieben! Schokolade ist süß und oft etwas vanillig, kein Wunder, dass sie uns behagt. Die frühe Vorliebe für süße Lebensmittel bleibt in der Kindheit und Jugend erhalten, kann dann jedoch verlernt werden. Oder umgewöhnt. Denn so, wie wir eine angeborene Vorliebe für süß haben, ist uns die Ablehnung für bitter in die Wiege – oder in die Gene – gelegt. An bitter müssen wir uns also im Laufe des Lebens gewöhnen. Ergo auch an Bitterschokolade. Da es dunkle Schokoladen in so ziemlich jeder Abstufung gibt – von zartherb bis 100 Prozent Kakaoanteil –, ist das Gewöhnen aber ein durchaus sanfter Prozess.

Weil im Alter der Geschmackssinn zwar nachlässt – die Wahrnehmung von Süßem aber am besten erhalten bleibt

Wie alt man sich fühlt, ist bekanntlich Kopfsache. Der Kopf beherbergt den Geschmackssinn. Was uns schmeckt, ist wiederum Alterssache, der Kreis schließt sich. »Früher hat alles besser geschmeckt« – diesen Satz haben schon viele ältere Menschen von sich gegeben. Was vielen älteren Menschen aber auch heute gut schmeckt, sind Kuchen und Mehlspeisen, süße Hauptspeisen und Schokolade. Dass das kein Zufall ist, liegt auf der Hand. Es ist das Resultat dessen, dass sich unser Geschmackssinn im Laufe des Lebens ändert.

Mit dem Geschmackssinn werden ausschließlich die fünf Grundgeschmacksarten süß, sauer, salzig, bitter und umami[22] wahrgenommen. Einen eigenen »Schokoladengeschmackseindruck«

gibt es nicht; wenn Schokolade nach Kakao, Nuss oder Karamell schmeckt, dann nehmen wir diese Aromen mit der Nase, nicht mit der Zunge wahr. Auch während wir die Schokolade essen.

Die Fähigkeit zu schmecken lässt im Laufe des Lebens nach. Das beginnt schon in jüngeren Jahren: Im Durchschnitt schmeckt man mit 40 Jahren bereits etwas weniger intensiv als mit 20, mit 80 deutlich weniger. Das fällt uns aber die längste Zeit nicht auf, weil wir uns zunehmend an die Veränderung gewöhnen. So, wie niemand von heute auf morgen älter aussieht, aber doch merklich anders wirkt, wenn man ältere Fotos betrachtet. Die fünf Grundgeschmacksarten sind allerdings nicht gleich stark vom altersbedingten Sinnesverlust betroffen. Süß bleibt uns am besten erhalten. Will heißen: Man kann sich das Leben in jedem Alter versüßen!

Was kann der Grund für reduziertes Geschmacksempfinden im Alter sein? Zum einen regenerieren sich die Geschmackssinneszellen im Laufe des Lebens langsamer. Wer Medikamente einnimmt, bekommt zur medizinischen Wirkung leider oft auch Riech- und Schmeckstörungen dazugeschenkt. Zum anderen hängt die Vorliebe im Alter mit der eigenen Essbiografie zusammen. Was man als Kind mochte, mag man im Alter meist wieder. Das waren früher oft Mehlspeisen.

Schokolade besitzt einige besondere Vorteile, wenn es ums Alter geht. Sie ist für jene, die wenig Lust auf Essen haben und in Folge zu wenig essen, eine Möglichkeit, kleine Mengen zusätzlicher Energie aufzunehmen. Oft ist es Einsamkeit, wenn Hochbetagten die Lust auf Essen vergeht. Die Zähne beißt man sich an Schokolade auch nicht aus, da sie von selbst im Mund schmilzt. Das ist nicht unbedeutend, da auch die Kauleistung zunehmend schwächer wird. Letztlich wird Schokolade kaum schlecht. Die Gefahr, eine schlechte Schokolade zu essen, ist quasi nicht vorhanden, auch wenn man nicht mehr ganz so gut sieht.

Im Alter lässt übrigens auch die Wahrnehmung von Gerüchen nach. Das beeinflusst einmal mehr, was wir mögen. Dass das Hören schlechter wird, tut dem Schokoladengenuss hingegen keinen Abbruch. Allein das Abknacken eines Gipfels hört man nicht, oder wenn Schokoladenlieder aus dem Radio geträllert werden.

Eine gute Nachricht gibt es auch: Man kann auch im höheren Alter die Sinne und die eigene Aufmerksamkeit schärfen. Wer Schokolade konzentriert isst, schmeckt mehr davon – in jedem Alter!

Weil es einen neuen Trend zu bitteren Lebensmitteln und Getränken gibt

Der bittere Geschmack von Lebensmitteln und Getränken feiert eine Renaissance. Meistens finde ich das gut. Ich freue mich, wenn in einem Restaurant nicht nur süße oder saure, sondern auch bittere Getränke angeboten werden. In der traditionellen europäischen Heilkunde geht man gar davon aus, dass wir heute zu wenige Bitterstoffe essen. Dabei kommen Bitterstoffe in verschiedenen Gewürzkräutern, in Radicchio, manch grünen Blattsalaten, Zucchini, Brokkoli, Tonic, Campari, Bier, Grapefruit, Bittermandeln, Käse mit Edelschimmel, Kaffee oder eben Schokolade vor.

Warum brauchen wir bitter? Bitterstoffe haben verschiedene biologische Funktionen: Sie sind oft appetitanregend, aber auch verdauungsfördernd. Einzelnen Bitterstoffen wird nachgesagt, fiebersenkend zu sein. Koffein im Kaffee oder der Kakaobitterstoff Theobromin machen munter, mehr dazu aber im *Grund 52: Weil Schokolade munter macht*. Auch Flavonole, sekundäre Pflanzeninhaltsstoffe in Kakao und Schokolade schmecken bitter. Das sind jene Substanzen, die eine gesundheitliche Wirkung auf Blutdruck oder Blutgefäße haben.

Nun ist es aber so, dass bittere Lebensmittel per se nicht beliebt sind. Das liegt in der Natur, weil es zahlreiche bittere Giftstoffe gibt.

Wir kommen als Babys mit einer Abneigung gegen bitter zur Welt und lernen bitteren Geschmack irgendwann zu schätzen – oder auch nicht. Bitterschokolade war vor 20 Jahren im deutschsprachigen Raum weniger verbreitet als heute. Dass wir uns so gut daran »gewöhnt« haben, liegt wohl am Effekt der bloßen Darbietung. Wenn wir ein Lebensmittel mehrmals gegessen und gut vertragen haben, mögen wir es auch mehr. Zumindest trifft das auf die meisten Menschen zu. Wer anfangs nur süße Milchschokolade mag, wird Bitterschokolade nach etlichen Versuchen auch gerne essen, oder sogar lieber! Sie zweifeln daran, dass das funktioniert? Nun, wem hat das erste Bier, der erste Kaffee, die erste Zigarette geschmeckt? Eben.

Wer der Schokolade eine zusätzliche Bitternote verleihen möchte, kann auf Kräuterschokoladen zurückgreifen. Diese können Bitterstoffe der Kräuter und jene der Schokolade kombinieren. Das gilt nicht für Pfefferminzschokolade, denn diese erzeugt primär ein kühlendes Gefühl im Rachen, die Minze schmeckt aber nicht bitter. Auch Schokoladenminze – ja, die gibt es auch – bringt keine Bitterstoffe ein, sie hat aber tatsächlich ein schokoladiges Aroma. Grapefruitschokolade, Bittermandel- oder Kaffeeschokoladen bieten sich hingegen als Bitterlieferanten an.

Ich mag alle der oben genannten bitteren Produkte. Und freue mich über die Qualität von Schokoladen mit hohem Kakaoanteil. Sie schmecken nicht nur bitter, sondern je nach verwendetem Kakao auch fruchtig, rauchig, herb.

»Schokolade ist Gottes Entschuldigung für Brokkoli«[23], meinte der amerikanische Schriftsteller Richard Paul Evans. Er hatte bei diesem Zitat wohl keine Bitterschokolade im Kopf!

Weil der perfekte Schokogenuss erst beim Konsum entsteht

Diätapostel geben gerne den Tipp, dass an Schokolade zu riechen genügt, um die Lust darauf zu befriedigen. Nein, an Schokolade zu riechen genügt nicht! Denn beim Anblick von Schokolade läuft uns einfach das Wasser im Mund zusammen. Und das ist … gut so! Denn das volle Schokoladenaroma entsteht erst im Mund, es braucht unseren Speichel, um voll zur Geltung zu kommen.

Wie entsteht das Schokoaroma? Die natürlichen Aromastoffe bilden sich zum Teil bei der Fermentation der frisch geernteten Kakaobohnen. Zum größeren Teil entstehen sie aber erst bei der Schokoladenherstellung, wenn die Kakaobohnen geröstet werden. Auch andere Schokoladenzutaten wie Milchpulver, Vanille oder Nüsse bringen Aromen ein. Alle diese Aromen nehmen wir mit Hilfe der Nase wahr – und zwar sowohl beim Riechen als auch beim Verzehr der Schokolade, wenn die Aromen über die Mundhöhle zur Riechschleimhaut aufsteigen.

Im Kakaopulver dominiert mengenmäßig die sauer riechende Essigsäure, gefolgt von den malzigen Riechstoffen 3-Methylbutanal und 2-Methylbutanal, der ranzig riechenden 3-Methylbuttersäure und dem lieblich nach Honig und Rose duftenden Phenylacetaldehyd.[24] Die Essigsäure entsteht bei der Fermentation der Bohnen unmittelbar nach der Ernte. Die frischen Kakaofrüchte werden vorsichtig geöffnet, die Kakaobohnen mitsamt dem sie umgebenden Fruchtfleisch entnommen und auf Bananenblättern aufgehäuft oder in Kisten oder Körbe geschichtet. Der Haufen wird mit Bananenblättern abgedeckt, und die Fermentation beginnt. Dabei zersetzen Bakterien und Hefen den Zucker des Fruchtfleisches, aus dem Zucker entsteht Alkohol, und der entstandene Alkohol wird durch Essigsäurebakterien in Essigsäure umgewandelt. Farbe und Aroma der Kakaobohnen ändern sich. Das Ganze dauert einige Tage.

Beim Rösten der Kakaobohnen, einem entscheidenden Schritt bei der Schokoladenproduktion, geht ein Großteil der Essigsäure wieder verloren. Gott sei Dank, sonst würde die Schokolade wie Essig schmecken! 3-Methylbutanal, 2-Methylbutanal und Phenylacetaldehyd sind in frisch geernteten Kakaobohnen nur in geringem Ausmaß vorhanden.[25] Sie werden sowohl bei der Fermentation als auch beim Rösten gebildet, aus dem Abbau von Eiweiß. So weit, so aromatisch.

Sauer, malzig, ranzig, Honig und Rose – das ergäbe in Summe wohl kein gutes Schokoaroma! Und in der Tat ist es nicht die absolute Menge eines Geruchsstoffes, die das Aroma ausmacht. Es kommt darauf an, ab welcher Konzentration ein Aroma überhaupt riechbar ist. Manche Aromen nehmen wir selbst dann wahr, wenn nur ganz wenig vorhanden ist, andere riechen wir erst in großer Dosis. Man nennt die Konzentration, ab der wir ein Aroma riechen, die Riechschwelle. Nur wenn von einem Geruchsstoff mehr als die Riechschwelle vorhanden ist, trägt er deutlich zum Aroma bei. Bei Kakao ist das Zusammenspiel von mindestens 24 Aromen erforderlich, damit das typische Kakaoaroma entsteht. Im Zuge der Röstung entstehen etwa karamellige und popcornartige Noten. Kakao kann auch fruchtig riechen, und dafür sind mehrere Aromastoffe zuständig. Manche davon werden beim Rösten abgebaut, andere bleiben erhalten. Auch blumige Noten kommen in Kakaobohnen vor und bleiben beim Rösten bestehen. In Milchschokolade kommen aufgrund der Zutaten auch milchige Noten vor.

Nun haben Chemiker in den letzten Jahren aber eine entscheidende Ergänzung geliefert. Denn die drei wesentlichen Aromastoffe 3-Methylbutanal, 2-Methylbutanal und Phenylacetaldehyd werden in Anwesenheit von Wasser bzw. Speichel sowohl in gerösteten Kakaobohnen als auch in Schokoladen vermehrt gebildet.[26] Etwas weniger chemisch ausgedrückt heißt das: Erst beim Essen von Schokolade entsteht das volle Aroma. Ohne Speichel weniger Aroma. Nur das Riechen ist erst die halbe Miete.

Nicht nur wir brauchen demzufolge Schokolade – die Schokolade braucht auch uns! Welch genüssliche Symbiose.

Weil unterschiedliche Kakaobohnensorten und ihre Herkünfte den Geschmack variieren

»Diversity«, also Vielfalt, das wünschen sich vor allem größere Unternehmen, wenn sie an ihre Mitarbeiter denken. Denn unterschiedliche Menschentypen bringen auch verschiedene Ideen ein. Diversity ist aber auch botanisch ein Thema. Denn die biologische Artenvielfalt ging in den letzten Jahrzehnten schnurstracks zurück, sodass im »internationalen Jahr der biologischen Vielfalt« 2010 Ziele und Strategien beschlossen wurden, um diese Vielfalt zu retten.

Also haben die Vereinten Nationen von 2011 bis 2020 ein weltweites Programm ins Leben gerufen – wir schreiben die »UN-Dekade der Biodiversität«. Was soll in diesen zehn Jahren geschehen? Es sollen große Schutzgebiete errichtet werden. Und es soll das gesellschaftliche Bewusstsein steigen, warum Vielfalt wichtig ist. Denn letztlich bestimmen wir mit unserem Einkaufs- und Konsumverhalten mit, ob die Vielfalt erhalten bleibt oder weiter schwindet. Doch dazu bedarf es vorerst eines: des Wissens über Arten und Sorten. Und die gibt es auch bei Kakao!

Kakaobäume wachsen im sogenannten Kakaogürtel in den Tropen, zwischen dem 20. Breitengrad nördlich und südlich des Äquators. Der größte Kakaoproduzent heißt Elfenbeinküste, gefolgt von Ghana und Indonesien. Mexiko, die ursprüngliche Kakaoheimat, trägt heute nur ein Prozent der Welternte bei. Es wird zwischen Criollo-, Forastero- und Trinitario-Kakao unterschieden. Criollo- oder Creolen-Kakao ist der Edelkakao, er kommt vorwiegend aus Venezuela, Mexiko, Madagaskar und Ecuador. Criollo war der erste kultivierte Kakao, von Olmeken, dann Mayas, dann Azteken, macht heute jedoch nur einen geringen Anteil der weltweiten Ernte aus. Criollo-Kakaos sind Porcelana, Pentagona, Guasare und Criollo Andino aus Venezuela. In Mexiko gibt es den wild wachsenden Criollo Lacandón. Criollo ist also eine natürliche Form von »Limited Edition«. Als Pflanze ist er der empfindlichste Kakao. Forastero oder »Der Fremdling« ist unempfindlicher als Criollo. Er wird vor allem in Westafrika, Brasilien und Südostasien angebaut und macht den größten Teil der Welternte aus. Trinitario ist letztlich eine Züchtung aus Criollo und Forastero und kommt, wie der Name sagt, aus Trinidad. Heute wird er vor allem in Malaysia und Indonesien angebaut.

Die Sorten haben unterschiedliche sensorische Eigenschaften. Criollo-Kakao hat ein mildes Aroma, wenig Bitterstoffe, vergleichsweise wenig Säure und ist zudem weniger adstringierend, also weniger zusammenziehend im Mund, als die anderen Kakaosorten. Das geht auf einen geringeren Gehalt an Polyphenolen zurück. Es sind aber die Polyphenole im Kakao, vor allem Epicatechin, denen gesundheitliche Wirkungen zugeschrieben werden.

Heißt das gar, dass der Edelkakao weniger gesund ist? In frischen, noch unfermentierten Kakaobohnen gibt es keinen Unterschied im Gesamtpolyphenolgehalt zwischen Criollo-, Forastero- und Trinitario-Kakao. Der Gehalt an Epicatechin ist aber deutlich höher, wenn der Boden nicht gedüngt wurde. Im Zuge der Fermentation wird bei Criollo-Kakao das enthaltene Epicatechin aber im Vergleich zu den anderen Sorten besonders rasch abgebaut.[27] Das könnte den milderen Geschmack erklären – wäre aus gesundheitlicher Sicht aber weniger vorteilhaft.

Die meisten heutigen Criollos sind Kreuzungen mit Forastero- und Trinitario-Kakao, zum Beispiel die Sorten Ocumare 61 und Chuao. Diese Criollo-Pflanzen sind widerstandsfähiger, zählen aufgrund ihrer sensorischen Eigenschaften jedoch zu den Criollos, obwohl sie genetisch Trinitarios sind.

Forastero-Bohnen schmecken säuerlicher und bitterer und sind im Geruch weniger aromatisch. Als bester Forastero-Kakao gilt der ecuadorianische Nacional-Kakao Arriba. Er gilt aufgrund seines blumigen Aromas auch als Spezialität.

Nicht nur die Sorte beeinflusst den Geschmack, sondern auch das Herkunftsland mitsamt der Höhenlage, dem Boden, dem Klima. Beim Wein sagt man Terroir – das gibt es auch bei Kakao. Wer sich jetzt fragt, wie sehr sich die Kakaosorte oder das Herkunftsland auf den Geschmack des Endproduktes Schokolade auswirkt, kauft am besten in einem Schokoladen-Fachgeschäft vom selben Hersteller ein paar Schokoladentafeln mit gleichem Kakaoanteil, also beispielsweise lauter Tafeln mit 75 Prozent Kakaoanteil. Nur gute Qualitäten weisen die Herkunft aus und produzieren sortenreine Criollo- oder Trinitario- oder Arriba-Schokoladen. Und nur so stellen Sie sicher, dass die Herstellung nach gleicher Rezeptur und gleicher Technologie erfolgt – der einzige Unterschied sind dann die Bohnen!

Der Vergleich gibt Ihnen Gewissheit. Ja, der Unterschied ist schmeckbar. Biologische Vielfalt heißt auch Schokoladenvielfalt!

Weil die Vielfalt enorm ist: von der Salzschokolade bis zur Safranschokolade

Vielfalt gibt es nicht nur aufgrund der verschiedenen Kakaosorten und Herkünfte. Vielfalt entsteht auch durch Mischen mit den unterschiedlichsten Zutaten. Und hier sind kreativen Köpfen kaum Grenzen gesetzt! Erschien Schokolade mit Oliven vor Jahren noch absurd, sind wir heute kulinarisch offener geworden. Nun finden wir heimische und exotische Früchte, Gewürze, Kräuter, Nüsse, diverse alkoholische Getränke, aber auch Tierisches wie Käse, Fisch, Speck und Grammeln[28] in Schokoladenfüllungen.

Von klassisch-traditionell bis innovativ oder gar schräg, Schokolade kann mittlerweile mit fast allem kombiniert werden – und nach fast allem schmecken. War früher einmal Karamell gefragt, ist es jetzt Salzkaramell oder Alpenkaramell.

Ich habe den Versuch gestartet, ob ich für jeden Buchstaben des Alphabets eine Schokoladensorte finde. Mit Ausnahme von X und Y war das nicht weiter schwierig, und die nachstehende Liste ist bei Weitem unvollständig!

– A –

… wie Almrosenhonig-, Apfelminz-, Ananas-, Aprikosen-, Anis- oder Amarettoschokolade. Und auch der Apfel kommt in allerlei Kombinationen vor.

– B –

… wie Bergminz- oder Bergkäse-, Blütenmarzipan- oder Berberitzen-, Bratapfel- oder Birnenschokolade. Und auch Bier oder die Rebsorten Blauer Zweigelt und Blauburgunder kommen in Schokoladen vor. Und Brauseschokolade knistert im Kindermund!

– C –

… wie Chili-, Cappuccino-, Caipirinha-, Cognac- und Cashewkernschokolade.

– D –

Hier bin ich auf Datteln und Dörrfrüchte aller Art gestoßen. Themenspezifisch fallen alle Dankesschokoladen natürlich auch unter D.

– E –

… wie Erdbeeren: Die Früchte kommen in Form von Stückchen oder Cremes ins Spiel. Auch Espresso, Eierlikör, Erdmandeln, Erdnüsse oder Erdnussnugat lassen grüßen.

– F –

… wie Feigenschokolade, Florentiner-, aber auch Fischschokolade – Raritäten!

– G –

Von gebrannten Mandeln über die seit ein paar Jahren überall angepriesenen Gojibeeren bis hin zu den unterhaltsam anmutenden »GrammelNussen«.

– H –

… steht natürlich in erster Linie für die Haselnuss. In zweiter Linie kommen Hanfnüsse, Heidelbeeren, Himbeeren und Holunder dazu. Abgerundet wird das Ganze von Honig oder Honigkrokant.

– I –

Ingwer ist als Küchenzutat sehr beliebt und fügt sich harmonisch in Produkte aus dunkler Schokolade ein.

– J –

Johannisbeeren, vor allem schwarze, sind beliebt in Schokolade. Joghurtschokolade ist ein Klassiker.

– K –

Die Bandbreite hier ist vergleichsweise groß: Kürbiskerne, Kastanien, Kaffee und Karamell, Kardamom, Kokos, allerlei Knusperstücke, Kekse oder Krachnüsse sind dabei.

– L –

Zutaten mit L sind beispielsweise Löwenzahnhonig oder Lebkuchen. Laktosefreie Schokoladen gibt es mittlerweile viele, aber das ist eigentlich eine Schokolade ohne »L«.

– M –

… wie das gute alte Marzipan sowie Mohn, Mandeln, Maracuja, Macadamianüsse, Maiwipferl, Mascarpone und Müsli.

– N –

… alias Nuss und Nugat, diese Klassiker stehen für sich allein.

– O –

Hierunter fällt die Orange, sie kommt meist in dunkler Schokolade, in Premium- und Bioqualität ebenso wie im Billigsortiment vor.

– P –

… wie Preiselbeeren, Pistazien, Pfefferminze, Piment, Pannacotta und Prosecco.

– Q –

Ja, es gibt auch quarkhaltige Schokoladen, mit Frucht kombiniert.

– R –

… wie Reiscrips oder auch Rum. Und natürlich Rosinen!

– S –

Von Salzschokolade bis Stevia, Sauerkirschen, Schilcher (Wein aus der Rebsorte Blauer Wildbacher), Schafmilch oder Speck ist alles zu finden. Ich bin selbst auf Schlüsselblumenschokolade gestoßen!

– T –

… wie Trüffel, türkischer Honig, Tiramisu, Thymian und Tonkabohnen.

– U –

… wie die Uhudler-Schokolade, ein österreichisches Produkt. Uhudler ist ein Wein, der unter anderem aus Isabella-Trauben hergestellt wird und nach Walderdbeeren schmeckt.

– V –

… ist nicht mehr auf Vollmilch beschränkt. Wir finden auch Veltliner Weingelee, Vanille und Vanillekipferlschokolade sowie gefüllte Tafeln mit Vogelbeer-Marzipan.

– W –

Wald und Wiese: Waldbeeren und Wiesenkräuter, Williamsbirnenbrand, Whisky, Wermut, Weihnachtsschokoladen aller Art und Walnussmarzipan gehören zu diesem Buchstaben.

– Z –

… schließt mit Zwetschgen-, Zirbenbrand-, winterlichen Zimt- und sommerlichen Zitronenthymianschokoladen ab!

Weil man Schokolade sogar mit Käse essen kann

Klassische Kombinationen wie Schokolade mit Nüssen waren einmal? Nein! Klassiker sind nach wie vor am beliebtesten. Sie schmecken einfach gut. Aber Schokolade schmeckt auch zu Käse. Seit Jahren versuchen vor allem kleinere Hersteller, kreative Produkte zu kreieren. Darunter Schokolade, die Hartkäse enthält – oder umgekehrt Käse mit Schokostückchen. So bin ich auf einen italienischen Pecorino mit Schokoladenstücken im Käseteig gestoßen – ein »Stracciatellakäse«, wenn man so möchte. Auch Frischkäsehersteller erzeugen süße Aufstriche mit Schokolade. Wer Urlaub im Bregenzerwald im Westen Österreichs macht, stößt mitunter auf Wälderschokolade. Die hat mit Schokolade wenig zu tun, sondern ist ein Käse namens »Sig«. Es handelt sich um einen karamelligen, süßen Käse aus Molke. Wundern Sie sich also nicht, wenn Sie Schokolade kaufen und plötzlich Käse essen!

Wer ausprobieren möchte, wie Schokolade und Käse zusammen schmecken, probiert am besten drei unterschiedliche Käsesorten jeweils mit weißer Schokolade, Vollmilchschokolade und dunkler Schokolade. Ich habe bereits verschiedenste Kombinationen in zahlreichen Workshops probiert. Mal mit Mozzarella, mal mit Hartkäse, mal mit Blauschimmel- und Grünschimmelkäsen. Das Fazit daraus: Geschmack ist zwar individuell, weiße Schokolade schneidet als Käsepartner aber mit Abstand am besten ab. Und zwar auch bei Menschen, die nicht unbedingt Fans der weißen Schokolade sind.

Absurd ist es jedenfalls nicht, dass gerade weiße Schokolade als Käsepartner infrage kommt. Denn sie besteht vor allem aus Fett (Kakaobutter), Milch und Zucker. Sie schmeckt daher süß, hat aber nicht die Bitterkeit von Kakaopulver, das nur in Milchschokoladen und dunklen Schokoladen enthalten ist. Süße Beigaben werden generell gerne zu Käse gegessen. Auf Käseplatten werden süße Birnen oder Trauben, Marmeladen und Honige und süß eingelegte grüne Walnüsse arrangiert. Dazu werden – wiederum süße – Dessertweine kredenzt. Käse können säuerlich, salzig oder bitter sein und umami – den Geschmack von Eiweiß besitzen –, aber süß sind sie normalerweise kaum. Die Süße der Beigabe rundet den Geschmack von Käse ab. Gegensätze ziehen sich an: Kontraste im Geschmack sind erwünscht.

Unser Geschmack ist aber ein sehr einfacher Sinn, und alles, was wir mithilfe der Zunge schmecken können, beschränkt sich auf das Genannte: süß, sauer, salzig, bitter, umami. Immer wieder kursiert zwar, dass man süß nur auf der Zungenspitze, sauer und salzig seitlich und bitter nur hinten am Zungengrund wahrnehmen kann –

diese »Zungenlandkarte« ist aber falsch. Wir schmecken vorne, seitlich und hinten alle fünf Geschmacksrichtungen. »Schmeckt« ein Käse nussig, würzig, rauchig oder gar fruchtig, nehmen wir das in Wahrheit mit der Nase wahr, auch beim Essen des Käses. Es sind Aromen, keine Geschmäcker.

Wenn wir nun Käse mit Schokolade oder anderen Beigaben essen, mögen wir zwar Unterschiede im Geschmack – aber gleichzeitig wollen wir gemeinsame Aromen haben. Das trifft auf manche Kombinationen aus Käse und weißer Schokolade durchaus zu. Am besten passen die Aromen weißer Schokolade zu Mozzarella, gefolgt von Gruyère und Cheddar. Man spricht von Foodpairing oder von »Gleich und Gleich gesellt sich gern«.

Bleibt allein die Konsistenz. Trockene (ungefüllte) Schokolade und trockene lang gereifte Hartkäse sind mitunter nicht ideal. Eine Lösung kann darin liegen, dass man ein fruchtiges Chutney UND Schokolade zu Käse isst. So können Sie Ihre Gäste garantiert überraschen.

Weil viele Schokoladen Vanille – den Lieblingsduft der Welt – enthalten

Vanille ist wohl jener Geruch, der weltweit am besten ankommt. Sie gilt als stimmungsaufhellend, wärmend und entspannend, vermittelt Nestwärme und Geborgenheit. Wir werden schon als Kinder damit sozialisiert, denn Vanille ist eines jener Aromen, die von der mütterlichen Nahrung ins Fruchtwasser treten. Der Fötus wird somit auf den Geschmack gebracht, noch bevor er das Licht der Welt erblickt. So etwas muss prägen. Aber auch nach der Geburt endet die Vanilleerfahrung nicht. Früher wurde Flaschenmilchnahrung häufig mit Vanille aromatisiert, sodass auch Säuglinge ihr Wohlbefinden mit Vanille erlebten. Auch das ist wohl ein Grund, warum viele Menschen, die heute in der Mitte des Lebens stehen, eine Affinität zu diesem süßen Gewürz haben. Und dann kommt Vanille in zahlreichen süßen Lebensmitteln vor, die wir sowieso gerne mögen: Sie wird zu Kuchen und Keksen, Eis und Desserts und auch zu vielen Schokoladen zugegeben. Selbst die Azteken, die Schokolade ungesüßt tranken, gaben angeblich bereits Vanille dazu.

Vanille ist aber nicht gleich Vanille und schon gar nicht gleich Vanillin. Man unterscheidet die Gewürzvanille (Vanilla planifolia), die ursprünglich aus Mexiko stammt, heute aber vor allem in Madagaskar und La Réunion als Bourbon-Vanille angebaut wird, von der Tahiti-Vanille. Es gibt zwar noch weitere Arten, die aber kommerziell keine große Bedeutung haben.

Vanille ist die Frucht einer Orchidee. Die Pflanze blüht nur wenige Stunden, wird in dieser Zeit befruchtet, und im Laufe eines halben Jahres wachsen Vanilleschoten heran. Sie werden grün und unreif geerntet und dann fermentiert, um die schwarze Farbe zu entwickeln. Erst diese weisen das typische Vanillearoma auf. Je nach Art und Herkunft duftet Vanille unterschiedlich. Der Hauptaromastoff echter Vanille ist zwar das Vanillin, natürliche Vanille enthält darüber hinaus aber zahlreiche weitere Aromastoffe. Sie sind dafür verantwortlich, dass Vanille nicht nur süßlich ist, sondern komplexer duftet. Bourbon-Vanille riecht nach Vanille und Karamell, Tahiti-Vanille hat eine weniger starke Vanillenote und ist dafür leicht blumig und fruchtig. Tahiti-Vanille enthält weniger Vanillin als Bourbon-Vanille.

Vanillepulver, das als schwarze Stippen in manchen weißen Schokoladen sichtbar ist, besteht aus gemahlenen Vanillesamen. Das Pulver ist aromatischer, wenn auch die Kapselhüllen mitvermahlen werden. Wenn nur die Samen vermahlen werden, haben die Stippen mehr optische als aromatische Bedeutung.

Vanillin ist hingegen ein isoliert hergestellter Aromastoff, der nicht wie das aus Vanille stammende Vanillin mit mehr als hundert

anderen Aromen vergesellschaftet ist. Vanillin kann auf verschiedene Weisen hergestellt werden, unter anderem als Nebenprodukt
bei der Papierherstellung aus Lignin (darum riecht auch altes Papier
oft vanillig), oder aus Eugenol, dem Hauptaromastoff von Gewürz-
nelken.

Warum nimmt nicht jeder Hersteller, der Vanille in Schokolade
haben möchte, echte Vanille? Weil sie ein Vielfaches kostet und weil
die weltweit benötigte Menge die Erntemenge weit überschreitet.
Dass echte Vanille aber auch um das Vielfache besser riecht, ist
ohne Zweifel.

Braucht Schokolade Vanille? Nun, sie harmoniert mit ihr, sie
rundet Schokolade ab. Es geht zweifelsfrei auch ohne, sie wird aber
nicht umsonst so ubiquitär eingesetzt. Sie sind Duo Infernale, ein
teuflisch gutes Paar!

Weil Haselnüsse in Schokolade wunderbar schmecken

Schon früh wurde erkannt, dass Haselnuss und Schokolade groß-
artig harmonieren. Haselnüsse schmecken schon an sich wunderbar, wenn die Qualität passt. Gute Nüsse und gute Schokolade sind
ein wahres Dream-Team!

Botanisch zählt die Gemeine Hasel zu den Birkengewächsen.
Die größten Haselnussexportländer sind die Türkei und Italien,
die besten Nüsse, die ich je gegessen habe, waren Haselnüsse aus
dem Piemont. Und auch wenn ich im Zuge meines Berufslebens
viel zu kosten bekomme, muss ich sagen: Die haben mich nachhaltig beeindruckt. Und rechtfertigen definitiv den höheren Preis.
Haselnüsse gedeihen zwar auch im deutschsprachigen Raum, doch
hat der Anbau hier vergleichsweise wenig Bedeutung. Die meisten
verkauften Haselnüsse stammen jedoch nicht von der Gemeinen

Hasel, sondern von der verwandten Lambertshasel ab. Um welche Haselnuss es sich handelt, muss auf Nussverpackungen nicht deklariert werden. Auf Schokoverpackungen ebenso wenig.

Wirklich »gemein« ist die Haselnuss aber nicht. Nur für Allergiker kann die Haselnuss problematisch sein. »Gemein« steht in der Botanik nicht für niederträchtig, sondern für gewöhnlich, ohne besondere Merkmale. Kulturgeschichtlich steht die Hasel überhaupt ausschließlich für positive Dinge: Glück, Fruchtbarkeit, Frieden, Kraft und Abwehr. Der Haselstrauch wurde als Grabbeigabe ebenso wie als Wünschelrute eingesetzt. Er begegnet uns auch im Märchen des Aschenputtel, wo sich das Mädchen vom Vater eine Haselrute, die an seinen Hut streift, wünscht. Das Kind pflanzt die Hasel auf das Grab der verstorbenen Mutter, ein Strauch wächst empor, und das Mädchen klagt diesem regelmäßig ihr Leid, denn die neue Frau des Vaters und deren beiden Töchter sind böse zu ihr. Immer, wenn Aschenputtel ans Grab kommt, sitzt ein weißer Vogel dort. Als der König des Landes ein Fest gibt, um eine Frau für seinen Sohn zu finden, darf Aschenputtel nicht mitkommen. Der weiße Vogel aber gibt ihr ein schönes Kleid und Schuhe, sodass sie unbemerkt auf den Ball gehen kann. Dort verliebt sich der junge Prinz in sie, Aschenputtel entkommt ihm aber, nur einen Schuh verliert sie auf der Flucht. Mithilfe dieses Schuhs sowie der Kommentare der Tauben am Haselstrauch findet der Prinz zu guter Letzt seine richtige Braut.

Haselnüsse machen aber nicht nur uns Menschen glücklich, sondern schmecken auch Eichhörnchen besonders gut. Man kann sie beobachten, wenn sie Nüsse knacken oder vergraben. Diese Naturbeobachtung ist ein wahrer Genuss, genau wie die Nüsse selbst!

Bei Schokolade haben Haselnüsse aber auch Schattenseiten. Gelegentlich beißt man in eine ranzige Nuss. Das trübt den Genuss definitiv. Ich schaue beim Kauf von Haselnussschokoladen umso mehr darauf, dass die Tafel noch möglichst frisch ist, sprich das Mindesthaltbarkeitsdatum in weiter Ferne liegt. Nicht die Schokolade, sondern die Nüsse sind diesbezüglich der limitierende Faktor.

Die *ZEIT* hat sich im Jahr 2014 den Haselnüssen als Schokozutat gewidmet. Mit einem traurigen Fazit: »Marcus Rohwetter weist nach, dass zehnjährige Kinder auf Haselnussplantagen in der Türkei arbeiten müssen«[29]. Solche Recherchen verleihen der Nussschokolade einen schalen Nachgeschmack, lassen aber hoffen, dass Veröffentlichungen dieser Art zur positiven Veränderung führen.

Weil Schokolade mit Kaffee harmoniert

Warum bekommt man zum Kaffee oft eine kleine Schokolade serviert? Warum gibt es mit Schokolade überzogene Kaffeebohnen ebenso wie Kaffeeschokolade? Warum halten sich Kaffeekränzchen seit Langem an das ungeschriebene Gesetz, dass es etwas Süßes dazu gibt? Warum gibt es in Teeländern kaum Schokolade dazu, sondern meist Sandwiches, Scones oder Shortbread?

Die Antwort ist so einfach wie unspektakulär: weil Schokolade Tee tendenziell erschlägt. Vor allem feine blumige Aromen in indischen Darjeelingtees werden sofort übertönt. Kaffee ist hingegen selbst ein potenter und intensiver Drink, der von den Schokoaromen keinesfalls maskiert wird. Kaffee und Schokolade bestehen nebeneinander, sie bereichern und ergänzen sich.

Kaffee und Kakao haben einiges gemeinsam. Beide sind Samen aus Früchten. In beiden Fällen erfolgt nach der Ernte eine Fermentation, die wichtig für das Aroma ist. In beiden Fällen entstehen die wesentlichen Aromen aber erst bei der Röstung. Manche Aromastoffe kommen sowohl in Kaffee als auch in Kakao vor. Kaffee wird oft mit Milch getrunken, wie Schokolade oft als Milchschokolade verzehrt wird. Kaffee kann selbst auch schokoladig schmecken, ohne von Schokolade umgeben zu sein.

Damit Kaffee und Schokolade harmonieren, bedarf es dennoch einiger Voraussetzungen. Schokoladen mit sehr hohem Kakaoanteil (80 bis 100 Prozent Kakao) sind erfahrungsgemäß zu viel des Guten, wenn es um die Harmonie mit Kaffee geht. Hochprozentige Schokoladen sind sauer, bitter und zusammenziehend und verstärken damit die Eigenschaften von schwarzem Kaffee. Harmonie bedeutet, dass die Partner sich ergänzen, dass sie zueinanderpassen. Auch eine italienische Studie hat ergeben, dass italienische Konsumenten Schokoladen mit 30 Prozent Kakaoanteil am besten zu Kaffee bewerteten, gefolgt von 70-prozentiger Schokolade. Schokolade mit 99 Prozent Kakaoanteil wurde als unpassend zu Kaffee bewertet, weil sie zu stark dominiert.[30]

Vor allem die Süße und das Fett der Schokolade verändern den Geschmack von Kaffee. Milchschokolade mildert den Kaffee ab, weil sie selbst kaum bitter ist. Letztlich ist aber die Vielfalt von Kaffee sehr groß: Unterschiedliche Zubereitungsmethoden, Bohnensorten und Herkünfte bedeuten, dass Kaffee auch als Partner zu Schokolade variabel ist. Nicht jede Kombination ist gleich gut. Aber viele sind vielversprechend. Probieren geht in dieser Frage über Studieren!

Weil Schokolade mit Wein interessante Kombinationen ergibt

Eine Buschenschenke ist ein Lokal, in dem ein Weingut die eigenen Weine ausschenkt und dazu bodenständiges Essen anbietet. Sie hat nur temporär geöffnet, man sagt dann, es ist »ausgesteckt«. Erkennbar ist die offene Buschenschenke an einem Büschel Zweige, der vor der Türe hängt oder eben steckt. In Österreich gibt es Buschenschenken in Wien, Niederösterreich, dem Burgenland, der Steiermark und in Kärnten. Sie brauchen keine Gastgewerbekonzession, dürfen aber nur bestimmte kalte Speisen sowie Mehlspeisen anbieten. Darunter finden sich auch Schokokuchen. Ein Weingut kann darüber hinaus ein freies Gastgewerbe anmelden und dann auch warme Produkte anbieten. Er darf sich dann aber nicht mehr Buschenschenke nennen, wohl aber »Heuriger«.

Nun setzt im Heurigen zumindest bei vielen Wienern die Lust auf bestimmte Schokowaffeln ein. Die Waffeln haben die Form von Tortenstückchen, die auch wie eine vorsegmentierte Torte in der Packung liegen. Die gibt es bei fast jedem Heurigen. Das Vorsegmentieren hat Sinn, denn zum Heurigen geht man gemeinsam. Man isst gemeinsam, trinkt gemeinsam, besonders Ausgelassene singen gemeinsam. Und wer Gusto auf ein Stück Süße bekommt, teilt dieses mit anderen.

Wein und Schokolade sind aber auch abseits von Heurigenlokalen ein Thema. Nur wenige Kombinationen sind wirklich stimmig. Dunkle Schokoladen können nur von kräftigen Weinen, etwa in Barriquefässern ausgebauten Rotweinen oder gespriteten Weinen wie Portwein, begleitet werden. Aufspriten bedeutet, dass bei diesen Weinen die Gärung gestoppt wird, indem Alkohol zugesetzt wird. Auch süße Weine wie Eis- oder Strohwein sind passend. Strohwein ist ein Wein, bei dem die Trauben nach der Weinlese auf Strohmatten ausgebreitet werden und trocknen. Durch die Verdunstung eines Teils des Wassers steigt die Zuckerkonzentration, das Resultat ist ein schwerer, süßer Wein mit höherem Alkoholgehalt.

Eine Verkostung im Freundeskreis machte Portwein zum Favoriten für dunkle Schokolade mit 70 Prozent Kakaoanteil. Ein höherer Kakaogehalt erwies sich in unserer Verkostung als äußerst schwierig. Wein und Schokolade sind keine einfache, keine »aufgelegte« Symbiose. Aber wenn sie harmonieren, dann ist das Ergebnis wirklich fein. Bei Rotwein empfehlen sich trinkreife Weine, die schon einige Jahre gelagert und säurearm sind. Ein Blick nach

Italien kann hier des Rätsels Lösung sein. Denn Rotweine aus dem Piemont sind aufgrund der Temperaturen etwas säureärmer als heimische Rotweine.

Weil Schokolade mit Bier eine Symbiose eingeht

Es gibt Bierschokolade und Schokoladenbier. Bierschokoladen sind meistens gefüllte Tafeln, seltener Pralinen, deren Füllung Bier oder Bierbrand enthält. Meistens werden dafür dunkle Biersorten, oft Bockbier, verwendet. Auch die Schokoladen sind meist herb oder bitter. Derartige Schokoladen gibt es geschätzt seit etwa zehn Jahren. Jünger ist eine ungefüllte Bierschokolade des österreichischen Herstellers Bachhalm, die Bier direkt in der zartbitteren Schokomasse enthält und mit Stückchen von karamellisiertem Gerstenmalz bestreut ist. Aber auch riesige Brauereien haben das Potenzial von Bier und süß erkannt. Die irische Brauerei Guinness preist das Guinness Draught auf seiner Webseite[31] als ideale Zutat für Desserts aus dunkler Schokolade, etwa in Guinness-Schokoladenmousse, an.

Schokoladenbiere oder Chocolate Stouts sind hingegen relativ neu. Zumindest im deutschsprachigen Raum. Das hat mit dem Trend zu Craft Bieren zu tun. Craft Biere sind handwerklich (engl. »craft«) gebraute Spezialitätenbiere. Sie werden oft, aber nicht immer in kleineren Brauereien erzeugt. Derzeit sprießen Craft Biere wie Pilze aus dem Boden und verleihen dem Biersektor ein neues Image. Man trinkt die Biere aus Kelchgläsern und aufgrund ihrer Aromadichte teilt man eine Flasche, anstatt sie alleine zu trinken. So trinkt man Bier in Belgien übrigens schon lange, während es bei uns in Form von Flaschen, Seideln, Halben oder Maß konsumiert wird und wurde. Craft Biere sind anders im Geschmack als herkömmliche Biere, individueller, daher aber auch nicht unbedingt massentauglich. Sie werden nicht zum Durstlöschen getrunken, sondern glasweise wie Wein genossen oder als Speisenbegleiter gereicht. In England und den USA war der Trend zu Craft Bieren schneller ausgebrochen.

Schon vor ein paar Jahren verkostete ich mit einem Bekannten aus Wisconsin, der einige Flaschen Bier auf einen Heimaturlaub mitbrachte, eine Selektion. Von Einheitsgeschmack keine Rede, die Biere bestachen durch ihre Aromenvielfalt von Mango, Kaffee und Schokolade. Heute gibt es Schokobiere auch aus Frankreich, Deutschland, Österreich, der Schweiz.

Während Bierschokolade immer Bier enthält, ist das umgekehrt nicht immer der Fall. Eine Schokoladennote kann auch durch entsprechendes Malz im Bier entstehen und ein Bier daher schokoladig schmecken, ohne jemals Kakao gesehen zu haben. In den meisten Schokoladenbieren oder Chocolate Stouts ist aber Schokolade oder zumindest entfetteter Kakao vorhanden.

Bierschoko oder Schokobier – ist das die neue Schokolade für Männer? Bei einer kürzlich im Freundeskreis stattgefundenen Bierverkostung zeichnete sich eher folgendes Bild ab: Männern, die gerne Bier tranken, waren klassische Biere lieber. Frauen, die überwiegend lieber Wein als Bier tranken, konnten manchen Craft Bieren mehr abgewinnen, ganz einfach weil diese nicht nur »bierig« sind.

Faktum ist aber: Auch wenn andere Lebensmittel wie Schokobier auch schokoladig schmecken – keines schmilzt so gut wie Schokolade. Gerne auch mit Bier gefüllt!

Weil dunkle Schokolade mit manchem Whisky mithalten kann

Dunkle Schokolade sei eines der wenigen Produkte, das selbst als Counterpart zu Whisky standhalten kann, heißt es immer wieder.

Und das will hinterfragt bzw. näher beleuchtet werden, denn Whisky ist schließlich nicht gleich Whisky, sondern schmeckt je nach Ausgangsmaterial und Herstellungsverfahren völlig unterschiedlich. Ausgangsprodukt ist immer Malz, also Getreide, das gekeimt und gedarrt wird. Dieses wird geschrotet, eingemaischt, mit Hefe vergoren, destilliert und reift dann einige Jahre in Holzfässern.

Hergestellt wird Whisky seit vielen Jahrhunderten in Irland und Schottland. Seit dem 18. Jahrhundert wird Whisky aus Mais und Roggen in Amerika erzeugt, und zwar von irischen und schottischen Einwanderern. Im Gegensatz dazu ist die Geschichte von Whisky in Österreich, Deutschland und der Schweiz noch sehr jung. Heute wird aber auch im deutschsprachigen Raum destilliert, und zwar mit Erfolg.

Irischer Whiskey, der immer mit e geschrieben wird, wird dreimal destilliert. Schottischer Whisky (Scotch) wird meist zweimal destilliert und das Malz wird vorwiegend über Torffeuer gedarrt, was dem Scotch seine rauchige Note beschert. Irischer Whiskey ist daher milder als schottischer. In den USA wird ein Whisky als Rye bezeichnet, der mindestens 51 Prozent Roggenmalz enthält, Bourbon enthält mindestens 51 Prozent Mais, Corn muss aus mindestens 79 Prozent Mais bestehen.

Es gibt nur eine Möglichkeit, herauszufinden, ob Whisky und dunkle Schokolade harmonieren oder nicht: Ausprobieren! Und wenn es darum geht, herauszufinden, ob sie harmonieren, muss man sie gemeinsam verkosten. Nur so wird offensichtlich, ob sie voneinander profitieren und zu ultimativen Kombinationen werden, ob sie Partner auf Augenhöhe sind oder ob einer den anderen überdeckt. Man nehme also ein Stück Schokolade in den Mund, zerkaue es ein wenig und trinke nun ein Schlückchen Whisky dazu, während die Schokolade noch im Mund ist.

Ich habe zwei Verkostungen gemacht – mit unterschiedlichen Whiskys, unterschiedlichen Schokoladen und unterschiedlichen Personen. Das Ergebnis daraus ist keineswegs repräsentativ, aber kann Ihnen als Anhaltspunkt dienen, so Sie eine Verkostung machen möchten. Irischer Whiskey und österreichischer Dinkelwhisky schnitten beide besser als schottischer ab, wenn es um Kombination mit dunklen Schokoladen geht. Rauchiger Scotch war immer dominant, egal welche Schokolade wir kosteten. Das mochte fast niemand. Die in Schottland durchaus verbreitete Art, Whisky mit etwas Wasser zu verdünnen, macht ihn eher als Schokoladenpartner tauglich.

Insgesamt erschien es, als würde Schokolade durch Whisky nicht aufgewertet, aber Whisky durch Schokolade tendenziell etwas abgemildert werden. Es ist also eine Betrachtungsweise, was man möchte: Geht es um den Whisky oder um die Schokolade? Will man zwei gleichwertige Partner oder soll einer der beiden Teile ohnehin im Vordergrund stehen?

Whiskeys werden in Irland übrigens vielen Süßspeisen zugesetzt. Es gibt diverse Whiskey-Früchtekuchen mit Trockenfrüchten, Nüssen und Gewürzen. Er kann auch zu Vanillesauce, Schokomousse und süßen Trüffeln zugefügt werden. Und erfüllt einen ähnlichen Zweck wie Inländer-Rum in Österreich.

Weil Wein- und Kaffeebeschreibungen lustvoller klingen

»Schoko-Touch, Nugataromen, ein Hauch Schokolade im Abgang ...« Nun, woran denken Sie, wenn Sie diese Begriffe lesen? Es handelt sich hier nicht um Schokolade. Auch nicht um Kuchen, Eis oder Kakao, nicht um Schokopudding oder Nugatdesserts. Es ist eine durchaus gängige Weinbeschreibung eines Rotweines.

Wer sich mit Wein beschäftigt, ist fast zwangsläufig einmal über ein »Aromarad« gestolpert. Aromaräder sind radförmige Sammlungen von Begriffen, wonach ein Wein riechen kann. Sie sind gute Hilfsmittel, wenn man Weine beschreiben möchte. Und das möchten viele, hat das Beschreiben von Wein doch eine längere Tradition als bei anderen Genussmitteln. Weingüter, Fachmagazine und der Handel versuchen, dem Käufer das Produkt zu erklären. Wie sieht es aus, wie riecht und schmeckt es? Beschreibungen sollen darüber informieren und gleichzeitig Lust auf Wein machen. Allein zu Rotwein findet man an die 60 Begriffe, die von Kirschen und Holunderbeeren, Dörrpflaumen und grünen Walnüssen über Rosen und Flieder, Vanille und Zimt bis zu schwarzen Oliven, Teer und Speck reichen. Ja und einer davon ist eben Schokolade! Und mal ganz ehrlich: Ein Wein, der mit Nugat und Schoko beschrieben wird, macht mehr Vorfreude als einer, dem man Liebstöckel-Noten oder Speckaromen attestiert. Umgekehrt gilt das übrigens nicht: Die Schokobranche leiht sich »rotweinartig« nicht für Beschreibungen von Schokolade aus.

Wie kommt das Schokoladenaroma in den Wein? Das Weinaroma setzt sich aus drei verschiedenen Aromagruppen zusammen. Sogenannte Primäraromen sind schon in der Traubensorte enthalten. Sekundäraromen entstehen bei der alkoholischen Gärung durch Hefen und Bakterien, also wenn aus dem Traubensaft Wein wird. Und Tertiäraromen entstehen, während der Wein im Fass oder in der Flasche lagert. Reift der Wein im Eichenfass, so gibt das Holz rauchige, getoastete Noten und Aromen von Vanille, Zimt oder eben Schokolade ab. Schokoladenoten findet man daher oft in Weinen der Rebsorten Shiraz, Malbec, aber auch in Cabernet Sauvignon, Merlot oder Tempranillo. Das sind Weine, die üblicherweise eine Zeit im Holzfass liegen. Auch Portweine können Schokoladenanklänge besitzen und sind wohl nicht umsonst beliebte Dessertbegleiter. Auch ist nicht überraschend, dass es zahlreiche Rezepte für Rotweinkuchen mit Schokolade gibt! Oder, wenn auch weniger verbreitet, Schokoladen mit Rotweinfüllung.

Damit der Eindruck »schokoladig« entsteht, egal ob in der Schokolade oder im Wein, sind immer mehrere Aromen nötig – es gibt also kein »Schokoladenaroma«. Nur im Zusammenspiel ergeben sie den Schokoduft. Ähnlich gibt es keinen Aromastoff, der alleine »rotweinartig« riecht, sondern der Geruch von Rotwein basiert auf dem Zusammenspiel vieler Aromen. Der Wein erinnert dezent an Schokolade, wenn genügend der schokotypischen Aromen vorhanden sind.

Die Beschreibung »Schoko-Touch« passt aber nicht nur zu ausgewählten Rotweinen, sondern kann auch auf Kaffee zutreffen. Vor allem Arabica-Bohnen aus Mexiko werden oft als schokoladig angepriesen. Auch das klingt animierend – und ist keine Fantasterei, sondern nachvollziehbar, wenn man diese Kaffees trinkt. Ein solcher Kaffee harmoniert auch mit einer Schokolade-überzogenen Kaffeebohne, die in Kaffeehäusern gelegentlich zu einem Espresso serviert wird.

Weil Konsumenten eine einheitliche Schokosprache sprechen

Rotweine und Kaffee werden manchmal im Aroma als »schokoladig« beschrieben. Was aber passiert, wenn man Schokolade selbst charakterisieren soll, also erklären soll, wonach das Produkt riecht oder schmeckt? »Schokoladig« alleine reicht in diesem Fall nicht aus.

Eine Studie[32], die an der Technischen Universität Dresden und der Universität für Bodenkultur Wien durchgeführt wurde, zeigte, dass Studierende beider Länder ähnliche Begriffe verwenden, um Schokolade zu beschreiben. Die Forscher baten 24 Studierende in Dresden und 15 in Wien, zu denselben sechs Schokoladen alles festzuhalten, was ihnen einfiel, um den Geschmack der Produkte zu charakterisieren. Der Kakaoanteil der Schokoladen variierte zwischen 60 und 75 Prozent, es waren nur ungefüllte Schokoladen im Spiel, die von unterschiedlichen Herstellern stammten. Die Beschreibung erfolgte in zwei Schritten: Im ersten mussten die Studierenden Begriffe finden, um die Schokoladen zu beschreiben. Im zweiten Schritt bewerteten sie für jede Schokolade die Intensität jedes Begriffes (von »nicht vorhanden« bist »stark ausgeprägt«).

Die Wiener Studenten beschrieben die Schokoladen vorwiegend mit den Begriffen »bitter«, »süß«, »sauer« und »Kakaogeschmack«. »Nussig«, »hantig«, »ranzig«, »schokoladig« und »zitronig« wurden mehrmals genannt, während »angebrannt«, »buttrig«, »fruchtig«, »herb«, »karamellig«, »metallisch«, »ölig«, »Pflaumengeschmack«, »puddingartig«, »salzig«, »Storck-Riesen« und »Zimtgeschmack« nur von Einzelpersonen kamen. Die Dresdner Studenten generierten mehr Begriffe, waren aber auch selbst mehr in der Zahl. Sie beschrieben die Schokoladen hauptsächlich als »bitter«, »süß«, »sauer«, »bitter im Nachgeschmack«, »fruchtig«, »mit Kakaoaroma«. »Schokoladig«, »modriger Nachgeschmack«, »herb«, »kaffeeartig«, »ölig«, »kräuterartig« und »nussig« kamen mehrfach vor. Einzelpersonen charakterisierten die Schokoladen darüber hinaus als »alkoholisch«, »anhaltend«, »aromatisch«, »ausgeglichen«, »Zitronat«, »erdig«, »nach Essig«, »Fremdnote«, »holzig«, »minzig«, »Olive«, »salzig«, »stechend«, »Vanillearoma«, »würzig«.

Das Vokabular ist inhaltlich durchaus vergleichbar. Beide Gruppen nannten »süß«, »bitter«, »sauer« und »kakaoartig« als die wesentlichsten Merkmale. Und auch die von wenigen Studierenden genannten Begriffe waren ähnlich, bei beiden Gruppen kamen »zitronig«, »fruchtig«, »herb« oder »salzig« vor.

Die Anzahl der Hauptbegriffe, also jene, die von etlichen Studierenden gewählt wurden, war gering. Das könnte daran liegen, dass man selten über den Geschmack von Schokolade im Detail spricht. Es geht primär um gut oder nicht gut, die Dimensionen »süß« und »bitter« und den Kakaogehalt. Viele denken gar nicht an »fruchtig«, wenn eine Schokolade keine Fruchtfüllung besitzt. Dabei kann auch Kakao fruchtig sein, etwa der ecuadorianische Nacional-Kakao.

Wozu sollte man Schokolade beschreiben? Nun, wenn Hersteller, Fachzeitschriften oder Händler Schokoladen beschreiben, dient das der Information für den Käufer. Als Schokogenießer macht das Beschreiben gelegentlich aber auch Sinn: Denn es schärft die Sinne, man versucht, Nuancen herauszuschmecken, und konzentriert sich mehr, wenn man seine Eindrücke festhält.

Weil sich Schokolade bestens zur Demonstration von Sensorikmethoden eignet

Ich unterrichte das Fach Sensorik an mehreren Hochschulen. Das ist die Wissenschaft, die sich mit der Wahrnehmung von Lebensmitteln mit unseren Sinnen beschäftigt. Sensorik widmet sich zum Beispiel der Frage, wie die Umgebung, etwa die Raumfarbe oder Hintergrundmusik, unsere Empfindung des Essens beeinflusst. Oder wie sich das Alter auf unsere Wahrnehmung von Speisen und Getränken auswirkt. Mit Hilfe der Sensorik kann aber auch beantwortet werden, ob zwei Schokoladen geschmacklich voneinander unterscheidbar sind, wenn die Rezeptur und Herstellung zwar gleich waren, aber unterschiedliche Kakaobohnen eingesetzt wurden. Auch die Beschreibung, wonach einzelne Schokoladen schmecken, ist eine sensorische Aufgabenstellung.

Sensorik ist dabei mehr als nur Verkosten! Es gibt verschiedene Methoden, die angewandt werden, je nachdem, was man herausfinden möchte.

Sind ein frisch hergestellter Schokokeks und das gleiche Produkt am Ende der Mindesthaltbarkeit unterscheidbar? Das kann mithilfe des sogenannten Dreieckstests herausgefunden werden. Der Dreieckstest ist eine Methode, bei der man drei Proben zur Verkostung erhält, zwei gleiche und eine andersartige. Die Aufgabenstellung besteht darin, in der Blindverkostung zu erkennen, welche die abweichende Probe ist. Beim Schokokeks kann entweder die frische oder die ältere Probe die abweichende sein.

Der Dreieckstest ist aber nicht die einzige Methode, wenn es darum geht, auszutesten, ob zwei sehr ähnliche Proben unterscheidbar sind. Schwieriger ist der 2-aus-5-Test. Auch hier gibt es nur zwei unterschiedliche Produkte. Die Testpersonen erhalten aber gleich fünf Proben, wovon zwei gleich und die anderen drei ebenso gleich sind. Auf unser Beispiel mit den Schokoladenkeksen bezogen heißt das, dass zwei Kekse frisch und drei am Ende der Haltbarkeit sind oder umgekehrt. Die Frage ist, ob die Verkoster die beiden gleichen Proben auch bei der Blindverkostung erkennen.

Beide genannten Methoden sind Unterschiedsprüfungen, bei denen es darum geht, ob zwischen zwei sehr ähnlichen Proben ein sensorischer Unterschied wahrnehmbar ist. Ist dieser offensichtlich, braucht das nicht getestet zu werden. In der Lebensmittelindustrie werden Unterschiedsprüfungen bei verschiedenen Lebensmittelgruppen herangezogen, um Kostenreduktionen durchzuführen (hier will man nicht, dass der Unterschied schmeckbar ist) oder um herauszufinden, ob ein Produkt in einer neuen Verpackung anders schmeckt. Unterschiedsprüfungen kann man spaßeshalber aber auch zu Hause machen, als eine Art Sinnestest. Sie brauchen dafür nur jemanden, der die Verkostung für Sie vorbereitet, sprich: Ihnen die Proben reicht und diese mit Zufallszahlen nummeriert, damit Sie nicht wissen, welche die »andere« Probe ist.

Um eine Methode in einer Lehrveranstaltung zu demonstrieren, bespreche ich sie zuerst in der Theorie. Wozu wird die Methode angewandt? Wie werden die Proben vorbereitet? Wer und wie viele Personen sollen verkosten? In welcher Reihenfolge? Wie wertet man das Ergebnis aus? Dann erfolgt ein praktischer Test. Und hier ist Schokolade ein geniales Demonstrationsprodukt! Sie ist nicht schwer zu tragen, was vor allem bei Anreise mit öffentlichen Verkehrsmitteln ein Thema ist. Schokolade ist in der Probenvorbereitung einfach, man muss nur Pappteller mit Nummern codieren, die Schokolade brechen und auf die Pappteller legen. Es ist keine Zubereitung nötig, die Temperatur muss nicht berücksichtigt werden, nicht einmal ein Messer ist nötig. Und (fast) alle freuen sich, wenn sie sehen, dass ein Schokoladentest kommt!

SCHOKOLADE UND GESUNDHEIT

Weil Schokolade als Dickmacher
ein Mythos ist

Wie oft wurde Schokolade schon zum Sündenbock für überschüssige Kilos erklärt! Viel Zucker und Fett, das macht angeblich dick. Und so kommt alle Jahre wieder um Neujahr die Zeit, wo mit überschüssigen Kilos gehadert wird. Das Motto der kollektiven Jammerei: Schuld daran waren die Weihnachtsplätzchen! Dabei ist es selten die Woche zwischen Weihnachten und Neujahr, die für ein etwaiges hohes Körpergewicht verantwortlich ist – sondern die Zeit zwischen Neujahr und Weihnachten. Aber was ist wirklich dran? Sind Schokoladegenießer schwerer oder dicker? Oder sind es doch die hageren Menschen, die mehr Schokolade essen?

Eine Studie mit Jugendlichen – die sogenannte Helenastudie[33] – zeigte einen negativen Zusammenhang zwischen der Menge konsumierter Schokolade und Körpergewicht. Jugendliche, die mehr Schokolade aßen, wogen weniger und hatten weniger Körperfettanteil. Um das herauszufinden, schrieben knapp 1.500 Jugendliche aus neun europäischen Ländern an zwei Tagen alles auf, was sie aßen oder tranken. Außerdem trugen sie eine Woche lang Beschleunigungsmesser, die ihre körperliche Aktivität aufzeichneten. Körpergewicht und die Körpergröße, der Taillenumfang, Hautfaltendicken und der Körperfettanteil aller Jugendlichen wurden gemessen. Aus Gewicht und Körpergröße konnte der Body Mass Index (BMI)[34] berechnet werden.

Alle Messparameter ergaben ein ähnliches Bild: Der Schokoladenverzehr war negativ mit BMI, Körperfett und Taillenumfang assoziiert. Das heißt, dass Jugendliche, die mehr Schokolade aßen, auf ihre Körpergröße bezogen leichter waren, eine schlankere Taille hatten und prozentuell weniger Körperfett (oder mehr Muskelmasse) besaßen! Jugendliche mit dem höchsten Schokoladenkonsum waren aber auch sportlich aktiver als Jugendliche mit dem niedrigsten Schokoladenkonsum.

Wer glaubt, dass man nun möglichst viel Schokolade essen soll, um schlank zu sein, zu bleiben oder zu werden, irrt dennoch. Die Studie beweist nämlich nicht, dass höherer Schokoladenkonsum für einen niedrigeren BMI verantwortlich ist. Abgesehen davon hat die positive Wirkung der Schokolade nur ein marginales Ausmaß. Rechnerisch hatte eine Person, die täglich 20 Gramm Schokolade aß, nur ein Viertel Prozent weniger Körperfett als jemand, der keine Schokolade genoss. Es zeigt aber zumindest klar, dass Schokoladenkonsum nicht länger als Sündenbock herhalten kann. Es gilt die Unschuldsvermutung.

Studien mit Erwachsenen ergeben übrigens ein ähnliches Bild. Laut einer kalifornischen Studie[35] sind die verzehrte Menge an Schokolade und der BMI unabhängig voneinander. Die Konsumhäufigkeit von Schokolade brachte man hingegen mit einem niedrigeren BMI in Zusammenhang. Aber auch hier gilt: Die Schokoladenverzehrfrequenz kann nicht als Grund für einen niedrigeren BMI angesehen werden. Was aber vermutlich stimmt: Wer seinem Schoko-Gusto immer in kleinen Mengen nachgeht, hat vielleicht eine höhere Frequenz, neigt aber nicht zu Heißhungerattacken.

Woher kommt dann der Aberglaube, Schokolade sei schuld am Gewicht? Brauchen wir für alles einen Sündenbock? Eine externe Verführung? Eigentlich schade, denn der Schokogenuss ist größer, wenn er nicht nur während des Konsums vorhanden ist, sondern auch danach!

Weil der Trend zu kleinen Portionsgrößen geht

Klein, aber oho! Diese Richtung hat der Schokoladensektor definitiv eingeschlagen. Nicht, dass es keine 300-Gramm-Tafeln oder Großpackungen mehr gäbe. Auch Guinness-Rekorde à la größtes Schokoosterei, größte Praline der Welt, schwerste Schokotafeln untermauern, dass nicht alles immer kleiner wird. Aber das Segment kleinerer Tafeln oder Portionsgrößen ist definitiv gewachsen.

Kleinheit hat sich bei vielen Lebensmitteln durchgesetzt. Angefangen hat es mit Tiefkühlwaren, als Gemüse plötzlich in Zwergengröße portioniert war und nicht die ganze Packung aufgetaut werden musste. Bald danach kam Eis am Stiel, auch hier sind die Portionsgrößen geschrumpft, zumindest beim Kauf von Multipackungen. Später kam Frischware dazu. Während Brotlaibe, die ein Kilo wogen, lange Zeit Standard waren, hat sich mit der zunehmenden Vielfalt der Brote auch die Laibgröße geändert. 300-Gramm-Laibe sind heute keine Seltenheit. Und kürzlich habe ich am Christkindlmarkt erstmals einen Glühmost aus einer 200-Milliliter-Tasse erhalten. Das waren jahrzehntelang Viertelliter.

Kleine Portionsgrößen werden oft als Betrug am Konsumenten wahrgenommen, kommen aber in Wahrheit vielen zugute. Das wären erstens mal alle Singlehaushalte, deren Anteil größer denn je ist. Nicht nur Junge, auch Witwen und Witwer zählen dazu! Gerade im Alter, wo der Appetit kleiner wird, sind Kleinpackungen sinnvoll. Aber auch für Zweisame kann es den kleinen Gusto geben, nicht nur den großen.

Zweitens hilft es all jenen Leute, die eine ganze Tafel essen, wenn sie einmal da ist – weil sie nicht aufhören können, obwohl sie das möchten. Wenn die Tafel kleiner ist, hören sie automatisch früher auf. Wobei dieser Zielgruppe auch der Siegeszug der dunklen Sorten helfen dürfte, hat man bei dunklen Schokoladen aufgrund ihrer

Dichte und Intensität rascher »genug« im positiven Sinne. Man schafft auf einmal gar keine so große Menge. Dieses Prinzip gilt auch bei anderen Lebensmitteln. Von intensiveren Käsen braucht man weniger, um sensorisch zufrieden zu sein, und man trinkt auch keine Riesentasse Espresso.

Drittens denke ich an die wunderbare Schokoladenvielfalt. Kleine Portionsgrößen bedeuten, dass man Verschiedenes ausprobieren kann. So kann man sich selbst als Nachtisch einen »Gruß aus der Küche« holen, der nicht jedes Mal gleich ausfällt.

Viertens gibt es viele Situationen, in denen kleine Produkte benötigt werden. Als Aufmerksamkeit und Begrüßung im Seminarraum, als Betthupferl am Kopfpolster des Hotels.

Klein und fein sind aber nicht nur die Produkte selbst, sondern auch viele Produzenten, die ihre Ware händisch erzeugen. »Handgeschöpft« steht bei vielen kleinen Tafeln heute drauf. Geprägt hat den Begriff der österreichische Hersteller Josef Zotter und bezieht sich dabei auf die Handarbeit ebenso wie auf die kreativen Kreationen. Handwerk ist etwas, was man sieht und womit man heute wieder punkten kann. Wer schlau ist, weist darauf hin, dass die händische Praline nicht ganz so uniform ist. Eine Handsemmel ist ja auch nicht so gleichmäßig wie eine Maschinensemmel.

Ja und zu guter Letzt: Man kann beim Schokoladenkauf auch kleine Läden fördern! Auch wenn das Gros der Lebensmittel logischerweise über den Einzelhandel verkauft wird, weil es einfacher und zeiteffizienter ist, gehen viele wieder vermehrt in kleine Geschäfte. Kleine Schokoladenshops erleben einen Wiederaufschwung. Klein kommt dabei durchaus groß raus.

Weil Schokolade munter macht

Das Aufstehen am Morgen richtet sich nicht notwendigerweise nach dem eigenen Rhythmus. Es ist der Arbeitsplatz oder der Schulbeginn, der meist vorgibt, wann der Wecker läutet. Dabei gibt es aufgrund der inneren Uhr drei Typen von Mensch: Frühaufsteher oder auch »Lerchen« genannt, Spätaufsteher oder »Eulen« und Normaltypen, die mit keiner Vogelart verglichen werden. Die meisten Menschen sind Normaltypen, Eulen gibt es mehr als Lerchen. Der innere Rhythmus hängt von unseren Genen ab, aber auch vom Alter: Kleine Kinder sind – nicht immer zur Freude der Eltern – meist Lerchen, während sich der Rhythmus Pubertierender nach hinten schiebt.

Wer ein Eulentyp ist und morgens zeitig außer Haus muss, braucht Unterstützung. Tageslicht funktioniert in unseren Breitengraden zumindest im Winter schlecht. Wenig überraschend findet die morgendliche Unterstützung daher in Form von Koffein statt, als Kaffee oder als Tee. Mit dem Koffein verwandt und daher ähnlich wirksam ist das Theobromin in Kakao und ergo Schokolade.

Nun mögen die meisten Erwachsenen Kaffee oder Tee. Viele, aber nicht alle. Und Jugendliche, die oft keine Lerchentypen mehr sind, sind meist noch keine Kaffeetrinker. Stattdessen Kakao zu trinken ist durchaus sinnvoll! Die Milch schmeckt ihnen mit Kakao besser als in purem Zustand. Das Theobromin im Kakao hat eine leicht anregende Wirkung, die jedoch nicht so stark ist wie die Wirkung von Koffein. Und, nicht minder wesentlich: Frühstücken ist ein Ritual, das auch als solches genüsslich ist!

Eingefleischte italophile Kaffeetrinker verzichten auch nicht ganz auf Theobromin. Kakaopulver auf cremigem Milchschaum sieht nicht nur ansprechend aus, sondern schmeckt auch gut. Dass diese Dosis Kakao eine über den Koffeingehalt von Kaffee hinausgehende Wirkung hat, darf aber bezweifelt werden.

Wie viel Theobromin enthält Kakao? Kakaobohnen enthalten ein bis 2,5 Prozent Theobromin, Schokolade je nach Kakaogehalt entsprechend weniger. Das ist eine Dosis, die anregend wirkt, eine Überdosierung von Theobromin aus gesundheitlicher Sicht jedoch kaum möglich macht. Anders bei Haustieren: Für den geliebten Hund oder die Katze sind Schokolade oder Milchkakao schlecht. Diese Tiere bauen Theobromin deutlich langsamer ab als wir Menschen. Große Mengen Theobromin können für Haustiere gefährlich werden.

Sie sind morgens nicht nur müde, sondern auch schlecht gelaunt? Schokolade wird nachgesagt, dass sie die Stimmung verbessert – und wer kennt das nicht? Dem Theobromin ist das jedoch nicht zuzuschreiben. Vielmehr dürfte die Wirkung auf Fett und Zucker beruhen. Vielleicht hat sich das Pain au chocolat der Franzosen, eine Art Croissant mit Schokoladenfüllung, nicht umsonst durchgesetzt. Süßes, Fett und Schokolade wirken in Summe auf jeden Fall positiv auf die Stimmung.

Weil Schokolade als Brainfood wirkt

Essen erfüllt nicht nur den Zweck der Energieaufnahme. Es füllt nicht nur den Magen und befriedigt nicht nur den Gusto. Es ist auch eine Voraussetzung dafür, dass wir uns konzentrieren können, uns etwas merken, geistig leistungsfähig sind – und das auch bleiben! Bereits im Alter von 20 bis 30 Jahren beginnt der geistige Abbau. Ein Grund mehr, dem gezielt mit Nahrungsmitteln vorzubeugen!

Unser Gehirn ist ein regelrechter Vielfraß. Obwohl es nur zwei Prozent des Körpergewichts ausmacht, verbraucht es satte 20 Prozent der aufgenommenen Energie. Und ist diesbezüglich sogar noch wählerisch. Denn eine Voraussetzung dafür, dass wir geistig fit sind, ist ein über den ganzen Tag relativ stabiler Blutzuckerspiegel. Unser Gehirn kann Zucker nicht speichern, es ist daher auf regelmäßige Glukosezufuhr in Form von Kohlenhydraten angewiesen. Neben Kohlenhydraten ist Fett wichtig fürs Hirnschmalz. Omega-3- und Omega-6-Fettsäuren sind Bestandteile jeder Zellmembran – auch im Gehirn. Omega-3-Fettsäuren sind für die Aufrechterhaltung der normalen Hirnfunktion nötig.

Was hat das Ganze mit Schokolade zu tun? Einiges! Konkret geht es neben dem Kohlenhydrat Zucker um Nüsse und Polyphenole. Da wäre mal Nussschokolade. Die meisten Nüsse enthalten große Mengen an ungesättigten Fettsäuren. Allerdings sind es Walnüsse, die reich an Omega-3-Fettsäuren sind.

Aber selbst pure Schokolade dürfte dem Gehirn seine Dienste leisten. In Norwegen schnitten ältere Personen, die Schokolade konsumieren, bei verschiedenen Tests zur geistigen Leistungsfähigkeit besser ab als jene, die keine Schokolade essen. Um das herauszufinden, nahmen mehr als 2.000 Probanden im Alter von 70 bis 74 Jahren an sechs verschiedenen Tests teil.[36] Außerdem gaben sie an, wie oft sie die drei Genussmittel Schokolade, Wein und Tee konsumierten und wie viel davon. Diese drei Genussmittel wurden gewählt, da sie alle reich an Polyphenolen, sekundären Pflanzeninhaltsstoffen, sind. Und Schokuspokus: Teilnehmer, die eines der drei Produkte konsumierten, schnitten geistig besser ab als Teilnehmer, die keines der drei aßen bzw. tranken. Der positive Effekt wurde bereits mit zehn Gramm Schokolade am Tag erreicht. Schokolade bringt offenbar nicht nur Power für den Sport (siehe *Grund 2: Weil Schokolade Marathonläufer und Kletterer zu Höchstleistungen motiviert*), sondern auch Power fürs Gehirn. Am besten waren Teilnehmer, die alle drei Genussmittel konsumierten. Einmal mehr ein Beweis, dass Genuss gesund ist! Auch die britische Zeitung *The Guardian* fragte im November 2013: »Does a bar a day keep the doctor away?«

Weil Schokolade in der dunklen Jahreszeit das Gemüt erhellt

Winterblues, so nennt sich der Zustand der Antriebslosigkeit, Gereiztheit und Müdigkeit in den Wintermonaten. Er ist das Resultat von einem Mangel an Tageslicht. Kommt zu wenig Licht auf die Netzhaut im Auge, schüttet die Zirbeldrüse im Zwischenhirn das Hormon Melatonin aus, das für den Wach-Schlaf-Rhythmus verantwortlich ist. Der Melatoninspiegel steigt, sobald die Sonne untergeht, während die Produktion von Melatonin bei morgendlichem Lichteinfluss gehemmt wird. Es ist also eine Art Winterschlafhormon, auch wenn wir Menschen diesen bekanntlich nicht antreten.

Melatonin hat viele positive Wirkungen – in der Nacht. Es ist dem Melatonin zu verdanken, dass wir uns nachts regenerieren, dass die Körpertemperatur beim Schlafen leicht absinkt. Unser ganzer Stoffwechsel und sämtliche Organe arbeiten in Folge langsamer, der Blutdruck sinkt und wir erholen uns. Die Verlangsamung des Stoffwechsels ist eine Art Anti-Aging, denn auch Alterungsprozesse werden in einer ruhigen Nacht verlangsamt. Weniger positiv ist Melatonin untertags. An nebelgrauen und kurzen Wintertagen, wenn man in der morgendlichen Dunkelheit das eigene Heim verlässt und bei Dunkelheit wieder nach Hause kommt, bleibt der Melatoninspiegel auch untertags erhöht. Viele sind dann müde, abgeschlagen, gereizt.

Der Körper stellt Melatonin aus dem Nervenbotenstoff Serotonin her. Während die Melatoninbildung bei Sonnenlicht gedrosselt wird, steigt die Serotoninproduktion bei Sonnen- oder zumindest Tageslicht an. Serotonin bedeutet Wohlbefinden, gute Stimmung, aber auch Entspannung. Wenig Serotonin erzeugt schlechte Laune und Angst.

Die gute Nachricht: Serotonin wird aus einem Eiweißbaustein, der Aminosäure Tryptophan, gebildet. Und Tryptophan können wir essen. Tryptophan kommt in allen eiweißreichen Lebensmitteln vor, also Fleisch, Fisch, Milchprodukten und Eiern genauso wie in Sojabohnen, Erbsen, Haferflocken oder Walnüssen. Nun sollte man meinen, wer viel Eiweiß isst, ist deshalb gut gelaunt? Weit gefehlt! Denn wer viel Eiweiß isst, verzehrt nicht nur den Eiweißbaustein Tryptophan, sondern auch zahlreiche andere Aminosäuren. Und diese konkurrieren miteinander darum, ins Gehirn aufgenommen zu werden. Hier liegt aber das Nadelöhr: Der Übertritt von Aminosäuren ins Gehirn ist limitiert.

Nun kommt einmal mehr Schokolade ins Spiel. Schokolade ist keine große Eiweißquelle, sondern besteht bekanntlich vorwiegend aus Fett und Zucker. Zuckerkonsum bewirkt die Ausschüttung von Insulin. Insulin sorgt dafür, dass Zucker und Aminosäuren aus dem Blut in die Gewebe befördert werden. Dabei gibt es eine Ausnahme – die Aminosäure Tryptophan. Da dank des Insulins andere Aminosäuren nun nicht mehr mit Tryptophan um den Übertritt ins Gehirn konkurrieren können, gelangt mehr Tryptophan ins Gehirn und kann dort in Serotonin umgewandelt werden.

Die Kombination mit Zucker bzw. Kohlenhydraten macht es also aus. Die Honigmilch wirkt besser als Milch alleine. Schokomilch enthält Zucker und Eiweiß. Und Schokolade pur ist ohnehin nicht als alleiniges Essen gedacht. Als Nachspeise schmeckt sie nicht nur, sie wirkt auch dem Winterblues entgegen!

Weil dunkle Schokolade den Blutdruck senkt

Kein zweites Mal hat die Natur eine solche Fülle der wertvolls-
ten Nährstoffe auf einem so kleinen Raum zusammengedrängt
wie gerade bei der Kakaobohne.[37]

Dieses Zitat stammt vom bekannten Naturforscher Alexander von
Humboldt (1769–1859). Und er sollte recht haben! Denn in er-
nährungswissenschaftlichen Fachzeitschriften gab es in den letzten
Jahren einige Artikel über den Gesundheitswert von Schokolade.
Sie stellten dunkler Schokolade ein durchaus positives Zeugnis aus.
Komisch, dass diese Information so langsam durchsickert – sind es
doch gute Nachrichten für alle Naschkatzen.

Aus einzelnen Studien wird heute kein generelles Urteil mehr
abgeleitet. Werden aber viele Studien beleuchtet oder Daten vieler
Studien zusammengefasst, ergibt sich eine solide Basis. Und diese
zeigt: Dunkle Kakaoprodukte können den Blutdruck senken. Nun
besteht bei manchen wissenschaftlichen Studien die – berechtigte –
Kritik, dass die Kakaoindustrie in irgendeiner Form beteiligt ist.
Betrachtet man nur Studien, bei denen kein Schokoladenhersteller
beteiligt war, ergibt sich allerdings ein ebenso positives Bild.

Welche Kakaoinhaltsstoffe sind es, die den Blutdruck senken? Es
sind Flavonole, sekundäre Pflanzeninhaltsstoffe. Beispiele solcher
Flavonole sind Epicatechine in Kakao, weiterhin Catechine, die in
Schwarztee und ebenfalls in Kakao vorkommen, sowie Epigallo-
catechingallat, das vorwiegend in Grüntee anzutreffen ist. Es sind
höchstwahrscheinlich Epicatechine, denen die blutdrucksenkende
Wirkung von Kakao zuzuschreiben ist.

Ein erhöhter Blutdruck gilt als wesentlicher Risikofaktor für
Arterienverkalkung und Herz-Kreislauf-Erkrankungen. Kakao
kann sich darüber hinaus auch positiv auf die Gefäßelastizität aus-

wirken. Die Europäische Lebensmittelsicherheitsbehörde EFSA hat aufgrund der überzeugenden Datenlage dem Antrag eines Schokoladenherstellers zugestimmt, der eine gesundheitsbezogene Angabe zu Schokolade machen wollte. Die seitdem erlaubte Aussage lautet: »Kakaoflavanole helfen die Elastizität der Blutgefäße aufrechtzuerhalten und unterstützen damit die normale Blutzirkulation im menschlichen Körper«.[38]

Dafür sind mindestens 200 Milligramm Kakaoflavonole am Tag nötig, was mit zehn Gramm flavonolreicher, dunkler Schokolade oder 2,5 Gramm flavonolreichem Kakaopulver möglich ist. Wer Milchschokolade isst, nimmt vergleichsweise geringere Mengen Polyphenole sein. Wie viel Epicatechin in einer Schokolade enthalten ist, hängt jedoch nicht nur vom Kakaoanteil der Schokolade ab, sondern auch vom Gehalt des Epicatechins in den Kakaobohnen und der Verarbeitung. Für Konsumenten ist das nicht einschätzbar.

Moderater Konsum von Schokolade dürfte aber nicht nur den Blutdruck senken, sondern auch die Blutfettwerte positiv beeinflussen. Nicht überraschend ist Kakao daher auch mit niedrigerem Risiko für Herzerkrankungen und Schlaganfall assoziiert.

Es ist der Magerkakaoanteil, der positiv auf die Gesundheit wirkt, nicht der Zucker in Schokolade. Zwar gibt es auch Schokolade, die zu 100 Prozent aus Kakao besteht und keinen Zucker enthält. Diese maximiert vielleicht den Flavonoidgehalt, schmeckt aber etwas extrem. Und schmecken soll ein Genussmittel immer!

56. GRUND

Weil dunkle Schokolade gegen Stress hilft

Viele greifen bei Stress zu Schokolade. Gesundheitsapostel raten dann zu Nüssen, Obst oder Spaziergängen. Die sind freilich auch gut. ABER: Dunkle Schokolade kann Stress reduzieren! Macht das stressinduzierte Schokoladeessen also sogar Sinn? Kann es gar ein Zeichen von Körperintelligenz sein, dem Spüren, was man braucht?

Vor allem dunkle Schokolade ist in dieser Hinsicht interessant, da sie durch den höheren Kakaoanteil mehr Flavonoide, also jene sekundären Pflanzeninhaltsstoffe, die auch den Blutdruck senken können, als helle Schokolade enthält. In einer spannenden Studie, geleitet von Prof. Wirtz an der Universität Bern, bekamen Männer im Alter zwischen 20 und 50 Jahren jeweils eine halbe Tafel Schokolade zu essen. Die Hälfte von ihnen aß Schokolade, die besonders reich an Flavonoiden war, die andere Hälfte bekam Schokolade ohne Flavonoide. Zwei Stunden nach dem Schokoladengenuss wurden alle Männer einem Stresstest unterzogen. Sie mussten eine Art Vorstellungsgespräch vor Prüfern in weißen Mänteln vollziehen, dabei eine Rede halten und rechnen.

Vor und nach dem Stresstest wurden die Stresshormone Adrenalin und Cortisol der Männer gemessen. Der Flavonoidgehalt im Blut wurde ebenfalls bestimmt. Die Männer wurden zudem befragt, wie sehr sie sich gestresst fühlten. Und in der Tat zeigte sich, dass bei höherem Flavonoidgehalt im Blut der Stresshormonspiegel niedriger war. Das heißt, die dunkle Schokolade schützte die Männer vor Stress![39]

Stress verändert angeblich bei 80 Prozent der Menschen das Essverhalten. Ein Drittel neigt dazu, mehr zu essen, und greift bevorzugt zu energiereichen Lebensmitteln. Die Hälfte isst hingegen weniger, weil ihnen der Appetit vergeht. Interessant erscheint in dieser Hinsicht, dass die Geschlechter bei Stress zu unterschiedlichen Lebensmitteln greifen, zumindest in Studien. Stehen Obst, Nüsse, Chips und Schokolade bereit, greifen gestresste Frauen vermehrt zu Schokolade, Männer zu Obst und Nüssen. Man kann das auf zwei Arten interpretieren: dass Frauen, die ihren Süßigkeitenkonsum normalerweise eher kontrollieren, bei Stress einen Kontrollverlust erleiden und deshalb zu Schokolade greifen. Oder aber, dass der Schokoladenkonsum bei Stress ein Zeichen körperlicher Intelligenz von Frauen ist. Körperliche Intelligenz wäre auf jeden Fall der Griff zu dunkler statt zu weißer Schokolade.

Gegen andere Maßnahmen, die Stress reduzieren, ist natürlich auch nichts einzuwenden. Noch besser ist es, manch Stressursache zu beheben. »Magengeschwüre bekommt man nicht von dem, was man isst, man bekommt sie von dem, wovon man aufgefressen wird«[40], erkannte schon Lady Mary Wortley Montagu, englische Schriftstellerin, die von 1689 bis 1762 lebte.

Weil Schokolade den Cholesterinspiegel sogar positiv beeinflusst

Der Cholesterinspiegel wird bekanntlich bei jeder Gesundenuntersuchung erhoben. Man differenziert dabei das Gesamtcholesterin sowie die beiden Fraktionen LDL (das »böse« Cholesterin) und HDL (das »gute« Cholesterin). LDL und HDL sind Fett-Eiweiß-Komplexe. Sie sind nötig, sonst könnten Fette und Cholesterin, die ja wasserunlöslich sind, nicht im Blut transportiert werden. LDL transportiert Cholesterin von der Leber zu den Geweben, HDL transportiert Cholesterin zurück zur Leber, wo es abgebaut wird. Ein hoher LDL-Spiegel bei gleichzeitig niedrigem HDL kann langfristig dazu führen, dass LDL in den Gefäßwänden hängen bleibt und zu Arterienverkalkung führt. Und Arterienverkalkung resultiert häufig in Schlaganfall oder Herzinfarkt.

Nun wird der Blutcholesterinspiegel von zahlreichen Faktoren beeinflusst. Zum einen produzieren wir selbst Cholesterin im Körper. Zum anderen hängt er davon ab, was wir essen, wie viel wir uns bewegen und welche Gene wir besitzen. In puncto Essen spielen nicht nur Fette eine Rolle, sondern auch Ballaststoffe, Stärke, Zucker, Art und Menge an Eiweiß. Beim Fett selbst sind es die gesättigten Fettsäuren, die sich negativ auswirken und sowohl das Gesamtcholesterin als auch LDL erhöhen.

Aber es gibt Ausnahmen, und dazu zählt die Kakaobutter. Sie enthält zwar vorwiegend gesättigte Fettsäuren, sonst wäre sie nicht fest, sondern flüssig. Es dominieren in der Kakaobutter drei Fettsäuren: Die gesättigte Stearinsäure macht etwa ein Drittel der Fettsäuren des Kakaos aus, ein weiteres Drittel fällt auf die einfach ungesättigte Ölsäure. Die gesättigte Palmitinsäure macht gut ein Viertel aus, der Rest verteilt sich auf viele Fettsäuren, die jeweils in geringer Menge vorkommen. Stearinsäure ist jedoch unter allen gesättigten Fettsäuren eine besondere. Sie wird im Darm absorbiert, gelangt zur Leber und wird dort enzymatisch in einfach ungesättigte Ölsäure umgewandelt. Sie hat somit keinerlei negative Auswirkung auf den Cholesterinspiegel. Studien zeigten, dass der Konsum von Schokolade den Cholesterinspiegel sogar positiv beeinflusst. Das »gute Cholesterin« HDL steigt, während Triglyceride im Blut sinken. Was ist es, was das HDL ansteigen lässt? Die Antwort stammt aus den Niederlanden: Es ist Theobromin, also der anregende Kakaoinhaltsstoff, der eine positive Wirkung ausübt.[41] Festgestellt hat man das, indem Probanden in einer Studie vier Wochen lang entweder täglich 200 Milliliter Kakao, der natürliches Theobromin enthält, tranken oder ausschließlich Theobromin bekamen. Eine dritte Gruppe bekam beides: Kakao und Theobromin.

58. GRUND

Weil Schokolade als Aphrodisiakum gepriesen wurde und wird

Aphrodite lässt grüßen! Denn aphrodisierende Lebensmittel, denen nachgesagt wird, die sexuelle Lust zu steigern, werden in Anlehnung an die griechische Göttin der Liebe so bezeichnet. Aphrodisierende Produkte findet und fand man aber nicht nur in Griechenland, sondern weltweit, und zwar in unterschiedlichen Epochen.

So hatte Schokolade bereits bei den Azteken den Ruf eines Aphrodisiakums. Moctezuma II., auch Montezuma genannt, der von 1502 bis 1520 Herrscher der Azteken war, soll täglich unzählige Tassen Schokolade getrunken haben, bevor er sich zu seinen Frauen (ja, Mehrzahl) begab. An der Quelle des Kakaos saß schließlich er. Sein Schokoladentrunk hatte mit unserem heutigen Süßgetränk wenig zu tun, er war ungesüßt, wurde mit Chili versetzt und war entsprechend scharf und bitter. Mitunter hat auch Chili seinen Beitrag zu Moctezumas Liebesleben geleistet – dazu aber später. Moctezumas Ende wurde von der Truppe des Spaniers Hernán Cortés, der 1519 mit einer Expedition nach Mexiko kam und den Kakao nach Europa brachte, eingeleitet. Angeblich dachte Moctezuma zuerst, der Gott Quetzalcóatl sei gekommen, als Boten ihn warnten, dass ein Mann in Glanz (das war die Rüstung) mit einem in vier Richtungen zeigenden Symbol (dem Kreuz) gelandet war. Der Herrscher Moctezuma wurde gefangen genommen, wehrte sich erstaunlich wenig und wurde 1521 ermordet. Was blieb, war »Montezumas Rache«, der berühmte Reisedurchfall, der viele Touristen bei der Reise nach Mittel- oder Südamerika heimsucht. Einer Legende zufolge soll Moctezuma II. nämlich kurz vor seinem Tod einen Fluch ausgesprochen haben, der jeden Eindringling in sein Land treffen sollte. Voilà!

In Europa verbreitete sich dann ebenso das Gerücht, dass Schokolade aphrodisische Wirkung hat. Und dieses hält sich bis heute. Allerdings hat Schokolade sein Alleinstellungsmerkmal eingebüßt, kursieren mittlerweile doch viele Lebensmittel als Aphrodisiaka. Früchte wie Feigen, Erdbeeren, Granatäpfel, Weintrauben und Bananen werden da gehandelt. Aus unterschiedlichen Gründen: Weintrauben gehen auf den römischen Gott Bacchus zurück, Granatäpfel auf die griechische Göttin Aphrodite, die Banane wurde wegen ihrer phallusartigen Form in die Liste aufgenommen. Noch treffender ist die Form allerdings bei Spargel, der ebenso als pflanzliches Viagra gilt. Das basiert auf der »Doktrin der Signaturen« aus dem 17. Jahrhundert, die besagt, dass Dinge wohl nicht grundlos eine optische Ähnlichkeit aufweisen. Auch Artischocken, Trüffel und Sellerie zählen zu den Lebensmitteln der Liebe – warum, sei dahingestellt. Einen besonderen Stellenwert bekommen Gewürze: Süßliche Vanille, scharfer Ingwer und Chili, aber auch Muskat, Petersilie und Basilikum kursieren unter diesem Aspekt. Austern gehen auf Aphrodite zurück, die angeblich einer solchen entsprungen ist. Vor allem aber hat Casanova im 18. Jahrhundert die Auster als Aphrodisiakum genutzt. Er frühstückte Austern, um nachher bei seinen Frauen zu punkten. Japaner schätzen angeblich heute noch rohen Fisch als Libido-steigernd. Praktisch, wenn in jedem Kulturkreis die ohnehin regionalen Produkte ihre Wirkung haben. Geringe Mengen Alkohol und Kaffee schließen den Kreis der Lustförderer.

Wundern Sie sich nun, warum Erdbeeren oft in Schokolade getaucht werden, Schokoladen mit Ingwer, Kaffee und Alkohol gefüllt werden und die meisten Bananenkuchen auch Schokolade enthalten? Vanille ist ohnehin eine häufige Zutat zu Schokolade. Als Normalsterblicher wird man mit großer Wahrscheinlichkeit also einige dieser aphrodisierenden Lebensmittel zur jeweiligen Jahreszeit konsumieren. Ganz ohne Hintergedanken.

Worauf kann eine aphrodisierende Wirkung von Speisen basieren, so es sie gibt? Möglichkeiten gibt es wohl mehrere. Eine ist die sensorische, d. h. sinnliche Wirkung der Lebensmittel. Das Schmelzen der Schokolade, das Schlürfen der Auster stimuliert die Sinne. Eine andere ist die durchblutungssteigernde Wirkung mancher Gewürze oder die Kreislaufanregung durch Kaffee. Alkohol dürfte aufgrund seiner enthemmenden Wirkung in die Liste eingegangen sein. Die wissenschaftliche Grundlage, dass Schokolade oder andere Lebensmittel die Libido anregt, fehlt allerdings. Wir alle kennen aber den Placebo-Effekt von Medikamenten. Wer dran glaubt, warum nicht?

Weil Schokolade kein (illegales) Doping ist

Besser sein zu wollen als andere ist tief in der menschlichen Natur verankert, vererben sich doch die Gene jener weiter, die am erfolgreichsten waren. Erfolg muss dabei nicht unbedingt höher, schneller, größer oder reicher bedeuten, sondern kann auch sozialer, fürsorglicher und charmanter heißen.

Aphrodisierende und potenzsteigernde Mittel – also Dopingmittel, um die Fortpflanzungschancen zu steigern – waren in natürlicher Form wahrscheinlich von Beginn der Menschheit an begehrt. Gesundheitsschädigende Nebenwirkungen wären bei dieser Form der Leistungssteigerung kontraproduktiv gewesen. Auch bei kriegerischen Auseinandersetzungen sind Mittel für die psychische und physische Leistungssteigerung seit Langem weit verbreitet. Bereits der Spanier Hernán Cortéz, der Kakao nach Europa brachte, wurde auf das Getränk aufmerksam, da es seine Krieger fit hielt. Ein dritter Schauplatz des Kräftemessens ist der Sport. Und hier geht es in Sachen Doping leider manchmal ans Eingemachte. Natürlich versuchen jeder Sportler und jede Sportlerin, bestmöglich zu trainieren, sich gut zu ernähren und die Ausrüstung zu optimieren. Darüber hinaus gab es lange Zeit aber wenig Regeln, welche Methoden und Substanzen zur Leistungssteigerung erlaubt waren. 1928 wurde Doping erstmals verboten, doch die Möglichkeiten, Doping nachzuweisen, waren beschränkt, sodass man sich auf das Ehrenwort des Sportlers verlassen musste. Es sollte noch ein paar Jahrzehnte dauern, bis die ersten Tests durchgeführt wurden.

Unter »Doping« versteht man heute entweder die Einnahme klar definierter unerlaubter Substanzen oder die Anwendung bestimmter untersagter Methoden zur sportlichen Leistungssteigerung bzw. dem Leistungserhalt. Aber nach welchen Kriterien werden Methoden verboten? Schließlich sind hartes Training und entsprechende

Ernährung auch leistungssteigernd, fallen aber nicht unter Doping. Auch Schokolade nicht.

Die World Anti-Doping Association (WADA) hat mehrere Kriterien aufgestellt, damit Substanzen in die Verbotsliste aufgenommen werden, wobei zwei der drei Kriterien erfüllt sein müssen:

Die Substanz hat das Potenzial, die Leistung zu steigern.

Die Substanz hat das Risiko, die Gesundheit zu schädigen.

Die Substanz verstößt gegen den Sportsgeist.

Sportsgeist klingt etwas unspezifisch, hier ist der olympische Gedanke im Sport gemeint, also Ehrlichkeit, Teamgeist, gegenseitiger Respekt, Gesundheit, Mut, Solidarität, Spaß und Spiel, Chancengleichheit für alle. Doping birgt auch für den Sportler selbst ein Gesundheitsrisiko, das Verbot soll daher auch den Sportler selbst schützen. Eine einheitliche Logik der Verbote gibt es allerdings nicht. In jedem Jahr wird im Spätherbst die Liste der verbotenen Substanzen überprüft, die neue Liste gilt dann ab 1. Januar des folgenden Jahres. Koffein war beispielsweise von 1984 bis 2003 ab einer hohen Konzentration verboten, als Grenzwert galt die Ausscheidung von zwölf Milligramm Koffein pro Liter Urin. Seit 1.1.2004 steht Koffein nicht mehr auf der Liste.

Schokolade oder der anregende Kakaoinhaltsstoff Theobromin, der mit Koffein chemisch verwandt ist, stand und steht bisher nicht auf der menschlichen Doping-Liste. Anregend ist Schokolade aber nachweislich. »It is legal« war auch der erste Kommentar einer in England lebenden Bekannten zum Thema, warum sie Schokolade liebt! Genussvolles »Doping« in ihren Augen.

Weil Schokolade eine gute Magnesiumquelle ist

Der Mineralstoff Magnesium ist für unsere Nerven, Muskeln, unser Herz und die Gefäße bedeutend. Nachdem wir Magnesium nicht selbst im Körper herstellen können, müssen wir es über das Essen aufnehmen. Vor allem Sportler merken rasch, wenn es ihnen an Magnesium mangelt. Wer regelmäßig Krämpfe oder Muskelzuckungen hat, könnte ein Defizit an diesem Nährstoff haben. Aber auch unspezifische Symptome wie Müdigkeit, Kopfschmerzen und Reizbarkeit können auf Magnesiummangel zurückgehen. Übermäßiger Alkoholkonsum kann ebenso einen Mangel hervorrufen, indem er die Ausscheidung von Magnesium fördert.

Wie viel Magnesium brauchen wir? Die gemeinsame Empfehlung der deutschen, österreichischen und Schweizer Ernährungsgesellschaften lautet für Frauen über 25 Jahren 300 Milligramm, für Männer 350 Milligramm. Nicht jeder, der diese Menge nicht erreicht, hat gleich einen Mangel. Eine Empfehlung ist so ausgelegt, dass fast alle ausreichend damit versorgt sind. Auch Sicherheitszuschläge durch Kochverluste, Mehrbedarf etc. sind in den Empfehlungen berücksichtigt.

Welche Lebensmittel enthalten Magnesium? Bananen, Nüsse, Vollkorngetreide und grüne Blattgemüse, so lauten meist die Empfehlungen, denn der grüne Pflanzenfarbstoff Chlorophyll enthält Magnesium. Auch viele Mineralwässer sind – buchstäblich – gute Quellen, nicht nur für Wasser, sondern auch für den Mineralstoff.

Nun enthalten 100 Gramm Banane etwa 30 Milligramm Magnesium. 100 Gramm dunkle Schokolade enthalten hingegen satte 300 Milligramm Magnesium, also das Zehnfache! Der Vergleich hinkt natürlich insofern, als eine mittelgroße Banane ohne Schale etwa 100 Gramm wiegt, während eine »Portion« Schokolade weniger als 100 Gramm ausmacht. Aber selbst eine Rippe dunkle Schokolade übertrifft die Banane immer noch bei Weitem! Und 100 Gramm Kohlgemüse erreichen nicht mal den halben Gehalt einer Banane.

Interessant ist, dass Magnesium immer wieder in Zusammenhang mit dem prämenstruellen Syndrom (PMS) genannt wird. Darunter versteht man Beschwerden psychischer und körperlicher Natur, die bei vielen der Frauen vor der Menstruation auftreten. Kopf-, Bauch- und Rückenschmerzen, Brustspannung, Völlegefühl, Wassereinlagerungen, Schlafstörungen, Müdigkeit und Stimmungsschwankungen können auftreten. Sind die Symptome besonders stark, spricht man von Premenstrual dysphoric disorder (PMDD). Auch Heißhungergefühle können auftreten.

200 bis 400 Milligramm Magnesium, was ja ungefähr im Bereich der Empfehlung liegt, haben eine positive Wirkung bei PMS. Wassereinlagerungen und Spannungsgefühle in der Brust scheinen weniger zu werden, das psychische Wohlbefinden wird aber nicht beeinflusst. Immerhin!

61. GRUND

Weil Kakao vor Karies schützt

Unsere Zähne bestehen vorwiegend aus einer knochenähnlichen Substanz, dem Dentin. Darüber liegt eine Schicht aus hartem Zahnschmelz. Karies entsteht, wenn Mineralstoffe in großem Stil aus dem Zahnschmelz herausgelöst werden. Damit Zahnkaries entstehen kann, müssen jedoch mehrere Parameter zusammenspielen. Wir brauchen dafür erstens Zahnbelag (Plaque) auf den Zähnen, zweitens Bakterien vom Typ Streptococcus mutans, drittens Zucker bzw. niedermolekulare Kohlenhydrate und viertens ein bisschen Zeit. Wenn wir Zucker essen, bilden die im Zahnbelag angesiedelten Streptokokken aus dem Zucker Säuren. Der pH-Wert sinkt, und die Säuren greifen den Zahn an, wenn sie genügend Zeit haben. Um den sinkenden pH-Wert auszugleichen, wird Kalziumphosphat aus dem Zahnschmelz, später auch aus Dentin herausgelöst. Das führt zur Demineralisierung der Zähne, zum Verlust von Zahnsubstanz, zu Karies. Die eigenen Gene und die Zahnstellung beeinflussen dabei, wie leicht Karies entsteht.

Nun führt aber nicht jeder Zuckerkonsum gleich zu Karies, denn der Speichel kann Säuren zu einem gewissen Grad neutralisieren. Wird Zucker nicht allein, sondern in Form einer Mahlzeit gegessen, ist die kariogene Wirkung deutlich kleiner. Außerdem spült der Speichel den Mund – und somit den Zucker aus dem Mund. Der individuelle unterschiedliche Speichelfluss und die Speichelzusammensetzung spielen daher eine bedeutende Rolle bei der Kariesentwicklung.

In einer kleinen Studie bekamen Teilnehmer verschiedene Produkte serviert. Vor dem Verzehr sowie in definierten Zeitintervallen danach wurden Speichelproben entnommen und gemessen, wie rasch der Zucker durch den Speichel aus dem Mund entfernt wurde. Bei Kakao waren 85 Prozent des Zuckers bereits innerhalb einer Minute eliminiert, bei klebrigen Süßwaren dauerte es deutlich länger.[42]

Da Zucker Substrat für die Bakterien ist, wurden irgendwann alle Süßwaren kollektiv beschuldigt, Karies zu erzeugen. Sippenhaft für Süßigkeiten! Jedoch stimmt das so nicht. Kakao enthält gleich drei Inhaltsstoffe, die vor Karies schützen: Polyphenole, Fluoride und Phosphate. Polyphenole hemmen das Wachstum der Streptokokken und schützen damit präventiv vor Karies. Phosphate neutralisieren die Säuren im Mund und fördern gemeinsam mit Fluor die Remineralisierung des Zahns.

Natürlich kann Schokolade Karies erzeugen, wenn sie Zucker enthält. Aber der Kakao arbeitet zumindest ein bisschen dagegen. So gesehen ist Schokolade für die Zähne deutlich besser, als es Bonbons sind. Es gibt aber auch zahnfreundliche Schokolade mit Zuckeralkoholen oder Isomaltulose.

Eine Analogie zu Honig drängt sich auf: Auch Honig wird oft nachgesagt, kariogen zu sein. Und auch das stimmt nicht, denn in gelöster Form – im Speichel, Getränk, Lebensmittel – wird Wasserstoffperoxid aus Honig frei, und dieses wirkt deutlich antibakteriell. Süßes ist somit nicht in eine Schublade zu schieben!

Weil Ärzte und Pflegepersonal Schokolade brauchen

»Brauchen« Ärzte und Pfleger an stressigen Tagen Schokolade? Wie viel essen sie davon? Dieser Frage ging eine sehr witzige wissenschaftliche Studie in England nach. Die Autoren der Studie[43] hatten beobachtet, dass regelmäßiger Konsum von Schokolade im Krankenhaus Normalität ist. Patienten und deren Familien bringen diese als Geschenk in die Klinik und steigern damit den Schokoladenverzehr der dort arbeitenden Ärzte und Pfleger. Das brachte die Wissenschaftler auf die Idee, die »Überlebenszeit« von Schokolade im Krankenhaus zu analysieren.

Sie stellten jeweils zwei Schachteln Schokolade von verschiedenen Herstellern in vier Krankenhausstationen auf. Die Schachteln wurden an deutlich sichtbaren und frequentierten Orten aufgestellt. Ein stiller Beobachter notierte unbemerkt jedes Mal, wenn ein Stück Schokolade entnommen wurde. Er hielt fest, von welcher der beiden Marken es stammte und wer die Schokolade aß (Ärzte, Krankenschwestern oder Stationsassistenten). Im Durchschnitt dauerte es zwölf Minuten, bis eine Schachtel geöffnet wurde. Assistenten und Krankenschwestern griffen stärker zu als Ärztinnen und Ärzte – allerdings gab es auch mehr von ihnen. Die durchschnittliche »Halbwertszeit« von Schokolade, also jene Zeit, bis die Hälfte gegessen war, dauerte 99 Minuten.

Eine befreundete Ärztin, der ich von dieser Studie erzählt habe, hat mir das bestätigt. Vor allem bei Nachtdiensten, an Wochenenden und Feiertagen scheint der Schokoladenkonsum im Krankenhaus rasant zu steigen. Schokogefüllte Adventskalender sind deutlich vor Weihnachten leer und Dankeschön-Schokoladen, die geheilte Patienten oder deren Angehörige bringen, im Nu aufgegessen.

Warum ist Schokolade im Krankenhaus so attraktiv? Liegt es am Stress – oder einfach nur daran, dass Schokolade sichtbar »herumliegt« und auf diese Weise Lust erzeugt? Vermutlich stimmt beides. Dass sichtbare Schokolade zu raschem Konsum führt, ist auch von anderen Berufsgruppen bekannt. Manche machen aber gezielte Umwege, um öfter an der Schokobox vorbeizukommen.

Nun ist es im Interesse von manchen Krankenhäusern, übermäßigen Konsum von Süßigkeiten einzudämmen. In einigen Kliniken ist es daher Praxis, dass Patienten und Angehörige explizit darauf hingewiesen werden, keine Süßigkeiten für das medizinische Personal zu bringen. Wer im Krankenhaus Schokolade möchte, ist aber ohnehin nicht auf Präsente angewiesen, sind doch Schokolade und andere Süßwaren meist am Kiosk vor Ort erhältlich. Schokoladenpudding, -mousse oder -kuchen gibt es außerdem auch im Krankenhausmenü. Essen und Trinken hält Leib und Seele zusammen – auch im Spital!

Umgekehrt kann vorkommen, dass Mediziner an Patienten oder Angehörige Schokolade verteilen. So in einer australischen Untersuchung.[44] Dort wollte man eine Befragung von Eltern durchführen, deren Kinder die Diagnose Autismus erhalten hatten. Die Eltern bekamen einen Fragebogen per Post zugestellt. Die Ärzte stellten sich die Frage, wie sie eine möglichst hohe Rücklaufquote seitens Eltern bekommen konnten. Schickten sie Schokofrösche mit dem Fragebogen mit, erhöhte das die unmittelbare Erfolgsrate. Nach mehrmaligem Erinnern aller noch ausständigen Befragten verschwand der positive Einfluss von Schokolade allerdings.

Weil viele Schokoladen laktosefrei sind

Milchzucker oder Laktose ist ein Zucker, der aus den zwei Bausteinen Glukose und Galaktose besteht. Er kommt auf natürliche Weise in Milch, aber auch in vielen anderen Produkten, die Milchpulver enthalten, vor. Wird Milchzucker mit der Nahrung aufgenommen, gelangt er in den Dünndarm. Dort spaltet normalerweise das Enzym Laktase den Milchzucker in seine Bestandteile, die infolge absorbiert werden können. Personen, die unter einer Milchzuckerunverträglichkeit leiden, haben aber keine oder zu wenig Laktase. Sie können den Milchzucker nicht spalten, er gelangt in den Dickdarm und wird dort von Darmbakterien verstoffwechselt. Blähungen oder Durchfall sind oft die Folge. Die schlechte Nachricht: Laktoseintolerante müssen daher auf manche Produkte verzichten.

Wie viel Laktose jemand verträgt, ist vom Ausmaß der Intoleranz abhängig. Sie folgt keinem Ja-Nein-Prinzip. Die gute Nachricht: Schokolade steht nicht auf der Verzichtsliste!

Dunkle Schokoladen, die keinen Milchanteil aufweisen, sind ohnehin immer verträglich. Es gibt jedoch mittlerweile auch spezielle weiße Schokoladen und Milchschokoladen, die für Laktoseintolerante gemacht werden. Diese enthalten maximal 0,1 Gramm Laktose pro 100 Gramm Schokolade. Zum Vergleich: 100 Gramm normale Milchschokolade enthalten etwa zehn Gramm Laktose.

Die Unverträglichkeit für Milchzucker ist kein neues Phänomen. Auch keines, das heute öfter vorkommt, sondern schlicht und ergreifend eines, das öfter diagnostiziert wird. Alle Säugetiere bilden nach Ende der Milchkost durch das Muttertier eine Intoleranz für Milchzucker aus. Der Mensch bildet dabei eine Ausnahme – heute. Es war für uns Menschen ein evolutionärer Vorteil, mit zunehmender Viehzucht Laktose zu vertragen, und somit setzte sich die Mutation durch.

Nur war der evolutionäre Druck nicht überall gleich groß. Wenn man Europa betrachtet, ortet man rasch ein Nord-Süd-Gefälle. Während nur drei bis acht Prozent der Skandinavier laktoseintolerant sind, ist es in Deutschland und Österreich etwa jeder Siebte, in Österreich jeder Fünfte, im Mittelmeerraum sind es 70 Prozent. In Afrika haben fast alle Menschen in Äquatornähe eine Laktoseunverträglichkeit. Das legt nahe, dass Laktosetoleranz und Sonnenschein miteinander zu tun haben.

Und das hat es auch in der Tat! Bei hoher Sonneneinstrahlung kann die Haut von selbst Vitamin D bilden. In kühleren Zonen mit weniger Sonnenschein und geringerer Hautexposition zur Sonne ist man hingegen auf Vitamin D angewiesen. Neben Fischleber, Eiern und Pilzen ist eine Quelle die Milch. Ausnahmen gibt es für jede Regel. Nomaden wie die Tuareg oder Massai sind Milchtrinker und kennen keine Laktoseintoleranz. Sie hatten keine anderen Nahrungsquellen und waren auf Milch angewiesen – trotz Sonne.

Müssen laktoseintolerante Menschen auf Schokoladenkuchen verzichten? Wer ihn selber bäckt, nicht! Denn dann kann neben laktosefreier Schokolade auch laktosefreie Milch verwendet werden. Selbiges gilt für Milchkakao und Schokoeis. Laktosefreie Milch schmeckt übrigens süß, denn sie enthält bereits die Spaltprodukte des Milchzuckers. Und während Milchzucker nur schwach süß ist, schmecken Glukose und Galaktose deutlich süß. Dem Kuchen tut das keinen Abbruch!

64. GRUND

Weil Schokolade alle fünf Elemente enthält

Die traditionelle chinesische Medizin (TCM) und ihre 5-Elemente-Ernährung sind mittlerweile auch in Europa weit verbreitet. Sie ist wahrscheinlich bekannter als die traditionelle europäische Heilkunde (TEH) mit ihrer 4-Elemente-Lehre. Was unterscheidet die traditionelle chinesische Medizin von der westlichen Medizin? Vor allem ist es die zugrunde liegende Philosophie, die sich nicht auf Krankheit und Gesundheit alleine beschränkt, sondern auf das ganze Leben bezieht. Es geht um den Zustand des Gleichgewichtes, der Harmonie.

Die fünf Elemente der chinesischen Medizin sind Holz, Feuer, Erde, Metall und Wasser, wobei die Elemente nicht als Substanzen, sondern als Wandlungsphase zu verstehen sind. Jedes Element entspricht einem Organ. Dem Holzelement ist die Leber zugeordnet, dem Feuer das Herz, dem Erdelement die Milz, dem Metall die Lunge und Wasser und Niere entsprechen einander ebenso. Die Elemente nähren (unterstützen) und kontrollieren (begrenzen) sich gegenseitig, stehen also miteinander in Beziehung. Holz nährt Feuer, Feuer nährt Erde, Erde nährt Metall, Metall das Wasser und Wasser wiederum das Holzelement. Der Kreislauf schließt sich. Holz kontrolliert Erde, Feuer kontrolliert Metall, Erde das Wasser. Metall kontrolliert Holz, Wasser das Feuer.

Der Idealzustand ist ein ausgewogenes System, ein Harmoniezustand im Körper. Ist dieser gestört, kann mit verschiedenen Mitteln, darunter mit entsprechenden Nahrungsmitteln, nachgeholfen werden. Beim Kochen soll man nach Lehrmeinung der TCM alle Elemente berücksichtigen. Neben den Elementen betrachten die Chinesen auch Yin und Yang, Kalt und Heiß. Menschen, die leicht frieren, sind im Yin-Zustand und brauchen Yang-betontes Essen. Umgekehrt profitieren hitzige Typen eher von kühlenden Yin-Speisen.

Welche Elemente kommen in Schokolade vor? Gesamt wird Schokolade als süß, dem Erdelement entsprechend und warm eingestuft, Bitterschokolade als feurig, bitter und warm. Je nach gewählter Schokoladensorte sind aber mehrere, vielleicht sogar alle Elemente enthalten. Kakao und Mandeln entsprechen dem Element Feuer, der Geschmacksrichtung bitter und sind warm.

Raffinierter Zucker entspricht dem Erdelement, schmeckt süß und ist kalt. Ebenso der Erde entsprechend und damit süß, allerdings warm ist Vanille, die in fast allen Schokoladen vorkommt, sowie Marzipan. Wer Milchschokolade isst, nährt mit der Milch das süße Erdelement, wobei Milch kühl wirkt. Die Haselnuss gehört zum Holzelement, welches dem sauren Geschmack entspricht. Thermisch wirkt sie warm. Dem Metallelement entsprechen einerseits zahlreiche Gewürze wie Chili, Ingwer, Zimt, Piment, Kardamom, die teils heiß, teils warm wirken und somit yangisieren. Auch Erdnüsse oder Pfefferminze, die vor allem bei den Briten in Schokolade beliebt ist, zählen zum Metallelement, wobei Erdnüsse warm sind und Pfefferminze kalt wirkt. Die hinterlässt ohnehin ein kühlendes Gefühl im Rachen. Schnäpse mit Alkoholgehalten unter 32 Prozent werden gleich drei Elementen zugeordnet: dem Wasser mit dem Geschmackseindruck salzig, Holz und sauer, oder Metall und scharf. Heiß wirken sie in jedem Fall.[45]

Die TCM ist auch im kulturellen Kontext zu sehen. Manche Empfehlung, die in China sinnvoll ist, ist vielleicht nicht ein zu eins auf Mitteleuropa übertragbar. Strenges Befolgen der 5-Elemente-Ernährung ist zudem aufwendig und bei Einladungen oder Restaurantbesuchen kompliziert. Die Grundidee, Lebensmittel aus allen Elementen zu kombinieren, ist aber in jedem Fall gut.

65. GRUND

Weil Genießen nachweislich gesund ist

Genießen ohne schlechtes Gewissen ist gesund. Genießer sind zufriedener, glücklicher und entspannter. Genießen hat selbstverständlich viele Dimensionen: Da gehören neben körperlichen Genüssen auch mentale und soziale Genüsse dazu. Freunde treffen, gute Gespräche führen, Zeit haben für Kultur, Sport, zum Lesen und zum Nichtstun, das alles gehört genauso zum Genuss wie das Essen. Und dann wäre da noch die Sinnfrage des Lebens. Der österreichische Kabarettist Josef Hader umreißt mit drei berühmten Fragen die wichtigsten der Menschheit: »Woher kommen wir? Wohin gehen wir? Und was gibt's zum Mittagessen?«

Warum ist Genießen so ein Thema geworden? Weil es nicht selbstverständlich ist. Weil viele es verlernt oder gar nie gelernt haben. Weil Genuss etwas Zwangloses ist. Weil Genießen oft missverstanden wird. Und so gibt es heute Genusstrainings nicht nur für kulinarisch affine Menschen, sondern auch zu Therapiezwecken. Da geht es darum, sich selbst und die Umwelt mit allen Sinnen wahrzunehmen, Genuss zuzulassen und mit genussvollen Dingen richtig umzugehen. Denn genießen hat etwas Maßvolles, nichts Inflationäres.

Es ist interessant, dass gerade Schokolade bei Genusstrainings immer wieder zum Einsatz kommt. Eine verbreitete Übung ist, ein mundgroßes Schokoladenstück zu nehmen und dieses mit allen Sinnen zu genießen. Will heißen: Zuerst das Stück ansehen. Dann fühlen, wie es sich anfasst. Dann daran riechen. Und erst dann in den Mund nehmen. Das Stück soll nicht zerbissen werden, sondern langsam auf der Zunge zergehen. Dabei wird es gelegentlich mit der Zunge im Mund verschoben: mal nach rechts, mal nach links, mal auf die Zungenspitze, mal nach hinten. Wenn noch was übrig ist, soll es auch mal am Gaumen kleben. Wonach schmeckt die Schokolade? Wie fühlt sie sich im Mund an? Wie rasch schmilzt sie? Am besten macht man derartige Übungen bei geschlossenen Augen. Das verhindert Ablenkung – vor Ihrem geistigen Auge kommen ohnehin genug Bilder daher! Und der Fokus liegt einzig und allein bei sich selbst und der Schokolade.

Für eine andere Übung, die ich selbst gerne in Workshops mache, benötigt man Schokolade in Form von Zahlen oder Buchstaben. Man erhält diese in Tortendekorgeschäften. Jede Person bekommt einen Buchstaben auf einem Löffel serviert – bei geschlossenen

Augen. Man steckt den Löffel in den Mund und versucht nun, den Buchstaben oder die Zahl zu erkennen, also mithilfe der Zunge, des Gaumens und der Zähne abzutasten. Das dauert manchmal, und so hat man vom Genuss eines kleinen Stückes Schokolade eine ganze Weile etwas.

Eine dritte Variante – mit offenen Augen – ist es, ein paar Schokoladen im Vergleich zu verkosten und aufzuschreiben, wie sie riechen, schmecken, sich in der Hand und im Mund anfühlen. Nicht, dass diese Notizen schriftstellerischen Wert besitzen, aber man konzentriert sich einfach mehr, wenn man Eindrücke beim Namen nennen soll, als wenn man einfach nur kostet. Und wer aufmerksamer ist, riecht und schmeckt mehr. Auch das hat die Wissenschaft erkannt. Wissenschaft und Genuss sind kein Widerspruch.

Kapitel 6

SCHOKOLADE UND KULTUR

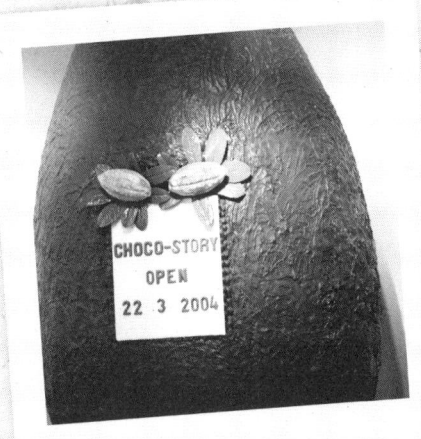

Weil man mit Schokolade
sein historisches Wissen aufbessern kann

Kakao ist der Menschheit bereits seit Jahrtausenden bekannt. Die Olmeken waren 1300 v. Chr. die Ersten, die Kakaobäume in den Regenwäldern am Golf von Mexiko kultivierten und auch das erste Kakaogetränk zubereiteten. Nach deren Untergang griffen die Mayas (200 v. Chr.–800 n. Chr.) Kakao auf, im Glauben, der Kakaobaum sei ein Geschenk der Götter. Sie stachen mit Kaktusdornen ihre Zungen oder Ohrläppchen an und mischten etwas vom eigenen Blut mit Kakao, um dies den Göttern in einer Zeremonie als Opfer darzubringen. Das Kakaogetränk der Mayas enthielt neben Wasser auch Maismehl und Gewürze, vor allem Chili, das Getränk war damals noch ungesüßt. Auf die Mayas folgten die Tolteken (ca. 800 n. Chr.) und die Azteken (14.–16. Jh.), die Kakao entsprechend hoch hielten. Wie die Mayas, mochten auch die Azteken den Drink, besonders, wenn er geschäumt war.

Es war nicht Kolumbus, der Kakao nach Europa brachte. Kolumbus nahm Kakao zwar zur Kenntnis, war aber nicht besonders beeindruckt davon. Und so brachte der Spanier Hernán Cortéz Kakao im 16. Jahrhundert im großen Stil nach Europa. Cortéz hatte beobachtet, dass das gehaltvolle und anregende Getränk seine Soldaten den ganzen Tag über fit hielt. Was passierte dann in Europa mit Kakao?

Er wurde zuerst einmal ausschließlich von den Spaniern getrunken, die das Geheimnis auch eine Zeit lang erfolgreich hüteten. Sie importierten die Kolonialware Kakao anfangs in verarbeiteter Form nach Europa. 1580 wurde dann die erste Kakao verarbeitende Fabrik auf spanischem Boden errichtet. Anfangs galt Kakao als Arznei. Die Spanier konsumierten das Getränk in eingedickter Form, mit Maismehl oder gar Eiern versetzt, und fügten auch Zucker hinzu.

Das war der endgültige Durchbruch des flüssigen Goldes, das lang ungesüßt getrunken worden war. Auch heute wird heiße Schokolade in Spanien sehr dick und sehr süß getrunken. Im 16. Jahrhundert war Schokolade auch bei den Holländern bekannt, die damals gemeinsam mit dem heutigen Belgien und Luxemburg als »Spanische Niederlande« zu Spanien gehörten.

Anfang des 17. Jahrhunderts gelangte Kakao nach Frankreich. »Schuld« daran war Anne von Österreich (1601–1666), die Tochter des spanischen Königs Philip III. und von Margarete von Österreich aus dem Hause Habsburg. Anne heiratete den französischen König Ludwig XIII. Sie nahm ein Dienstmädchen mit nach Frankreich, das es gut verstand, das geliebte Getränk zuzubereiten. Und so penetrierte das Kakaogetränk langsam, aber sicher die Königshäuser Europas. Nach Italien dürfte Kakao ebenfalls im 17. Jahrhundert gelangt sein, man trank es dort auch mit Vanille und mit Zucker, aber nicht so dick wie in Spanien. In England öffneten Mitte des 17. Jahrhunderts die ersten »chocolate houses«, in denen Kakao getrunken wurde. Im selben Jahrhundert kam Kakao auch in den deutschsprachigen Raum. Etwas später als nach Deutschland und in die Schweiz kam Kakao im 18. Jahrhundert auch nach Österreich. Besonders interessant ist aber der Weg des Kakaos in die USA. Er erfolgte nicht auf direktem Weg von Mexiko gen Norden, sondern über europäische Umwege im 18. Jahrhundert. Vermutlich waren es die Briten, die Schokolade damals in die USA brachten.

Im 19. Jahrhundert war Kakao in ganz Europa verbreitet. Und immer noch wurde Kakao ausschließlich als Getränk konsumiert. Das sollte sich erst mit einschneidenden Erfindungen ändern. 1828 entwickelte der Holländer Casper Van Houten eine Kakaopresse, mithilfe derer es gelang, die Kakaobutter von der Kakaomasse abzutrennen. So konnte der Fettanteil der Kakaomasse reduziert werden. 1835 wurde in Belgien eine Dampfmaschine erfunden, die es erlaubte, größere Mengen Kakaobohnen zu mahlen. Die erste feste, essbare Schokolade gab es Mitte des 19. Jahrhunderts in England, und 1876 kam die erste Milchschokolade auf den Schweizer Markt. Die Conche, ein muschelförmiges Gerät, welches die Schokoladenmasse tagelang sanft rührt, wurde 1880 vom Schweizer Rodolphe Lindt erfunden. Durch diese Erfindung wurde Schokolade aromatischer, weniger bitter, und die Textur wurde durch das Bewegen der Masse glatter. Die erste Praline wurde erst 1912 vom Belgier Jean Neuhaus erfunden, die erste gefüllte Schokoladentafel folgte 1913 seitens der Firma Lindt.

67. GRUND

Weil Schokolade vor der Oper nicht haltmacht

Schokolade dient nicht nur der Besinnung, sondern auch der Besingung! Sie kommt in zahlreichen klassischen Opern und Operetten vor. Schokolade wird in der Oper immer als Delikatesse eingesetzt. Etwa, wenn der Adel zu einem Souper lädt. Sie dient als Aufhänger, wenn die Maßlosigkeit eines Charakters dargestellt werden soll oder wenn Verführungskünste ausgepackt werden. In der Zweiklassengesellschaft ist sie freilich der besseren Schicht vorbehalten. Damit werden der Wert der Schokolade, der gute Geschmack sowie die aphrodisierende Wirkung angesprochen.

In der Mozart-Oper *Così fan tutte* bereitet die Kammerzofe Despina das Frühstück für ihre Herrinnen vor, rührt Trinkschokolade und riecht deren Duft. Da kann sie nicht widerstehen, sie möchte die Schokolade, die nicht für sie gedacht ist, nicht nur betrachten. Letztlich kostet sie davon, als ihre Herrinnen plötzlich erscheinen. Schokolade oder Kakao wird in dieser Szene als Requisite eingesetzt, die Szene dreht sich nur um sie.

Anders in der heiteren Mozart-Oper *Don Giovanni*: Hier wird Schokolade zwar genannt, aber nur als eines von mehreren Genussmitteln. Don Giovanni befiehlt seinem Diener Leporello, er solle »aufs Beste für Schokolade, Kaffee, Wein und für Speisen« sorgen. Schokolade ist dabei allerdings nur ein Ausdruck der Maßlosigkeit des Don Giovanni. Dieser feiert ausgelassen, isst ausgelassen und ist ein ausgeprägter Schürzenjäger.

Auch bei Richard Strauss kommt Schokolade häufig vor. Nicht nur hat er einen *Tanz der kleinen Pralinees* komponiert, auch in seinen Opern nimmt Schokolade Platz ein. Im *Rosenkavalier* wird Schokolade von der Gräfin getrunken, aber nicht weiter thematisiert. In *Capriccio* wird Schokolade ebenso von einer Gräfin getrunken, aber die Schokolade wird auch besungen. »Eine Tasse Schokolade wird uns erquicken«, so der Theaterdirektor zur Gräfin. Schokolade ist das Synonym für adeligen Müßiggang im 18. Jahrhundert, in dem die Oper spielt.

In der Operette *Fledermaus* von Johann Strauß ist Schokolade nur eines von vielen Genussmitteln. Diener bieten beim Souper Gefrorenes, Limonade, Konfitüren, Schokolade, Tee und Kaffee an.

Zentral ist Schokolade hingegen in einer Operette von Oscar Straus. Die Operette heißt *Der tapfere Soldat*, trägt aber den zweiten und passenden Titel *Der Pralinésoldat*. Sie spielt in einer bulgarischen Kleinstadt während des Serbisch-Bulgarischen Krieges und beginnt in einem Schlafzimmer. Nadina, deren Verlobter ebenso wie ihr Vater in den Krieg gegen die Serben gezogen ist, ist gerade dabei, ins Bett zu gehen, als ein uniformierter Fremder in ihr Zimmer steigt. Der Mann, der sich als Schweizer Geschäftsmann Bumerli ausgibt und behauptet, durch einen Zwischenfall in eine serbische Uniform geraten zu sein, gefällt Nadina, und sie versteckt ihn. Gegen seinen Hunger bietet sie ihm, wie der Operettenname verrät, eine Schachtel Pralinen an.

Letztlich wurde heiße Schokolade in der Oper auch zur Streitschlichtung zwischen den Charakteren eingesetzt. Und zwar in Marc-Antoine Charpentiers Minioper *Les Plaisirs de Versailles*: Die personifizierte »Musik« will singen, die »Konversation« in Person möchte reden. Die »Freude«, das »Spiel« und der Gott Cimus kommen dazu und versuchen, den Streit der beiden zu glätten. Womit? Mithilfe heißer Schokolade!

Wenn so viele Opern Schokolade enthalten, darf es umgekehrt nicht verwundern, dass zahlreiche Schokoladenprodukte in memoriam nach Komponisten oder Opernstücke getauft wurden! Wie gerne die Komponisten selbst Schokolade aßen, sei zwar dahingestellt, aber zumindest einigen Librettisten, den Textautoren der Opern, dürfte sie zugesagt haben.

Am bekanntesten ist wohl die Mozartkugel, eine mit Marzipan und Nugat gefüllte Schokokugel. Sie wurde bereits 1890 von einem Konditor namens Paul Fürst erfunden und wird auch heute noch von dessen Urenkel in Mozarts Heimatstadt Salzburg hergestellt. Und zwar handwerklich! Der Großteil der erhältlichen Mozartkugeln wird heute industriell produziert, von verschiedenen Firmen. Auch ist es nicht bei Kugeln geblieben, sind doch auch Taler, Würfel und Tafeln an Wolfgang Amadeus Mozart angelehnt. Der Markt ist groß – nicht nur für Touristen.

Auch Johann Sebastian Bach wird in Form von Trüffelwürfeln und Bachpfeiffen aus Schokolade kulinarisch gewürdigt – wohl in Anlehnung an sein Lied *So oft ich meine Tobackspfeife*. Richard-Strauss-Schokoladen werden ebenfalls verkauft, wenn auch in deutlich geringerem Umfang als Mozartkugeln.

Richard Wagner wurde nicht als Person, sondern in Form seiner Oper *Lohengrin* schokoladig verewigt. Und zwar in Norwegen, wo der Schokoriegel Lohengrin 1911 bei der Aufführung der Oper exklusiv im Opernhaus verkauft wurde. Auch wenn die Herstellerfirma des Riegels – Freia – seit mehr als 20 Jahren einem internationalen Konzern angehört, ist der Riegel nur in Norwegen erhältlich und wurde 2009 vom norwegischen Kulturschutzverband zum nationalen Kulturgut Norwegens erklärt. Gar nicht auf Komponisten, dafür auch Opernhäuser zugeschnitten ist zudem die »Operntorte« – eine Schichttorte aus Mandelteig, der mit Kaffeesirup beträufelt wird, Butter- und Schokoladencreme, die meist mit Schokoladenglasur überzogen ist.

Nun ist Schokolade nicht das einzige Genussmittel, das in Opernstücken Einzug gehalten hat. Sekt und Champagner kommen in vielen Operetten, aber auch in traditionellen Opern vor. Immer wenn es etwas zu feiern gibt, wenn ein Ball stattfindet, wenn der Walzer erklingt, wird im Operettenstück geprostet. Ist es quasi ein Relikt aus früheren Zeiten, dass heute im Theater in der Pause Sekt getrunken und süße Petit Fours goutiert werden?

Weil Schokolade auch in der Unterhaltungsmusik den Ton trifft

Auch aus der Unterhaltungsmusik ist Schokolade nicht wegzudenken! Ob Schlager, Funk, Rock, Pop, Latin oder elektronische Musik, immer wieder wird Schokolade aufgegriffen – wobei sie mal als Objekt der Begierde, mal als Bandname, mal als Coverzierde dient. Schokolade kann in Liedertexten vorkommen. Und wenn's nicht Schokolade selbst ist, so wird zumindest das Süße oft besungen.

Selbst die 1960 gegründeten Beatles gäbe es ohne Schokolade vielleicht gar nicht. Denn die Formierung der Beatles geht – so sagt die Geschichte – auf einen Schokoriegel zurück, den John Lennon mit Paul McCartney brüderlich teilte. Er gab ihm die Hälfte seines Schokoriegels. Nicht ein Stück, sondern die Hälfte – der Anfang einer gemeinsamen Karriere! Damit war's aber noch nicht vorbei mit der Schokolade. Das 1968 vertonte Beatles-Lied *Savoy Truffle* schrieb Gitarrist George Harrison für seinen Musikerfreund Eric Clapton, der ein ausgeprägter Schokoliebhaber sein soll. Wer hätte das gedacht?

Schokolade wurde bereits 1960 auch in deutscher Sprache besungen, allerdings in anderer Konnotation: *Ich will keine Schokolade (Ich will lieber einen Mann)* lautete der Liedertitel der Schlagersängerin und Schauspielerin Trude Herr damals. Das Lied handelt von einer kürzlich stattgefundenen Geburtstagsfeier, wo Verwandte zwar Blumen und Berge an Schokolade brachten, ihr ein küssender Mann aber lieber gewesen wäre.

Einige Jahre später begannen Bands mit schokoladiger Namensgebung. Die britische Funkband Hot Chocolate, die vor allem für das Lied *You Sexy Thing* bekannt ist, war von 1970 bis 1984 aktiv. Die Band Chocolate aus Uruguay spielte lateinamerikanische Cumbia-Musik von 1995 bis 2002. Death By Chocolate ist eine aktuelle fünfköpfige Schweizer Band. Warum Schokolade? Nun, ich kann nur spekulieren. Gerade wenn mehrere Bandmitglieder sich auf einen Namen einigen sollen, wird's vermutlich schwierig. Denn der gemeinsame Nenner darf nicht nur akzeptabel sein, er muss stimmig sein! Alle Bandmitglieder müssen sich darin wiederfinden. Dass Schokolade ein gemeinsamer Nenner einer kleinen Gruppe ist, ist vorstellbar. Und alle Hörer, die ein Lied zum ersten Mal hören, merken sich die Band sofort.

Der britische Sänger Elvis Costello nannte 1986 sein elftes Album *Blood & Chocolate*. *Chocolate Elvis* hieß die erste Tosca-Single 1994, einem elektronischen Musikprojekt von Richard Dorfmeister und Rupert Huber. Passend für das Lied ist auf dem Plattencover ein Schoko-Elvis abgebildet.

Wer jetzt immer noch glaubt, Schokolade habe keine Daseinsberechtigung, ist wohl nicht nur ein ausgeprägter Asket, sondern auch kein großer Musikfreund. Wer Schokolade und Musik liebt, hat hingegen doppelten Genuss!

Weil es Bonbonball, Zuckerbäckerball & Co gibt

Wien ist die Stadt der Tanzbälle schlechthin. Die Ballsaison ist vor allem im Januar und Februar bis zum Faschingsdienstag, in dieser Zeitspanne finden in Wien über 400 verschiedene Bälle statt. Der Ablauf einer solchen Tanzveranstaltung ist immer ähnlich: Es gibt eine Eröffnung, es wird getanzt, gegessen und getrunken, und eine Mitternachtseinlage steht ebenso auf dem Programm. Schokolade kann beim Ball als »Damenspende« dienen, das ist ein kleines Präsent an die Dame beim Eingang.

Unterschiedliche Berufsgruppen, zahlreiche Schulen, Universitäten und Vereine veranstalten jeweils eigene Bälle. So gibt es auch einen Ball der Zuckerbäcker und einen Bonbonball der süßen Industrie. Das Ambiente ist entsprechend: Der Zuckerbäckerball findet in der Wiener Hofburg statt, der Bonbonball im Wiener Konzerthaus.

In den Tagen oder Wochen zwischen Neujahr und Ballabend hat Schokolade bei vielen Ballbesuchern allerdings erst einmal nichts zu suchen. Ich kann mich erinnern, dass Freundinnen und Bekannte regelmäßig vor dem Ball krampfhaft versuchten, doch wieder in ihr Ballkleid zu passen. Am süßen Ballabend selbst wurde Schokolade dann wieder gefrönt. Der Energieverbrauch beim Tanzen ist ohnehin enorm. In einer Stunde verbrennt man beim Gesellschaftstanz abhängig vom eigenen Körpergewicht etwa 300 bis 500 Kilokalorien! Bei mehreren Tanzstunden muss man diese verlorene Energie auch in irgendeiner Weise zuführen.

Ein Kakaogetränk mit Rum und Schlagsahnehäubchen ist ein Klassiker auf Bällen. Die heiße Version des Getränks soll in Nordfriesland »Tote Tante« heißen. Eine Legende dazu lautet, dass einmal eine wirklich verstorbene Tante via Schiff in einer Kakaokiste von Amerika in ihre Heimat transportiert wurde. Das Kakaogetränk erinnerte fortan an die Tante. Man kann Schokoladen(kuchen) am Ballabend aber auch essen. Bei Themenbällen richtet sich auch das kulinarische Angebot nach dem Thema.

Bälle haben meistens Tombolas, das kleine Glücksspiel im großen Ballvergnügen. Auch wenn der Ball nichts mit Kulinarik zu tun hat, sind Süßigkeiten immer wieder Gewinne. Beim Zuckerbäckerball gibt es gar 3.000 Tortengewinne und eine Prämierung von Torten, die zum Ballthema hergestellt werden.

Woher kommt das Wort »Ball«? Von der kugelrunden Praline leitet er sich nicht ab, er stammt aus dem Französischen, wo das Wort »*baller*« tanzen bedeutete. Der Wiener Walzer, ein Paartanz im Dreivierteltakt, leitet sich zwar nicht vom Walzen der Schokomasse ab, das Wort »Walzer« stammt aber sehr wohl von »walzen«, also »drehen«, ab.

70. GRUND

Weil man ganze Museen damit füllen kann

Kulinarische Museen liegen im Trend, man will heute wieder mehr übers Essen wissen. Allein in Deutschland gibt es zahlreiche Vertreter von Lebensmittelmuseen: ein Deutsches Kochbuchmuseum in Dortmund, das 1. Deutsche Bratwurstmuseum in Holzhausen, ein Suppenmuseum in Neudorf, das Ulmer Brotmuseum, zahlreiche Wein-, Jagd- und Fischereimuseen, ein deutsches Käsemuseum und ein historisches Käsemuseum, ein ostfriesisches Teemuseum sowie ein Kaffeemuseum in Minden, ja selbst Kaffeekannenmuseen gibt es mehrere! Man kann sich in Museen über Spargel, Kartoffeln, Bier, Bananen und sogar Meerrettich informieren. Wen wundert's, dass es auch ein Schokoladenmuseum in Köln gibt? Auch in Österreich gibt es etliche Lebensmittelmuseen, vor allem aber viele Schaubetriebe von Herstellern, in denen man sich über die Produktion von Pasta, Bier, Käse, Essig, Öl, Wasser, Honig, Zucker oder eben Schokolade informieren kann.[46]

Schokolade ist – als ein Produkt mit Geschichte und mit Tradition – prädestiniert für eine Ausstellung. Sie hat einen hohen Stellenwert in verschiedenen Ländern und Kulturen. Der Besuch von Schokoladenmuseen ist daher auch im Urlaub ein guter Tipp. Als ich in Paris ins Schokoladenmuseum ging, verließ ich das Museum nach zwei Stunden gut gelaunt. Anhand von Playmobil-Figuren wurden zahlreiche Szenen gezeigt, von der Geschichte des Kakaos, bis zu Anbau, Ernte und Verarbeitung. So kann man auch Kindern ein Produkt näherbringen. Und vielleicht auch das Museum als Kulturinstitution. Eingelegte Präparate zeigten die unterschiedlichen Kakaosorten. Man konnte sich lesend informieren und Filme ansehen. Man sah altes Werkzeug, womit Kakao früher verarbeitet wurde. Die Geschichte des Kakaos habe ich noch nie so ausführlich dargestellt gefunden wie in Paris. Und zum Abschluss gab es Trinkschokolade, denn nur »Trockentraining« wäre etwas wenig.

In Brügge gibt es ein Schokomuseum, das sehr ähnlich aufgebaut ist wie jenes in Paris. Am Schluss bekommt man in Brügge aber wahre Kunstwerke zu sehen: Handtaschen aus Schokolade geformt, ganze Statuen, eine kunstvoller als die andere. Das Kölner Schokoladenmuseum setzt sich eingehend mit der Kultur- und Industriegeschichte der Schokolade auseinander. In Österreich kann man Schokolade in Form von Schaubetrieben bei unterschiedlichen Herstellern besichtigen, etwa in Wien im Schokoladenmuseum der Firma Heindl, in der Steiermark in der Schokoladenmanufaktur Felber oder im Schokoladentheater des kreativen Herstellers Zotter. Er hat selbst einen Schokoladenfriedhof etabliert: Auf Grabsteinen kann man sich über vergangene Sorten informieren und diesen gegebenenfalls nachtrauern.

Das Kulturgut Schokolade harmoniert also hervorragend mit der Kulturinstitution Museum. Unterschiedliche Länder oder Regionen können die Geschichte der Schokolade wunderbar mit dem Stellenwert der Süßware im jeweiligen Land ergänzen. So ist es auch spannend, mehrere Schokomuseen an verschiedenen Orten zu besuchen. Zum Kosten gibt es immer was – auch die Liebe zum Museum kann durch den Magen gehen!

Weil Schokolade in der Kunstfotografie und der Malerei besticht

Es gibt einen wesentlichen Unterschied zwischen dem Setting Bild und dem Setting Foto. Ein Maler, der Schokolade als Stillleben festhält oder gar mit Schokolade malt, kann das Bild für sich stehen lassen und den Kontext ignorieren. Hingegen weiß man bei den meisten Kunstfotografien sehr wohl, in welchem Zusammenhang das Bild aufgenommen wurde. Was wollte der Fotograf zeigen? War er auf Reisen? Geht es um das Festhalten von Alltagsszenen oder um kunstvoll inszenierte Objekte? Ist Schokolade zentral, oder kommt sie eher zufällig vor? Hat der Fotograf die abgelichtete Schokolade selbst gegessen?

Martin Parr, ein britischer Fotograf, der sich auf ungeschönte Alltagsfotografie spezialisiert hat und somit Menschen und Szenen in der aktuellen Zeit dokumentiert, deklariert sich auf seiner Webseite als »self-confessed foodie«. Als solcher war er 2010 im damals noch geöffneten Lokal El Bulli des spanischen Spitzenkoches Ferran Adria. Die Bilder dessen, was er gegessen hat, zeigt er auf der Webseite – darunter eine Pralinenbox.[47]

Vom amerikanischen Fotografen Stephen Shore gibt es in der Bildkategorie *American Surfaces*, also amerikanische Oberflächen, ein Foto, auf dem schmutzige Teller, eine fast ausgetrunkene Kaffeetasse, ein gebrauchtes Glas, ein halb gegessenes Schokoladentortenstück und einige Dollarnoten zu sehen sind.[48] Nicht gerade appetitlich, aber viele Bände sprechend.

Zwischen Foto und Bild stehen die Werke des Brasilianers VikMuniz. Er rekonstruierte im Zuge seiner Serie *Pictures of Chocolate* bekannte Fotografien mithilfe von Schokolade. Unter anderem kann man den Psychoanalytiker Sigmund Freud als Schokobild bewundern. Schokolade ist jedoch nicht das einzige Medium des Künstlers, gibt es doch auch Bilder aus Erdnussbutter oder gar aus Abfall (*Pictures of Junk*).[49]

Das Bild *Tisch, 1968* vom deutschen Eat-Art-Künstler Dieter Roth (1930–1998) besteht aus Schokolade und Bonbons im Kakao-Passepartout. Das war nicht das einzige Kunstwerk Roths aus organischem Material. Vielmehr fing der Künstler in seinen Werken den Zerfall ein oder zerstörte Dinge.

Kunstwerke betrachten, das tut etwas mit uns. Aber auch (nicht fotografierte und nicht gemalte) Speisen sind es wert, genau betrachtet zu werden. Im Grunde entspricht der Aufbau unserer Augen einer Kamera, mit der Linse, der Regenbogenhaut als Blende um die Pupille und der Netzhaut als Bildträger. Wenn wir Speisen auf einem Teller betrachten, fotografiert unser Auge sozusagen das Gesehene. »Ein Tellerrand ist auch ein Bilderrahmen« (Peter Kubelka).[50]

Weil Schokolade im Zeichentrickfilm wirkungsvoll eingesetzt wird

Bei *Tom und Jerry*, der bekannten Katz-und-Maus-Zeichentrickserie, endet jede Fernsehfolge mit einem Nachspann, in dem das Lied *Vielen Dank für die Blumen* von Udo Jürgens gespielt wird. Dabei klatscht Kater Tom die Maus Jerry mit einer braunen Torte an die Wand. Man assoziiert die Torte mit einer Schokoladentorte, auch wenn das nie explizit erwähnt ist. Vor allem, wo Mäuse doch Käse lieben. Für alle, die die Serie nicht kennen: Tom versucht in jeder Folge, die Maus Jerry zu fangen, diese entkommt aber meist. Die beiden versuchen ständig, sich gegenseitig eins auszuwischen, und zwar ohne Rücksicht auf Verluste. Kinder lieben das Duo. Wen wundert es, wenn auch Geburtstagstorten mit *Tom und Jerry*-Motiven gemacht werden?

Jünger, aber dennoch erwachsen: *Die Simpsons*, eine amerikanische Zeichentrickserie, die es seit 1989 gibt. Die fünfköpfige Chaosfamilie Simpsons lebt in einer Stadt namens Springfield. Vater Homer ist der Antiheld schlechthin, ein Loser wie er im Bilderbuche steht. Der wohlbeleibte Mann denkt, wenn er überhaupt denkt, ans Essen. Mutter Marge zweifelt öfter an den Vorschlägen und Aktionen ihres Mannes, setzt sich aber nicht durch. Sohn Bart ist ein aufgeweckter Bursche, der immer mit seinem Skateboard unterwegs und für jeden Streich zu haben ist. Tochter Lisa ist mit Abstand die Intellektuellste und die einzig Musikalische in der Familie. Baby Maggie nuckelt permanent an ihrem Schnuller. Der Erfolg der Serie beruht darauf, dass sie auf realpolitische und gesellschaftliche Gegebenheiten anspielt. Das verlieh dem Zeichentrick jahrzehntelang ein Alleinstellungsmerkmal, war aber immer wieder Anlass für Kontroversen.

Es ist nicht überraschend, dass es ein Videospiel namens *The Land of Chocolate*[51] mit Homer als Hauptakteur gibt. Deutsche Geschäftsmänner kaufen das Atomkraftwerk von Springfield, in dem Homer als Sicherheitsinspektor arbeitet. Sie erzählen, aus dem »Schokoladenland« Deutschland zu kommen, und schon geht Homers Fantasie mit ihm durch. Er stellt sich das Schokoland detailliert vor, in dem Häuser, Wege, Flüsse und Tiere aus Schokolade bestehen. Er sieht Lebkuchenhäuser und Schokoseen, er kann an Straßenlaternen nagen, Schokoladenhasen jagen und Wegweiser zeigen ihm den Weg ins »Fudgeland«. Ein Schokoladenschlaraffenland! Dieser Traum soll Homer allerdings den Job kosten. Denn die neuen Besitzer des Atomkraftwerks haben Zweifel an der Sicherheit und befragen Homer, welche Sicherheitspläne er für die Zukunft hat. In seinen Träumen gefangen, antwortet Homer entsprechend unpassend.

Auch die Simpsons sind beliebte Tortenverzierungen. Blogs zeigen, wie man *Simpsons*-Torten bäckt. Essen kann man die Simpsons selbst aber nicht nur in süßer Form, sondern auch als Pasta, die Bart, Lisa, Maggie, Marge und Homer darstellen.

Weil man in Krimis immer wieder auf Schokolade stößt

Kriminalromane und Schokolade sind zwei Mittel zum Genuss! Sie miteinander zu verbinden, indem der Krimi selbst mit Schokolade zu tun hat, ist erfolgversprechend, wenn dieser einen entsprechenden Spannungsaufbau hat und nicht nur einfach Tod und Schokolade wie zufällig aneinanderreiht.

In *Mord und Schokolade*[52] von Klaudia Zotzmann-Koch ist Paula Anders, eine Chocolatière, die im Auftrag der Hildesheimer Stadtmarketing eine limitierte Edition Schokoladen für den neu restaurierten Dom erzeugen soll, bald selbst in Gefahr. Die Dom-Schokoladen werden noch nicht verkauft, aber fünf Prototypen sind bereits hergestellt, nach einem neuen Architektenplan mit einer neuen Fassade. Das »Problem« dabei: Die Schokolade zeigt eine Madonna, die der lokale Bischof Anselm bereits am Schwarzmarkt verscherbelt hat. Deshalb bekam Paula auch einen alten Kupferstich als Vorlage. In Eigenregie recherchiert die allerdings nach den neuen Plänen und wird daher als Gefahr für alle in den illegalen Handel Involvierten betrachtet. Mehrere Menschen müssen in diesem Kriminalroman ihr Leben lassen, in dem Korruption, Homosexualität, gescheiterte Ehen und eben Schokolade Themen sind. Nebenbei erfährt der Leser, wie Schokolade von den Spaniern entdeckt wurde oder dass Kakaobohnen früher einmal Zahlungsmittel waren. Und es gibt eine spannende Rezeptidee einer heißen Schokolade mit Ahornsirup. Nette Bettlektüre.

Schokolade kann aber auch unmittelbar zur Mordwaffe werden, so etwa im Kriminalroman *TodesSüße*[53] von Renate Nabers und Cornelia Ehses, in dem eine Leiche im Schokoladenbrunnen, in Schokolade ertränkt, gefunden wird. Der Schokoladenbrunnen befindet sich im Kölner Schokomuseum, die Leiche ist ein Topmanager der Schokoladenindustrie, der mit einer Delegation zuvor eine Führung durch das Museum gebucht hatte. Während der Mord an diesem im Affekt passiert, gibt es im Krimi noch weitere Morde, allesamt organisierte Verbrechen, ausgeübt durch einen Häftling, der gedeckt durch den Gefängnisdirektor die Anstalt regelmäßig verlassen darf. Aufklärungsarbeit leistet in allen Fällen nicht nur die Polizei, sondern auch eine Mitarbeiterin des Schokomuseums, die nebenbei als Hobby-Detektivin aktiv ist. Und dabei sehr erfolgreich, wenn auch zwischendurch sie selbst in akuter Gefahr ist. Beim Lesen dieses Krimis erfährt man nebenbei Botanisches über die Kakaofrucht, und drei Rezepte, zwei für Pralinen und eins für einen schokoladigen »Liebestrank«, beenden das Buch.

Auch in Martina Bernsdorfs Kriminalroman *Bei Schokolade Mord!*[54] wird der Bürgermeister eines kleinen englischen Dorfes vergiftet. Er starb an Leckereien aus Schokolade. In Belgien spielt der Roman *Die letzte Praline*[55] von Carsten Sebastian Henn. Dabei wird eine Leiche gefunden, die komplett in Schokolade gehüllt ist, und zwar während der Weltmeisterschaft der Chocolatières in Brügge. Aber selbst, wenn der Titel keine Schokolade verspricht, kann diese vorkommen. Etwa bei Jan Rankin, in dessen Roman *Ein Rest von Schuld*[56] Trinkschokolade mit Schlagsahne und Marshmallows vorkommt.

Krimis enthalten aber nicht nur Schokolade, sondern generell vieles über Essen. Die detaillierte Beschreibung von Speisen und Getränken, die Charakterisierung des Ambientes, in dem diese verzehrt werden, ermöglicht uns als Leser ein Eintauchen in das Paralleluniversum des Romans. Essen kommt auch dann im Krimi vor, wenn es mit der eigentlichen Geschichte nichts zu tun hat. Denn Essen ist gerade dort, wo das Leben selbst auf dem Spiel steht, eine Portion Normalität. Essen ist Leben!

74. GRUND

Weil in vielen Blogs über Schokolade berichtet wird

»Blog« ist die Kreuzung der Begriffe »Web« und »Logbuch«. Blogs sind also Tagebücher im Netz, in denen die Schreiber ihre persönlichen Meinungen, Erfahrungen, Erkenntnisse zu diversen Themen kundtun – auch über das Essen. Kulinarische Blogs beinhalten primär Rezepte, sekundär aber auch Kochtechniken, Informationen über Zutaten, Buchrezensionen oder Links zu Veranstaltungen und Spezialgeschäften. Sie sind kein Ersatzprogramm und keine Konkurrenz zu Büchern und Printmedien, da man im Netz eher kurz und rasch liest.

Aus Sicht des Bloggers selbst trifft die Beschreibung »Tagebuch« auch ganz gut zu, sammelt man doch auch für sich selbst kulinarische Highlights oder Informationen. Ich bin selbst zwar nur gelegentliche Bloggerin[57], aber froh, dass ich zumindest sporadisch Verkostungsnotizen aufgeschrieben oder über Kochversuche gebloggt habe. So habe ich diese für andere und für mich selbst aufgehoben. Aufgrund der Kürze ist ein Blogtext rasch verfasst, mit Foto versehen und schon online.

Der Vorteil eines Blogs aus Lesersicht ist, dass man nicht, wie bei einem Newsletter, regelrecht mit Informationen zugemüllt wird.

Man kann den Blog abonnieren oder nur dann besuchen, wenn man konkret etwas sucht. Ein Blog ist immer aktuell, gleichzeitig bleibt die Chronologie erhalten. Man hat als Leser das Gefühl, eine persönliche Empfehlung zu bekommen, auch wenn man den Blogger nicht kennt. Dafür sorgen die persönliche Gestaltung eines Blogs, der Stil, die Grafik und die Fotos. Wenn der Blogger es zulässt, kann man als Leser reagieren und kommentieren und der Blog wird interaktiv, wird zum Dialog.

Über Schokolade findet man so einiges in Food-Blogs, allen voran unzählige Schokoladenrezepte, vorwiegend Kuchenrezepte. Manche Blogs sind sogar auf Schokolade spezialisiert! Es gibt auch Blog-Link-Sammlungen, etwa vegane Blogs, oder Food-Blogs eines Landes. Und seit ein paar Jahren gibt es Prämierungen von kulinarischen Blogs, die das Engagement jener würdigen, die einer breiteren Lesermasse Informationen kostenlos zur Verfügung stellen.

Meist sind Bloginhalte unabhängige Informationen. Die wenigsten Blogs sind gesponsert, und wenn geworben wird, dann ist es offensichtlich. Zwar hat manche Herstellerfirma soziale Medien entdeckt, was grundsätzlich auch gut ist, beim Bloggen aber irgendwo unstimmig wirkt. Ein Blog braucht ein persönliches Gesicht. Dennoch: Wenn gute und kurzweilige Informationen über Schokolade enthalten sind, wenn die Rezepte ansprechend sind, dann freut sich das Gemüt!

Kapitel 7

SCHOKOLADE IN WIRTSCHAFT, WISSENSCHAFT UND SCHULE

Weil Schokolade ein Jobmotor ist

Wenn man die gesamte Wertschöpfungskette von Schokolade betrachtet, wird rasch klar: Schokolade ist ein durchaus bedeutender Wirtschaftsfaktor. Viele Jobs hängen an der Kakao- und Schokoladenherstellung – und zwar weltweit!

Das beginnt mit unzähligen Kleinbauern, die Kakaoplantagen anlegen, Kakao anbauen, die Kakaofrüchte ernten, die Bohnen fermentieren und anschließend in der Sonne trocknen. Die Bohnen müssen gereinigt und sortiert werden, und sie müssen weltweit transportiert werden. Und irgendwer muss auch die Jute- oder Sisalsäcke, in der die getrockneten Kakaobohnen verschifft werden, herstellen. Für den Einkauf der Kakaobohnen muss in jedem Unternehmen jemand zuständig sein.

Weiter geht's zur Schokoladenproduktion. Der Kakao muss geröstet werden und die nötigen Röstanlangen müssen nicht nur bedient, sondern auch entwickelt, hergestellt, gewartet werden. Die Materialien dafür bedeuten ebenso Arbeitsplätze. Nach dem Röstprozess wird der Kakao gebrochen, geschält und gemahlen. Ab nun fallen Kakaobutter und Kakaomasse separat an. Kakaobutter kommt zum Teil in Schokolade, zum Teil aber in die Körperpflegeindustrie. Dass auch in der Kosmetikbranche weltweit sehr viele Menschen beschäftigt sind, um Cremerezepturen zu entwickeln, zu testen, zu produzieren, zu vermarkten und zu bewerben, zu verkaufen und zu transportieren, ist logisch.

Wir bleiben aber bei der Schokoladenherstellung. Da wird mithilfe von Maschinen gemischt und gewalzt, gerührt (conchiert), um das Aroma zu verbessern, temperiert und letztlich in Formen gegossen. Und welche Rezepturen werden produziert? Produktentwicklungsabteilungen kreieren neue Sorten und optimieren diese geschmacklich, entsprechend ihrer Zielgruppe. Manchmal wird

Marktforschung mit Konsumenten gemacht, größere Firmen haben hausinterne geschulte Verkoster, die bei der Entwicklung neuer Produkte hilfreich sind.

Schokolade muss verpackt werden. Grafiker oder Künstler gestalten Verpackungen optisch, und Verpackungsentwickler sind gefragt, um überhaupt die richtigen Verpackungsmaterialien für ein Lebensmittel zu haben. Denn Verpackung bedeutet ja auch Schutz für ein Produkt. Und dann muss die Verpackung produziert werden, was wiederum Arbeitsplätze bedeutet.

Die Qualität der Schokolade muss vor dem Ausliefern überprüft werden. Jemand in den Firmen muss sich um die Rückverfolgbarkeit der Zutaten kümmern, und es gibt Qualitätsmanagementsysteme, die weiterentwickelt werden müssen.

Das fertige Produkt wird beworben und vertrieben. Trends am Süßwarenmarkt werden beobachtet, will man doch mit der Zeit gehen. Es sind viele Menschen weltweit, die vom Verkauf von Schokolade leben.

In der Gastronomie gibt es Chefpatissiers, die Schokolade auf hohem Niveau zu Desserts verarbeiten. Und jemanden, der uns das Dessert an den Tisch bringt. Es gibt Konditoren, die mit Schokoladen backen. Es gibt Lebkuchenfabrikanten, die ihre Lebkuchen in Schokolade tunken. Und überall, wo produziert wird, muss selbstverständlich auch gereinigt werden.

Dann gibt es Kochbuchautoren, die Schokorezepte entwickeln, Food-Stylisten, die Speisen fototauglich herrichten, und Fotografen, die entsprechende Fotos ablichten. »Schreiberlinge« wie ich verfassen Textbücher zu Schokolade. Literaturagenten bringen Autoren und Verlage zusammen. Zahlreiche Mitarbeiter sind in Verlagen beschäftigt, und in Druckereien werden die Bücher gedruckt. Das Papier für die Bücher muss ebenso produziert werden. Grafiker gestalten Buchcover. Und natürlich gibt es Leute, die ebendiese Bücher im Handel verkaufen, sowie Journalisten, die Schokobücher rezensieren.

Nicht zu vergessen: alle Wissenschaftler, die sich mit Kakao oder Schokolade beschäftigen, und aus zahlreichen Richtungen stammen! Biologen, Chemiker, Ernährungswissenschaftler, Mediziner, Psychologen, Historiker stecken hinter vielen Fakten, die in diesem Buch gesammelt sind.

Der gespannte Bogen ist weit und doch nur ungefähr. Wie viele Menschen direkt oder indirekt mit Schokolade zu tun haben, ist ungewiss. Viele sind es sicher!

76. GRUND

Weil Schokoladenverkoster
ein eigener (Neben-)Beruf ist

Schokoladenverkoster ist ein vergleichsweise seltener Job. Aber ein spannender! Um ihn zu bekommen, muss man mehrere Fähigkeiten aufweisen: Man muss gut sehen, riechen und schmecken können, und man muss in der Lage sein, zu beschreiben, wonach die Schokolade riecht oder schmeckt. Denn genau darin besteht die Aufgabe des professionellen Verkosters: zu beschreiben.

Schokoverkoster oder Panelisten gibt es nur in größeren Betrieben, vor allem in Produktentwicklungsabteilungen. Eine Gruppe von Panelisten wird zuerst einige Wochen gemeinsam geschult. Dann sind die Tester in der Lage, feine Unterschiede zwischen Schokoladen zu erkennen und zu benennen. Wie süß ist eine Schokolade? Schmeckt Milchschokolade eher milchig oder sahnig? Hat sie gar ein blumiges oder fruchtiges Aroma? Blumig kann eine Schokolade auch ohne Zusatz von Blumen riechen. Fühlt sie sich im Mund cremig an oder hinterlässt sie ein raues, sandiges Mundgefühl? Schmilzt sie rasch? Kratzt sie im Hals? Wie cremig ist sie auf einer Skala von »gar nicht« bis »sehr stark«? Wie stark bitter? Weist sie einen Fremdgeruch auf? Diese Fragen sind für Hersteller bedeutend, etwa wenn sie eine neue Zutat einsetzen. Wie verändert sich eine Schokopraline im Laufe der Lagerzeit? Auch der Vergleich eigener Produkte mit jenen von der Konkurrenz ist üblich. Benchmarking auf Geschmacksebene!

Professionelle Schokotester geben also nicht an, welche Schokolade sie besonders gerne essen, denn darum geht es nicht. Sie stellen ihre Sinne als Werkzeug zur Verfügung. Sie verkosten objektiv. Objektiv beschreiben heißt: erklären, wonach eine Schokolade schmeckt. Objektiv testen heißt, herauszufinden, ob zwei Schokoladen überhaupt unterschiedlich schmecken.

Damit die Tester nicht abgelenkt sind, sitzen sie in einzelnen »Kabinen«, die weiß, beige oder hellgrau und gut ausgeleuchtet sind. Wasser steht bereit, um mit einem Schluck zwischendurch den Gaumen zu neutralisieren. Jeder Tester ist also mit sich und der Schokolade allein. Allein zu zweit! Er betrachtet sie, schnuppert an ihr, befühlt sie, kostet sie und gibt seine Bewertungen auf Papier oder am Bildschirm ab. Dann kommt die nächste Probe dran. Bis zu zehn Proben kann ein Tester derart detailliert verkosten, dann ist bei Schokolade Schluss. Oder zumindest Pause. Wer stundenlang an Schokolade riecht oder schmeckt, wird irgendwann unempfindlich dafür.

Ein Tester erfährt zum Zeitpunkt der Verkostung nichts über die Schokolade. Denn Erwartungshaltung prägt. Wer erfährt, dass es um die Nüsse in der Schokolade geht, richtet sein Augenmerk nur mehr auf die Nussigkeit und übersieht mitunter andere Aspekte.

Schokoladenverkoster klingt romantisch, ist aber Arbeit. Doch eine schöne. Dass man so einen Job nicht 40 Stunden pro Woche machen kann, versteht sich von selbst. Der Lohn? Natürlich Geld. Motiviert sind Tester aber auch, wenn sie ein Feedback über die eigene Sinnesleistung erhalten.

Weil Schokolade Innovationen fördert

Schokolade wäre als Produkt nicht ohne Erfindungsgeist entstanden, ist es doch ein weiter Weg von der Kakaobohne zum schmelzenden süßen Genussmittel. Aber auch heute, wo Schokolade schon lange Zeit etabliert ist, gibt es Innovationen. Nicht nur neue Produkte und Sorten, die durchaus kreativ sind. Auch technische Innovationen gibt es. Daniel Düsentrieb winkt!

Ein Beispiel sind 3-D-Drucker für Lebensmittel. So, wie wir seit langer Zeit zu Hause oder im Büro Texte oder Bilder zweidimensional auf einem Blatt Papier drucken, gibt es 3-D-Drucker schon seit längerer Zeit in der Industrie, vor allem, um Modelle zu drucken. Vergleichsweise neu ist, dass auch Lebensmittel gedruckt werden können. Manch größerer Nudel- und Kekshersteller beschäftigt sich bereits seit ein paar Jahren damit. Auch für die Gastronomie kann das von Interesse sein, etwa um Frischteigwaren aus Mehl, Ei und Wasser zu drucken. Nun wurden solche Geräte in kleinerem Format auch für den Hausgebrauch entwickelt. Und es gibt eigene Drucker, die Schokolade drucken können. Dem folgt wohl auch ein bisschen der Gedanke, dass jeder ein »Chocolatier« ist oder sein kann.

Die Namen sind klingend: »Imagine«, »chocaByte« oder »choccreator« heißen sie, die Schokolade drucken können. Ob das Ergebnis gut ist, kann ich nicht beurteilen, ich habe es noch nie gekostet. Das Prinzip ist jedenfalls ähnlich wie bei normalen Druckern, nur dass statt der Farbpatrone Lebensmittel eingefüllt werden, die dann der Reihe nach aufgebracht werden, bis das dreidimensionale Lebensmittel geformt ist. Bei Schokolade wird die Druckpatrone erwärmt, bevor damit gedruckt werden kann. Das Ergebnis ist optisch überraschend, es sind viele Formen möglich. Selbst das eigene Gesicht kann ähnlich einem Cartoon hergestellt werden, nur dass statt gezeichneter Linien Schokolinien vorhanden sind. Das kann dann als Grußbotschaft versendet werden.

Auch französische Macarons, die berühmten bunten, gefüllten Mandelmakronen, sollen schon druckbar sein. Bonbons natürlich auch. Convenience gibt es nicht nur beim Essen, sondern auch beim Produzieren.

Druck und schluck? Ist das die Zukunft unserer Speisen? Das kann wohl niemand wirklich vorhersehen. Wahrscheinlich werden 3-D-Drucker im Bereich der industriellen Herstellung künftig eine bedeutendere Rolle spielen. Ob tatsächlich auch im Hausgebrauch, ist aber fraglich, zumal es bereits zahlreiche Küchengeräte gibt, die ohnehin viele Zubereitungsschritte abnehmen und zugleich schneiden, kochen und rühren.

Dass alles, was im Speisesektor zu technisch ist, letztlich eine Nische bleibt, hat man am Beispiel Molekularküche gesehen. Viele wollten es ausprobieren, aber täglich so essen, nein.

Warum sind Innovationen wie Schoko-3-D-Drucker dann ein Grund, Schokolade zu lieben? Weil auch 3-D-Drucker mit qualitativ hochwertigen Zutaten drucken können. Weil dadurch vielleicht die Handwerkskunst im Kontrast eine größere Bedeutung spielen kann, so wie es Slow Food ohne Fast Food nicht gäbe. Weil es aktiver und kein passiver Genuss ist – man muss die Schokolade erst drucken, bevor man sie essen kann. Und weil Erfindungen letztlich Wahlmöglichkeit für den Einzelnen bedeuten. Das ist immer gut!

Ich bedrucke Lebensmittel übrigens – und zwar handwerklich. Mit einem Keksstempel habe ich schon manchen überrascht, der seinen Namen auf dem Keks fand, oder den Namen des Festes.

Weil es essbare Verpackungen aus Schokolade gibt

Das mit der Verpackung ist so eine Sache. Erstens, weil dadurch Müll anfällt. Zweitens, weil es keine wirklich ideale Verpackung gibt. Außer den Naturverpackungen: Wer in den Tropen Kokosmilch trinkt, bekommt sie in ihrer Naturverpackung Kokosnuss. Eine Banane ist in ihrer Schale bestens verpackt, »designed by nature«. Alle verarbeiteten Produkte sind hingegen von Menschenhand designten Verpackungen umgeben.

Warum sind Verpackungen nicht ideal? Glas hinterlässt im Lebensmittel keine Rückstände, ist aber schwer zu transportieren und teuer zu reinigen. Bei Schokolade ist Glas nur für Schokoladenaufstriche oder schokohaltige Chutneys im Einsatz. Karton eignet sich gut als Überverpackung, innen sind Kekse und Co erst recht in Kunststoff verpackt. Abgesehen davon enthalten Kartonschachteln oft Mineralöle, die aus der Druckerfarbe von Zeitungen stammen und via Altpapier in die Kartons gelangen. Metall – auch Alufolie – ist auch nicht die umweltfreundlichste Verpackung. Und aus herkömmlichem Plastik können sich Spuren von Weichmachern lösen und in ein Lebensmittel übergehen.

Andererseits gibt es all diese Verpackungen nicht aus Jux und Tollerei, sondern sie haben wichtige Funktionen: die Ware vor Bruch zu schützen, Schmutz abzuhalten, über die Ware zu informieren. Und ja – natürlich –, es geht auch darum, den Inhalt zu bewerben. Welche Schokolade sticht ins Auge? Die Frage lautet eher: Welche Schokoverpackung sticht hervor?

Es liegt aufgrund der Problematik also nahe, sich mit einer neuen Generation an Verpackungen auseinanderzusetzen, welche die Vorteile von gängigen Verpackungen beibehaltet, aber die Nachteile minimiert. Was sich anbietet, ist Biokunststoff. Das sind Verpackungen aus nachwachsenden Rohstoffen, sogenannten NawaRos, die auch biologisch abgebaut werden können. Eine Steigerungsform sind essbare Verpackungen, die quasi vom Verdauungsapparat abgebaut werden. Das hört sich gut an: Nachhaltig für die Umwelt, kein anfallender Müll, kosteneffizient im wirtschaftlichen Sinn! Aber jeder Medaille ihre Kehrseite, denn eine Verpackung soll ja auch ein hygienischer Schutz des Produktes sein. Das wären essbare Verpackungen im Handel nicht.

Die Gastronomie hat es diesbezüglich leichter: Suppe kann in einer Schüssel aus Brot serviert werden. Das spart das Abwaschen eines Suppentellers, ein Unterteller ist aber nötig. Möglich ist das, weil außer dem Kochpersonal niemand den Brotteller berührt. Eine brasilianische Fast-Food-Kette benutzt essbare Papierhüllen für Burger. Und die Kaffeefirma Lavazza entwickelte schon 2003 in Zusammenarbeit mit Designern essbare Kaffeetassen aus einem dicken Biskuit, die innen mit Zuckerguss überzogen sind – denn die Tasse muss heiße Temperaturen aushalten. Der sogenannte »Cookie Cup« kann verzehrt werden, sobald der Kaffee getrunken ist. Auf der Internationalen Süßwarenmesse im Februar 2015 in Köln bekam ich zum Kaffee einen schokoladigen Zuckerlöffel zum Umrühren. Ein Würfelzucker ging in einen schokoladigen Stiel über, der somit ein essbares Geschirr darstellte.

Außerhalb der Gastronomie ist die wohl verbreitetste essbare Verpackung die Eistüte. Sie muss keine Aufschrift tragen, wenn Eis lose verkauft wird.

Und dann ist da die Wiener Sachertorte, eine Schokoladentorte mit Marillenmarmelade und Schokoladenglasur. Die Glasur besteht entweder aus Kuvertüre, die mehr Fett als normale Schokolade enthält und flüssig auf die Torte aufgebracht wird, oder aus kakaohaltiger Zuckerglasur oder Fettglasur. Auch diese Glasur ist eine Art essbare Verpackung. Natürlich ist die Torte nochmals verpackt, meist in einer Holzschachtel. Aber es ist eine Tatsache, dass die Glasur die Torte stabilisiert und diese deshalb mit weniger Rundum-Verpackung auskommt.

Man kann diese Verpackungen zumindest einem Zusatznutzen unterziehen. Holzkistchen können mit etwas anderem befüllt oder auch verheizt werden. Mit Stanniolkugeln kann man Fußball spielen – das haben zumindest früher meine männlichen Schulkollegen in jeder Pause gemacht.

Chocolatiers verkaufen Schokolade auch offen. Natürlich muss auch diese verpackt werden, aber die Verpackung muss nicht so aufwendig sein, da der Inhalt weniger langlebig ist.

Weil man bei »Bean to Bar« weiß, dass der Hersteller seine Schokolade von der Bohne weg produziert

Wenn von »Bean to Bar« die Rede ist, dann ist das kein Aufruf an den britischen Schauspieler Rowan Atkinson alias Mr. Bean, zur Bar zu kommen. »Bean to Bar« bezeichnet den Herstellungsweg von der Bohne zur Schokoladentafel. Wenn ein Schokoladenhersteller die Bohnen einkauft und selbst verarbeitet, ist er ein »Bean to Bar«-Hersteller. Das sind einerseits viele große Schokoladenfabrikanten, die einfach große Mengen Schokolade brauchen. Andererseits sind es kleine Erzeuger, welche die Bohnenqualität selbst sehen wollen. Denn Qualität entsteht nun einmal beim Anbau.

Manche Produzenten gehen heute aber noch einen Schritt weiter. Sie bauen Kakao selbst an und verantworten damit jeden Schritt vom Baum bis zur Tafel. Man spricht dann von »Tree to Bar«. Verkauft der Schokoladenhersteller auch noch seine produzierte Ware selbst, kann man das »Tree to Shop« nennen.[58]

Es gibt also wieder einmal eine Analogie zwischen Schokolade und Wein. Das »Tree to Bar«-Konzept entspricht beim Wein dem Fall, dass Winzer die Trauben selbst anbauen und selbst zu Wein verarbeiten. Verkaufen sie ihren Wein Ab-Hof, ist das ein Pendant zum »Tree to Shop«-Konzept bei Schokolade. Verkauft ein Weingut die Trauben an Weinproduzenten oder liefert sie an Genossenschaften, entspricht das hingegen dem »Bean to Bar«-Konzept.

Nicht immer aber kauft ein Hersteller Bohnen ein. In vielen Fällen ist die Rohware bereits fertige Schokoladenmasse, die dann weiterverarbeitet wird: »Mass to Bar«.

Ist es für Schokoladegenießer relevant, zu wissen, ab welchem Schritt die Manufaktur involviert ist? Nun, das kann wohl nur jeder für sich entscheiden, ob er sich dafür interessiert. Aber die Information ist eine Frage der Transparenz und Nachvollziehbarkeit. In Zeiten, wo ständig vom »gläsernen Menschen« die Rede ist, wo Überwachungskameras auf vielen Straßen angebracht wurden und man über das Mobiltelefon permanent geortet werden kann, darf man bei Produkten auch Transparenz fordern. Manche Manufakturen geben mittlerweile selbst an, wie sie produzieren, teilweise auf der Verpackung.

Weil Conchieren die Qualität von Schokolade verbessern kann

Bei der Schokoladenherstellung wird die Kakaomasse mit Zucker, Kakaobutter und ggf. Milchpulver vermischt und fein gewalzt. Dann gelangt die Masse in die Conche, ein Gerät, in dem die Schokoladenmasse intensiv gerührt wird. Durch die Reibung wird die Masse warm, enthaltenes Restwasser verdunstet und unerwünschte Säuren und Aromen verflüchtigen sich. Außerdem nimmt die Bitterkeit ab, und die Masse wird feiner. Die Kunst der richtigen Conchierzeit besteht nun darin, zwar die unerwünschten Aromen zu entfernen, die erwünschten jedoch zu behalten – ein ziemlicher Spagat!

Erfunden hat die Conche der Schweizer Rudolph Lindt im Jahre 1879. Das damals muschelförmige Gerät bekam den Namen Conche, was auf das spanische Wort »concha«, Muschel, zurückgeht. Lindt erkannte, dass er die sandige Konsistenz und den bitteren Geschmack von Schokolade verbesserte, wenn er die Masse rührte. Durch das Verdunsten des Wassers konnte der enthaltene Zucker nicht auskristallisieren, die Schokolade wurde feiner und schmolz fortan auf der Zunge. Ob die Entdeckung, ganze drei Tage lang zu rühren, eine gezielte war, oder ob er einfach vergessen hatte, das Gerät abzustellen, ist unklar. Schließlich verdanken wir solch unbeabsichtigten Gegebenheiten viele Entdeckungen und Rezepte!

Seit der Erfindung ist viel Zeit vergangen, und der Prozess des Conchierens wurde zeitlich optimiert, also verkürzt. Zeit ist bekanntlich auch Geld. Manchmal gibt es gar keine separate Conche, sondern die Schokolade durchläuft alle Produktionsschritte in einer einzigen Maschine.

Nun muss man aber fairerweise festhalten, dass das Conchieren alleine nur einer von vielen Parametern ist, der die Schokoladenqualität beeinflusst. Und es ist auch nicht so, dass langes Conchieren immer die Qualität verbessert! Georg Bernadini erklärt in seinem Buch *Schokoladentester*[59], dass die Conchierzeit an die jeweiligen Bohnen angepasst werden muss. Bohnen, die mehr Säure enthalten, brauchen eine längere Conchierzeit, da während dieser Zeit unerwünschte Säuren verschwinden. Weiße und Milchschokoladen werden kürzer conchiert als dunkle. Und er stellt die Grundregel auf: Je schlechter die Bohnenqualität, desto länger die Conchierzeit. Man könnte also sagen, Conchieren verbessert die Qualität, vor allem profitieren aber durchschnittliche und unterdurchschnittliche Bohnen.

Hat das Conchieren auch eine gesundheitliche Bedeutung? Schließlich sind es gerade Bitterstoffe oder adstringierende, d. h. zusammenziehende Substanzen wie Epicatechine und Catechine, denen eine gesundheitliche Wirkung zugeschrieben wird. Wenn Conchieren die Schokolade entbittert und milder macht, könnte das auch gesundheitlich relevant sein.

In der Tat wirkt sich das Conchieren aus. Bei kürzerer Conchierdauer und höherer Temperatur bleiben Epicatechine und Catechine erhalten.[60] Der Gehalt an sogenannten Procyanidinen, das sind immer mehrere zusammenhängenden Catechin- oder Epicatechineinheiten, steigt zugleich leicht an. Conchiert man hingegen länger, jedoch bei niedrigeren Temperaturen, sinkt der Gehalt der einzelnen Catechine und Epicatechine zwar leicht, dafür steigt der Procyanidingehalt deutlicher. Procyanidine sind antioxidativ und entzündungshemmend.

Durch das Conchieren wird die antioxidative Wirkung von Schokolade insgesamt verbessert. Langzeitconchieren bei niedriger Temperatur ist aus gesundheitlicher Sicht besser als Kurzzeitconchieren bei hoher Temperatur.

81. GRUND

Weil es Schokoladenprämierungen gibt

Prämierungen sind für zahlreiche Lebens- bzw. Genussmittel verbreitet. Sie verfolgen jedoch unterschiedliche Ziele. Zum einen ist es eine Sichtbarmachung der gesamten Produktkategorie, wenn medial über die Prämierung berichtet wird, etwa über die besten Bioschokoladen. Zum anderen dienen Prämierungen der Kundeninformation, die beim Einkauf eine Orientierung bekommen. Drittens profitieren die Hersteller davon. Eine Medaille, ein prämiertes Produkt lässt sich gut vermarkten, zumal es immer eine externe Stelle ist, die sagt, dass das eigene Produkt gut ist.

Der Vergleich mit den Mitbewerbern ist für Hersteller zudem ein Ansporn, die Qualität der eigenen Produkte zu verbessern. Wer

Silber bekommt, riecht Gold förmlich und will das auch erreichen! Denn es kommt gut an, den Käufern mitzuteilen, dass man Gold abgeräumt hat. Auch wenn für Endkunden nicht offensichtlich ist, was zu Goldbewertungen führt. Letztendlich kommen uns allen diese Anstrengungen zugute – unter der Voraussetzung, dass die Prämierungskriterien sinnvoll sind und die Juroren als Team in der Lage, das Produkt wiederholbar zu bewerten.

Wie kommt es zu Gold oder Silber? Im Zuge der Prämierungen werden Punkte vergeben oder abgezogen, und meist werden Kriterien auch gewichtet. Wie wichtig ist das Aussehen, der Geruch, Geschmack, die Konsistenz? Aus der berechneten Gesamtpunktezahl werden Medaillen vergeben oder nur die Sieger hervorgehoben. Gold-, Silber- und Bronzemedaillen vergibt beispielsweise die Deutsche Landwirtschaftsgesellschaft DLG. Medaillen gibt es auch von der britischen Academy of Chocolate[61], einer seit 2005 bestehenden Vereinigung von Schokoladenspezialisten, die im Zwei-Jahres-Rhythmus internationale Schokoladen prämiert.

Die viel diskutierte Frage ist aber, was eigentlich bewertet werden soll. Manche Prämierungen fokussieren auf Fehler. Fehlerfreiheit wird demnach ausgezeichnet, als unmissverständliche Qualitätsorientierung für den Verbraucher. Was als Fehler gilt, ist in der Branche klar: deformierte Optik, Fettreif an der Oberfläche, zu wenig Füllung bei gefüllten Tafeln oder Pralinen, wenig Aroma, Fremdgeruch u. v. m. Dem Prinzip der Fehlerbewertung folgt etwa die Deutsche Landwirtschaftsgesellschaft[62], die jährlich etwa 1.000 Süßwaren von qualifizierten Prüfern blind testen lässt. Das ist zweifelsohne eine objektive Form der Prämierung, die nicht den subjektiven Geschmacksvorlieben der Tester folgt. Ist ein Produkt fehlerfrei, heißt es aber natürlich nicht, dass die Sorte, das Produkt dem Käufer automatisch mundet.

Bewertet kann auch die Kreativität des Schokoladenherstellers werden. Das ist beispielsweise ein Kriterium bei den International Chocolate Awards[63].

Eine Schokoladenprämierung kann auch Parameter wie Bio, Regionalität, Fair Trade u. a. miteinbeziehen. In Österreich gab es vor Jahren eine einmalige Bioschokoladenprämierung der Biohotels, hier war Bio kein Prämierungsgrund, sondern Voraussetzung für die Teilnahme. Bei einer Schokoladenprämierung kann bewertet werden, welche Zutaten drin sind – etwa, ob Aromastoffe zugesetzt werden oder nicht, ob echte Vanille oder künstlich hergestelltes Vanillin enthalten ist. Bei den International Chocolate Awards machen die Zutaten einen Teil der Punkte aus. Auch Georg Bernadini schlägt in seinem bereits genannten Buch *Der Schokoladentester* in diese Kerbe. Seine Bewertungskriterien legt er offen dar, bei puren Schokoladen oder purem Nugat machen die Zutaten 30 Prozent der Punkte aus.

Letztlich ist Genuss aber etwas Individuelles und hat vor allem mit Gewohnheit zu tun. Wenn Experten nicht Fehlerfreiheit, sondern besonders gute Qualität prämieren, trifft deren Urteil auf Endverbraucher zu? Diese Frage stellt sich zum Beispiel bei Weinprämierungen, wo Weinexperten oftmals andere Weine konsumieren als viele Weinlaien. Aber auch bei Schokolade sind jene Experten, die regelmäßig die besten Produkte renommierter Chocolatiers kosten, auf einem anderen Erwartungslevel als die meisten Konsumenten. Bei manchen Lebensmittelgruppen erfolgen Prämierungen daher zweistufig. Eine Konsumentenjury trifft eine Vorauswahl, eine Expertenjury prämiert dann die besten. Das bedeutet, dass die Relevanz für Kunden gegeben ist, aber auch objektive Kriterien zu den Siegern führen. Bei dieser Frage wird es aber wohl nie Einigkeit geben, was das beste Schema ist.

Qualität hat also viele Facetten, ist zum Teil objektiv und zum Teil subjektiv. Qualität kann zudem im Verhältnis zum Preis gesehen werden oder unabhängig davon sein. Qualitätsprämierungen sind immer wertend, die Frage ist nur, was positiv gewertet wird. Ursprünglich war der Qualitätsbegriff allerdings ein wertfreier. »Qualitas« (lat.) hieß, wie etwas beschaffen war, nicht wie gut. So ändern sich die Zeiten!

Weil man durch den Raw-Trend
eine neue Schokoseite kennenlernt

Insgesamt dreimal bin ich bisher in einem Raw-Food-Lokal gelandet, zweimal in Wien und einmal in Kopenhagen. Das erste Mal aus Versehen, ich wollte unterwegs einen Kaffee trinken und ging in ein nett anmutendes Kaffeehaus. In Kopenhagen wollte ich einen Mittagssnack essen, auch hier sah ich erst im Lokal, was die Philosophie war. Erst der dritte Besuch war ein gezielter: Ich wollte einen Schokodrink aus Raw-Schokolade kosten.

Raw Food ist nicht dasselbe wie Rohkost, wo Lebensmittel völlig unerhitzt gegessen werden. Raw bedeutet, dass nichts über 42 Grad Celsius erhitzt werden darf. Diese Temperaturgrenze rührt daher, dass wir bei dieser Körpertemperatur nicht mehr überleben. Ergo wird zwar gekocht, aber nur bei ganz niedrigen Temperaturen. Normales Backen gibt es auch nicht, eher eine Art Trocknen. Ganz so wörtlich nehmen es die Lokale aber nicht, denn mein Kaffee – ein Cappuccino mit Mandelmilchschaum – war heiß. Im anderen Lokal war mein Kräutertee auch heiß aufgebrüht, das Essen aber nur lauwarm.

Ich folge dem Raw-Trend nicht, denn ich mag warme Getränke und Speisen, ohne sie würde ich den Winter nicht überstehen. In manchen Ländern würden sich bei 42 Grad Speisetemperatur zudem massive Hygieneprobleme ergeben. Das Argument, dass Nährstoffe besser erhalten bleiben, ist auch nicht durchgängig haltbar, denn manchmal werden Nährstoffe sogar besser verwertbar, wenn ein Lebensmittel erhitzt wurde. Ausschließlich Raw Food zu essen wäre für mich zudem eine sehr »verkopfte« Art zu essen. Aber glücklicherweise kann das jeder für sich selbst entscheiden!

Raw Food ist meistens, aber nicht immer vegan, man kann ja auch rohes Fleisch und rohen bzw. nur geringfügig erwärmten

Fisch essen. Raw Food gibt es auch als Schokolade. Das bedeutet einen komplett anderen Herstellungsprozess, denn normalerweise wird Kakao fermentiert und erreicht dabei Temperaturen an die 50 Grad. Geröstet wird bei Temperaturen um die 150 Grad. Und selbst beim Mahlen wird das Mahlwerk heiß, beim Conchieren, also beim Rühren der Schokomasse, erreicht die Masse sowieso wärmere Temperaturen. Raw heißt bei Schokolade, dass die Bohnen im Herkunftsland einfach getrocknet und nicht geröstet werden. Es bedeutet, dass die verarbeitenden Geräte so eingestellt werden müssen, dass die Masse nie mehr als 42 Grad erwärmt wird.

Nun entstehen die typischen Kakaoaromen zum Teil beim Fermentieren, zum größeren Teil beim Rösten. Raw bedeutet daher, auf diese Aromen zu verzichten. Aromafrei ist Raw-Kakao aber keineswegs, aber er ist schwächer und anders. Und das »anders« ist es, was ich dann wieder interessant finde! Denn jede neue Art der Verarbeitung bringt unweigerlich neue sensorische Vielfalt mit. Aus dieser kann man auch schöpfen, ohne ansonsten dem Raw-Trend zu folgen!

Mittlerweile habe ich einige Raw-Schokoladen gekostet. Sie waren gut, schmeckten komplett anders, eine hatte ein etwas rauchiges Aroma. Durch die unterschiedliche Verarbeitungsweise ist allerdings vor allem das Mundgefühl völlig unterschiedlich zu herkömmlichen Schokoladen. Den Schmelz sucht man vergeblich, Geschmack ist aber da!

Übrigens: Bei Schokolade wurden zahlreiche Studien, die einen gesundheitlichen Nutzen feststellten, mit herkömmlichen Schokoladen, wo die Bohnen fermentiert und geröstet wurden, durchgeführt. Mit positiven Resultaten, wie Sie sie im *Kapitel 5: Schokolade und Gesundheit* finden.

Weil gegen Fettreif auf Schokolade
zwar kein Kraut gewachsen,
aber ein EU-Projekt durchgeführt worden ist

Einen unappetitlich aussehenden, gräulichen Film auf der Oberfläche einer Schokoladentafel oder Praline hat wohl jeder Schokogenießer schon gesehen. Er sieht aus wie Schimmel, hat aber nichts
damit zu tun, und gesundheitsgefährdend ist der graue Belag auch
nicht. Nicht einmal den Geschmack beeinträchtigt er. Aber ansehn-
lich ist was anderes. Es handelt sich dabei um Fettreif, um Kakaobutter, die an der Oberfläche auskristallisiert. Der wirtschaftliche
Schaden dieses Fettreifes war in der Vergangenheit groß – der Un-
mut betroffener Käufer auch. Die EU förderte daher von 2008 bis
2011 ein Projekt namens ProPraline[64], an dem Hersteller ebenso wie Forschungsinstitute beteiligt waren, um gemeinsam eine
Lösung gegen Fettreif und Risse auf der Oberfläche zu finden. Mit
Erfolg! Firmen und Institutionen aus sieben Ländern waren vertreten. Die Projektkosten beliefen sich auf knapp 3,8 Millionen Euro,
die EU übernahm 2,76 Millionen. Das Wissen aus dem Projekt wurde in Workshops und Broschüren der Branche vorgestellt. Das soll
v. a. kleinen und mittleren Unternehmen (KMUs) dienen, die etwa
90 Prozent der Schokoladenhersteller in Europa ausmachen. Kon-
zerne tun sich leichter, Forschung und Entwicklung zu finanzieren,
als kleine und mittlere Unternehmen.

Worin liegt das Geheimnis? Dass die Lagertemperatur der Schokolade bedeutend ist, ist seit Langem bekannt. Auch wenn Fettreif
bereits bei Raumtemperatur entstehen kann, tritt er doch rascher in
der warmen Jahreszeit auf. Bei sommerlichen 30 Grad Celsius kann
das schon nach ein oder zwei Wochen beginnen. Wenn Schokolade
zu warm gelagert oder starken Temperaturschwankungen ausge-
setzt wird, steigt Kakaobutter an die Oberfläche und kristallisiert

dort um. Dabei entstehen unerwünschte Kristallformen, die den Glanz der Schokolade auslöschen und stattdessen einen grauen Schimmer erzeugen.

Warum entstehen diese Kristallformen? Nun, Kakaobutter wird bei Körpertemperatur flüssig, kristallisiert hingegen bei kühleren Temperaturen aus und wird fest. Dabei bildet sie sechs Kristallformen, wovon aber nur eine erwünscht ist. Die anderen fünf erzeugen jenen Grauschleier. Nur wenn alle unerwünschten Kristallformen beseitigt werden, glänzt die Schokolade. Im Zuge der Herstellung wird Schokolade daher einem Temperaturprogramm unterzogen. Sie wird zuerst auf 45 bis 50 Grad erwärmt, dabei schmelzen alle Kristallformen. Dann wird sie auf 27 bis 28 Grad abgekühlt, denn die fünf unerwünschten Kristallformen entstehen nur bei Temperaturen unter 27 Grad, die erwünschte zwischen 27 und 34 Grad. Zuletzt wird sie – je nach Kakaoanteil – nochmals leicht auf etwa 28 bis 32 Grad erwärmt. So »überleben« nur die erwünschten Kristalle, während die unerwünschten schmelzen.

Wie kann Fettreif vermieden oder zumindest verzögert werden? Das Projekt ProPraline hat ergeben, dass die Entstehung von Fettreif auch von der Partikelgröße der Schokolade abhängt. Im Zuge der Schokoladenherstellung wird die Kakaomasse mit Zucker, Kakaobutter und, im Falle von Milchschokolade, auch Milchpulver vermischt und fein gewalzt. Das ist wichtig, damit sich die Masse im Mund nicht sandig anfühlt. Die Schokomasse wird stufenweise von mehreren Vor- und Feinwalzwerken gemahlen. Vor allem der Zucker muss fein werden, die Partikelgröße wird auf 10 bis 20 Mikrometer verkleinert. Hier liegt allerdings auch die Krux: Kleinere Partikel erlauben nämlich ein rascheres Austreten des Fetts an der Oberfläche als größere Partikel.

Das ist aber noch lange nicht alles. Es macht auch einen Unterschied, ob Pralinenhohlkörper sofort nach dem Abkühlen befüllt werden oder ob diese einen Tag kühl stehen. Die eintägige Rastzeit kann Fettreif erfolgreich verzögern. Selbstverständlich ist auch die

Zusammensetzung der Füllung ein großer Faktor. ProPraline kann nicht nur als Forschungsprojekt für die Schokobranche verstanden werden, sondern auch als Genussprojekt. Weniger Fettreif freut uns alle!

Es gibt aber noch eine andere Form des Belags: Zuckerreif, ein weißgrauer, fleckiger Belag. Er entsteht dann, wenn Schokolade von einer kalten in eine warme Umgebung kommt und etwas Feuchtigkeit an der Schokoladenoberfläche kondensiert. In dieser Feuchtigkeit löst sich Zucker aus der Schokolade. Sobald das Wasser verdampft, kristallisiert dieser aus – Zuckerreif ist geboren. Auch er ist gesundheitlich harmlos, aber das Auge isst eben mit.

84. GRUND

Weil Schokolade formbar ist

Schokolade nimmt Gestalt an! Und zwar in vielerlei Hinsicht. Dabei wird zwischen handgemachten Kunstwerken und industriell hergestellten Formen unterschieden.

Kunstwerke sind lebensgroße Figuren mit stimmigen Formen und Proportionen. Solche Schoko-Kunstfiguren tragen aufwendige Kleider aus Schokolade, und es gibt Schirme, Schuhe und Taschen als Accessoires. Selbst Lippenstifte gibt es aus Schokolade. Welch süßer Kuss! Aber auch Fußbälle und Tennisschläger, Elefanten und Kühe oder perfekt geformte Espressokännchen sieht man bei Chocolatiers. Sie dekorieren Auslagen, sind Geschenke, aber keine Alltagsschokolade.

Einfacher ist es, Hohlkörper wie Nikoläuse und Osterhasen aus Schokolade herzustellen. Für die manuelle Herstellung von Hohlkörpern braucht man Formen, die man mit der temperierten Schokolade ausgießt. Zuerst wird die Form aus zwei Teilen zusammengesetzt. Das ist wichtig, sonst könnte man den Osterhasen oder Nikolaus ja nicht mehr entnehmen. Nur der Boden bleibt noch offen. Nun wird temperierte Schokolade durch den offenen Boden in die Form gefüllt. Der Hohlkörper wird gedreht und gewendet, damit er vollständig mit Schokolade benetzt ist. Damit man das auch kontrollieren kann, sind die Formen durchsichtig. Die Schokolade kühlt beim Anlegen an die Form leicht ab, die überschüssige Schokolade kann wieder herausgegossen werden. Dann muss der Boden mit Schokolade geschlossen werden. Die Figur kann nun aus der Form entnommen werden – fertig ist der Nikolaus respektive Osterhase, der nur mehr verpackt und gegessen werden möchte.

Aber auch hohle Nikoläuse und Osterhasen sind manchmal wahre Kunstwerke! Besonders hübsche Nikoläuse haben einen weißen Bart – aus weißer Schokolade, während der restliche Nikolaus meist aus Milchschokolade besteht. Dieser Produktionsschritt wird allen anderen vorgelagert: Die noch leere Form wird punktuell, wo gewünscht, mit weißer Schokolade »geschminkt«. So heißt das wirklich! Die Großproduktion sieht vom Prinzip her ähnlich aus, nur ohne Schminke. Die zweiteiligen Formen werden maschinell und in Windeseile gefüllt und gedreht. Dann werden die Figuren maschinell verpackt.

Die Herstellung von gefüllten Pralinen ist ähnlich, sind es ja in erster Instanz Hohlkörper, die dann mit einer Füllung versehen werden. Eine Platte voller Formen wird mit Schokolade gefüllt. Die überschüssige Schokolade rinnt durch Wenden der Formen wieder ab. Die Hohlkörper müssen in der Form etwas gefestigt werden, bevor sie gefüllt und oben geschlossen werden können. Wenn sie abgekühlt sind, können sie vorsichtig aus der Form geklopft werden. Die Formenvielfalt ist dabei groß!

Weil die Möglichkeiten, Schokolade anzupreisen, schier unerschöpflich sind

Der britische Humor ist etwas Feines! Auch, wenn er sich auf Schokoladen ausbreitet. Denn die Engländer und Schotten haben sich etwas anderes einfallen lassen, als Tiere oder Berge auf Schokoladen abzubilden. Letztere haben sie nur bedingt vor der Haustüre, sie mussten sich also anderer Sujets bedienen. Und manch kreativer Hersteller wurde besonders fündig.

Dazu gehören Piktogramme, aber auch fantasievolle Beschreibungen! Piktogramme beziehen sich zum Beispiel auf die jeweiligen Schokozutaten. Auf einer Tafel Schokolade mit Spirulina-Algen[65] waren eine Hantel, ein angespannter Bizeps, eine Karotte und eine Banane aufgezeichnet. Die eiserne Hantel sollte zeigen, dass die Algen 23-mal mehr Eisen als Spinat enthalten (wobei der Eisengehalt von Spinat wohlbemerkt seit Popeye chronisch überschätzt wird). Die Erklärung zum Bizeps lautete, dass Spirulina doppelt so viel Eiweiß wie rotes Fleisch enthält. Die Karotte weist auf einen unvergleichbar hohen Carotingehalt hin, die Banane auf den Kaliumgehalt der Algen, der jenen der Banane angeblich um ein Fünffaches übersteigt. Auf einer anderen Tafel des gleichen Herstellers findet man einen originellen Hinweis auf die aphrodisierende Wirkung: zwei Paar Fußabdrücke, wobei ein Paar nach oben und eines nach unten schaut. Das nach unten zeigende Paar liegt innen, die beiden nach oben zeigenden Fußabdrücke außen. Die Erklärung auf der Tafel ist jene, dass die Zutat Maca, eine südamerikanische Wurzel, die Libido bei Männern und Frauen steigert.

Originell sind auch Beschreibungen in Form von Alliterationen, wo jedes Wort mit dem gleichen Buchstaben beginnt. Etwa »plush peppermint« (übersetzt Pfefferminzplüsch) oder »lusciously lovely lime«[66] (fantastische, liebliche Limette). Nett sind auch anschauliche Zeichnungen auf der Innenseite der Verpackung, die den Weg der Schokolade von der Kakaobohne bis zur fertigen Tafel darstellen – »Bean to Bar«.

Das ist aber nicht nur den Briten vorbehalten. Auch heimische Produzenten setzen zunehmend auf kreative Produktbezeichnungen, vor allem aber auf entsprechendes Design der Verpackungsbanderolen. Die werden zum Teil gemalt und sind oft kleine Kunstwerke, die Sammlerstatus erhalten. Und so zaubert nicht nur der Konsum von guter Schokolade ein Lächeln ins Gesicht, sondern auch die Verpackung, die Art der Kommunikation. Oft haben diese Hersteller auch unterhaltsame Webseiten.

86. GRUND

Weil sich Schokolade für innovativen und fächerübergreifenden Schulunterricht eignet

Ich mochte Mathematik zu Schulzeiten gerne. Das Herumtüfteln lag mir, ich fand es witzig, von irgendwelchen um die eigene Achse rotierenden Ellipsen das Volumen zu berechnen. Allerdings stießen solche Beispiele bei vielen Schulkollegen auf wenig Anklang. Und so frage ich mich heute manchmal, welche Rechenbeispiele es benötigt hätte, um mehr Schüler für Mathe zu begeistern.

Warum nicht ausrechnen, wie groß das Volumen eines Airbus ist, und berechnen, wie viele Schokotafeln darin Platz haben? Dieses Beispiel ist gar nicht aus der Luft gegriffen, sondern aus dem Leben: Ein Freund von mir, der jahrelang bei einer Beratungsfirma arbeitete, ist beim Vorstellungsgespräch gefragt worden, wie viele Golfbälle in einen Airbus passen. Dabei ging es nicht darum, eine möglichst akkurate Schätzung abzuliefern, sondern zu sehen, ob er einen systematischen Zugang zur Problemlösung hatte. Griff er einfach eine Zahl aus der Luft, oder schätzte er den

Durchschnitt und die Länge eines Airbus und berechnete daraus das Volumen?

Ich denke, dass das Interesse für viele Fächer geweckt werden kann, wenn es entsprechende Beispiele gibt. Das ginge auch fächerübergreifend! Im Unterrichtsfach Deutsch könnte man sich des Stellenwertes von Schokolade in der Literatur annehmen. Sie kommt in Max Frischs *Homo Faber* ebenso vor wie in Eva Menasses *Quasikristalle*. Auf Englisch kann der Film *Chocolat* angesehen werden – ohne Untertitel. In Geografie kann man erkunden, wo der *Kakaogürtel* der Erde ist – also jene Region, in der Kakaobäume wachsen können. Im Vergleich dazu bietet sich an, nachzusehen, wo der Kaffeegürtel liegt. In Biologie kann man über Kakaosorten sprechen und sich dabei ausführlich mit den Themen Sortenvielfalt und Nachhaltigkeit beschäftigen. In Psychologie kann besprochen werden, warum Kakao so einen Stellenwert für uns als »Psycho-Food« hat. Wirtschaftsfächer bieten sich hervorragend an, um den Wirtschaftsfaktor Kakao und Schokolade zu beleuchten. Die Geschichte des Kakaos seit den Olmeken, Mayas und Azteken drängt sich nahezu auf. Doch auch, wie sich Schokolade langsam weltweit verbreitete, sollte nicht ausgespart werden. Wer in der Schule Kochunterricht hat, kann sich kulinarisch mit Schokolade auseinandersetzen – und idealerweise wird dabei auch vermittelt, wie man gute Qualität von Schokolade erkennt.

Diese Liste ließe sich freilich noch lange fortsetzen! Und sie ließe sich auch auf andere Konsumgüter übertragen. Wenn Schüler mündige Konsumenten sein oder werden sollen, tut ein tiefer wie breiter Blick auf ein Thema gut. Und wenn Produkte, mit denen Schüler etwas anfangen können, als Aufhänger dienen können, warum nicht?

Kapitel 8

MIT SCHOKOLADE KOCHEN

Weil die Dessertkarte ohne Schokolade kurz und die Kuchenvitrine ziemlich leer wäre

Apfelstrudel, Mohntorte, Aprikosenkuchen, Erdbeerjoghurttorte oder Hefeteig-Buchteln – die Mehlspeisküche ist durchaus breit aufgestellt. Aber dennoch, ohne Schokolade geht es nicht: Ob Sachertorte oder Schwarzwälder Kirsch, ob Marmorgugelhupf oder Mozart-Torte, Brownie oder Rehrücken, Schokolade zieht sich wie ein roter Faden durch Tortenvitrinen in Kaffeehäusern und Konditoreien. Eclairs aus Brandteig werden oft mit Schokoladenglasur verziert, und was wäre ein Tiramisu ohne Kakaopulverschicht als Abschluss? Eben!

Aber nicht nur die Vitrine erstrahlt in schokoglasiertem Glanz. Schokolade zieht sich auch durch Dessert- und Eiskarten. Erst kürzlich saß ich in einem italienischen Restaurant, und von sechs Desserts enthielten vier Schokolade. In Deutschland gibt es Vanilleflammeri mit Schokosauce oder Schokoflammeri. Österreichische warme Desserts wie Nusspalatschinken werden traditionell mit Schokoladensauce angerichtet. Und in Frankreich steht Schokolade als Zutat hoch im Kurs: als Mousse au Chocolat aus dunkler oder auch weißer Schokolade, als Schokoladenkuchen, Fondant, Eclair oder Granité, Letzteres ein Schokosorbet.

Ein Blick in Eiskarten sieht seit Jahrzehnten ähnlich aus. Die wenigsten Becher kommen gänzlich ohne Schoko aus. Dabei erfüllt Schokolade mehrere Zwecke. Zu Zeiten, als es nur Bananensplit, Birne Helene oder Coup Dänemark gab, war Schokoladensauce das einzige optische Kontrastmittel in einem Berg von Gelb: gelbes Vanilleeises, gepaart mit ebenso gelber Frucht, wenig kontrastiert von weißer Sahne. Heute gibt es zwar ein paar Bechervarianten und Eissorten mehr, und Zutaten wie Tonkabohnen oder Eis aus Ziegenkäse oder roten Rüben bereichern die heimische süße Welt –

aber Schokosauce ist dennoch in den Eiskarten verankert geblieben. Sie werden kaum einen Eissalon finden, der kein Schoko- oder Nugateis anbietet!

Nun könnte man provokant fragen, ob Schokolade das Allheilmittel einfallsloser Köche und Eisdielenbesitzer darstellt. Ähnlich wie Senf zur Bockwurst und Ketchup zu Pommes serviert wird, wird Schokoladensauce automatisch zu vielen warmen und kalten Desserts gereicht. Diese Einfallslosigkeit trifft ganz sicher in ganz vielen Fällen tatsächlich zu. Aber: Besonders kreative und aufwendige Desserts enthalten ebenso oft Schokolade.

Ein Highlight meiner persönlichen Erfahrung war ein relativ dichter Schokoladenkuchen, der mit papierdünnen Blättchen aus getrocknetem Aprikosentrester[67] dekoriert war. Dazu gab es frisch gepressten und durch Erhitzen einreduzierten Aprikosensaft, der eine honigartige Konsistenz aufwies. Wow!

Eine andere Besonderheit war eine Schokopraline mit etwas Sojasauce drin[68]. Auch die war ein Hochgenuss, nicht so süß, sondern durch die Sojasauce deutlich komplexer. Ein drittes Schokodessert, das mir sehr gelungen in Erinnerung blieb, war ein warmer Schokokuchen mit flüssigem Kern, gepaart mit frischem Basilikumeis[69]. Ein toller Geschmacks- und Temperaturkontrast! Bei warmem Schokokuchen mit flüssigem Kern aus dunkler Schokolade ist die richtige Konsistenz das A und O: außen »al dente«, innen schön dickflüssig.

Ein Dessert als Abschluss des Menüs soll einen Höhepunkt darstellen. Es soll in Erinnerung bleiben und nicht den Eindruck des Hauptgerichtes schmälern. Die gehobene Gastronomie hat nicht umsonst eigene Chefpatissiers, die sich ausschließlich um die süße Seite des Lebens kümmern. Klar kann nicht jede Gaststube auf diesem Niveau punkten. Aber ein solider, dunkler Schokokuchen oder eine Linzer Torte mit geriebener Schokolade im Teig sind nicht schwierig – und trotzdem gut!

Weil es Spaß macht, alte Rezepte wie Linzer Torte aus vergangenen Jahrhunderten zu backen und zu kosten

Es gibt Gerichte mit Geschichte. Die Linzer Torte gehört da unweigerlich dazu, ist doch das älteste bekannte Tortenrezept der Welt das Rezept einer Linzer Torte aus dem 17. Jahrhundert!

Eine Linzer Torte ist eine Torte, eigentlich ein Kuchen, die aus einer Schicht Kuchenteig besteht, die mit Marmelade bestrichen wird, und darüber folgt nochmals ein Teiggitter. Meist wird Ribiselmarmelade[70] verwendet. Die Zusammensetzung des Teiges variiert, in einem Rezept aus meiner Familie ist immer fein geriebene dunkle Schokolade enthalten.

Es gilt als wahrscheinlich, aber nicht als sicher, dass sich die Linzer Torte von der oberösterreichischen Hauptstadt Linz ableitet. Mitunter war auch ein Konditor namens Linzer im Spiel. Von der Webseite der Bibliothek der Oberösterreichischen Landesmuseen in Linz[71] kann man jedenfalls zahlreiche historische Linzer-Torten-Rezepte herunterladen. Die Torten unterscheiden sich in der Zubereitungsart sowie in der Anzahl und Art der Zutaten. Nicht immer sind Eier enthalten, und wenn, dann werden sie manchmal hart gekocht und die zerdrückten Dotter zum Teig gegeben. In anderen Rezepten werden die Eier hingegen ähnlich wie heute verwendet. Ein Unterscheidungsmerkmal zwischen den Rezepturen ist auch, ob Gewürze wie Zimt, Nelken oder Muskat vorkommen, ob bzw. welche Marmelade als Füllung dient und ob die Torte mit einer Glasur überzogen ist. Und einige Rezepte enthalten Schokolade.

Nachbacken lohnt sich! Es war einmal ein Regenwetter – und dann war's in meinem Fall so weit. Mit einer Freundin habe ich zwei Torten, eine nach einem Rezept von 1803 und eine von 1896 gebacken[72]. Das Rezept von 1803 (alter Rezeptname: »Linzer Torte auf andere Art«) enthielt hart gekochte und zerdrückte Dotter im Kuchenteig, aber keine Schokolade. Das Rezept von 1896 (»Schwarze Linzer Torte«) war näher dem, was wir heute von einer Linzer Torte erwarten, mit Schokolade im Teig. Beide waren lecker! Auch Rezepte der »Linzer Torten mit Schokolade«, der »Linzer Torte ohne Eier« und der »braunen Linzer Torte« sind schokoladig, die haben wir aber (noch) nicht probiert. Das Ergebnis solcher Kochaktionen schmeckt gut – es ist aber auch eine spannende Auseinandersetzung mit unserer Esskultur, mit der Geschichte der Gerichte eben. Dass es an diesem Tag regnete, war uns dann ziemlich egal!

Wer in der Rezeptdatenbank des Landesmuseums statt nach Linzer Torte nach Schokolade sucht, kommt auf allerlei andere schokoladenhaltige Rezepte, etwa auf Eiskrapferl von 1822, die aus Zucker, Mehl, Eier, Zitronenschale, Zimt und Schokolade gemacht werden. Oder auf ein »Linzer Koch« von 1895/96, welches aus Semmeln, Milch, Butter, Eiern, Zucker, Zitronen, Oblaten, Aprikosenmarmelade, Mandeln und Schokolade besteht. Eine »Schokoladesuppe« aus dem Jahr 1646 enthält Mehl, Milch, Schokolade, Zimt und Butter und wird nicht gesüßt. Wenn's wieder einmal regnet …

Weil Pralinenherstellen entschleunigt

Es gibt verschiedene Arten von Pralinen: handgerollte Varianten, gefüllte Pralinen aus Schokoladenhohlkörpern sowie Schnittpralinen. Wer Pralinen selber macht, benötigt viel Zeit – oder anders ausgedrückt: schenkt sich selber Zeit!

Eine Grundmasse, die oft für Pralinen gebraucht wird, ist die Ganache, auch Canache genannt, eine Creme aus Sahne und Kuvertüre. Die Ganache kann mit heller oder dunkler Schokolade gemacht und mit allerlei Zutaten versehen werden, z. B. mit Butter, Vanille, Nüssen oder Spirituosen. Je höher der Kuvertüreanteil, desto fester wird die Ganache. Die Creme hat ihren Ursprung in Paris. Mitte des 19. Jahrhunderts goss ein Konditoreilehrling versehentlich heiße Milch über Schokolade. Sein Konditormeister schimpfte ihn einen »ganache«, was Esel oder Schafskopf bedeutet. Das entstandene Produkt schmeckte allerdings lecker und erhielt folglich den Namen Ganache.

Für die Herstellung einer Ganache braucht man keine spezielle Ausrüstung, sondern normale Küchenausstattung. Man kocht Sahne mit Invertzucker oder Honig einmal auf, rührt langsam geschmolzene, gehackte oder geraspelte Schokoladenkuvertüre und etwas Butter ein. Zuletzt gibt man je nach Rezeptur noch andere Zutaten dazu.

Möchte man handgerollte Pralinen machen, leert man die Ganache auf ein Blech und kühlt sie aus. Die Masse soll zwar fester werden, aber immer noch dressierfähig bleiben. Wenn dieser Zustand erreicht ist, füllt man die Ganache in einen Spritzbeutel, dressiert Häufchen auf ein Backblech und lässt das Ganze bei Raumtemperatur auskristallisieren. Am nächsten Tag rollt man aus den gespritzten Häufchen mit kalten Händen Pralinen. Sie werden dann noch mit temperierter Schokolade überzogen und können in Kakaopulver o. ä. gewälzt werden. Pralinen sind also definitiv nichts, was einmal gerollt und fertig ist, nein!

Für die Herstellung von Hohlkörpertrüffeln wird die Ganache als Füllung verwendet, der Schokohohlkörper kann in Fachgeschäften gekauft werden. Die Füllung darf nicht zu warm eingespritzt werden, da der Hohlkörper sonst schmilzt. Auch der gefüllte Hohlkörper sollte ein paar Stunden rasten, dann erst wird er mit temperierter Schokolade verschlossen. Zum Schluss, wenn auch der »Verschluss« fest ist, wird die Hohlkörperpraline in temperierter, d. h. erwärmter, abgekühlter und nochmals leicht erwärmter Schokolade gewendet und kann verziert werden. Nur wenn die Schokolade richtig temperiert wird (siehe *Grund 83: Weil gegen Fettreif auf Schokolade zwar kein Kraut gewachsen, aber ein EU-Projekt durch-*

geführt worden ist), glänzt sie schön. Wem das nicht ganz gelingt, der kann die Pralinen in gehackten Nüssen, Kokosette o. ä. wälzen. Auf diese Weise sieht man nicht, ob die Schokolade darunter glänzt.

Schnittpralinen bestehen aus einer festeren Masse. Sie wird bei Kühlschranktemperatur geschnitten, in temperierte Schokolade getaucht und ebenso mit Zuckerperlen, Blüten oder anderem Pralinendekor verziert.

Wenn Sie beim Lesen das Gefühl gewonnen haben, Pralinen sind aufwendig, dann haben Sie recht. Kneten, Rollen, Wälzen, Verzieren macht aber Spaß! Und man muss beim Temperieren der Schokolade exakt arbeiten. Pralinen herzustellen ist ein gruppentauglicher Event und auch im beruflichen Umfeld als netter Event geeignet. Handgerollte Pralinen aus der gekühlten Ganache zu wälzen ist aber auch kindertauglich.

Pralinen dauern – und wirken damit der Alltagshektik entgegen. Sie eignen sich auch als selbst gemachtes Geschenk. Das nächste Weihnachten oder der nächste Geburtstag kommt bestimmt!

Weil man mit Schokolade auch pikante Gerichte kochen kann

Pikante Speisen werden oft mit etwas Honig, Zucker oder Ahornsirup abgeschmeckt. Süßliche Gewürze wie Vanille oder Zimt kommen auch bei Fleisch-, Fisch- oder Gemüsegerichten zum Einsatz. Mit Schokolade kochen die wenigsten pikant. Warum eigentlich?

In Mexiko ist das sogar üblich. Die mexikanische Mole Poblano ist eine Sauce, die mit ungesüßter Schokolade, Mandeln und Erdnüssen, Tomaten, Rosinen, viel Chili, Zwiebeln, Knoblauch und zahlreichen Gewürzen zubereitet wird. Die Sauce wird meist zu Huhn gegessen. Dass dieses Gericht in Mexiko beheimatet ist, ist nicht weiter überraschend, ist das Land doch die ursprüngliche Heimat der Schokolade bzw. des Kakaos. Dort kannten schon die Azteken ein Getränk namens Xocolatl, das scharf und bitter war und mit Wasser zubereitet wurde. Vom scharfen Schokodrink zur scharfen Schokospeise ist der Weg nicht allzu weit.

Wird nur in Mexiko pikant mit Schokolade gekocht? Mitnichten. Beim Durchforsten des Kochportals *chefkoch.de* bin ich auch auf einige Schokorezepturen gestoßen, meist Saucen, die zu Fleisch, zum Teil zu Wild, gereicht werden. Die Saucen basierten mal auf Wurzel- und Knollengemüse, mal auf Rotwein und Schokolade, oder auf Cranberrys. Meist wird dunkle Schokolade gewählt, ein Rezept für Rindfleischeintopf wies aber etwas Vollmilchschokolade aus. Während in einigen Rezepten Schokolade mengenmäßig wie ein Gewürz eingesetzt wird, ist Schokolade in wenigen Chili-con-Carne-Rezepten substanziell enthalten.

Im Gegensatz zu Fleisch findet man bei Fisch Rezepte mit weißer Schokolade, etwa in einer Sauce aus Orangen. Sehr ansprechend klingt eine Schoko-Polenta mit weißer Schokolade als Beilage zu Fisch. Und was ist mit Gemüse? Offenbar kann weiße Schokolade auch Sauerkraut zugesetzt werden. Interessant fand ich auch die Idee, geschmolzene Bitterschokolade in ein Balsamico-Salatdressing zu geben!

Nun mag man sich im World Wide Web bei virtuellen kulinarischen Reisen austoben. Auf tatsächlichen Reisen konnte ich aber auch konkrete Produkte erstehen: eine Schokoladen-Zwiebel-Marmelade mit dunkler Schokolade in Frankreich, ein Glas Meerrettich mit weißer Schokolade in Dänemark. Klar sind das keine Alltagsprodukte. Aber es gibt sie. Den Meerrettich mit weißer Schokolade habe ich in etwas geschlagene Sahne gegeben und zu geräucherter Forelle gegessen. Hervorragend!

Es lohnt sich immer wieder, seinen kulinarischen Horizont zu erweitern und neue Dinge auszuprobieren! Denn vielleicht war die Vorstellung, süßen Zucchinikuchen zu backen, auch früher einmal befremdend? Und wer weiß schon, was sich die Azteken gedacht hätten, wenn sie süße Schokosauce auf ebenso süßen Gerichten erhalten hätten?

Weil Schokolade tolles Fingerfood ist

Was zeichnet Fingerfood aus? Dass man kein Besteck braucht, dafür umso mehr Servietten. Dass es sich gut für Partys mit vielen Personen eignet. Dass Kinder Fingerfood lieben, weil sie einfach gerne mit den Händen essen. Dass auch Hochbetagte Fingerfood attraktiv finden. Dass es viele Produkte und Gerichte gibt, die Fingerfood sind, aber dennoch nie diese Bezeichnung aufgedrückt bekommen haben. Dass Fingerfood simpel sein kann, aber auch exquisit. Dass es immer nur kleine Häppchen sind. Oft bekommt man als Fingerfood einen Bissen auf einem Löffel, ohne Teller. Diese Löffelgerichte sind aber eigentlich kein Fingerfood, hier geht's ums Essen im Stehen. Das aber wieder kennzeichnet Fingerfood auch: Es wird meist im Stehen verzehrt.

Den Begriff »Fingerfood« haben wir uns aus dem Englischen ausgeliehen. Vielleicht bekommen Häppchen, die ohnehin mit Anglizismen behaftet sind, eher die Bezeichnung »Fingerfood«: neumodische Cake-Pops, also Kuchen am Stiel, weiterhin Cupcakes, also Muffins mit Cremehäubchen, und Brownies, amerikanische Schokokuchen. Fingerfood sind aber auch französische Petit Fours aus Biskuitteig, mit einer Creme gefüllt und einer Zucker- oder Schokoglasur versehen, oder schokogefüllte Croissants, die man auch mit den Fingern isst. Der Name Petit Fours bedeutet übersetzt »kleine Öfen« und geht darauf zurück, dass Bäcker früher die Restwärme der Öfen zur Herstellung von Kleingebäck verwendeten.

In Madrid gibt es Chocolate con Churros. Churros sind längliche, leicht gebogene Stangen aus Brandteig, die in heißem Fett frittiert werden. Der Teig wird mit einer Düse in großen Kreisen ins Fett gespritzt, die fertigen Kreise dann in längliche Stücke geschnitten, die daher leicht gebogen sind. Diese taucht man – mit den Fingern – in eine dicke, reichhaltige, dunkle, heiße Schokolade. Ein üppiges Gericht. Und Madrilenen wie Touristen stehen bei Chocolatiers, die sich darauf spezialisiert haben, Schlange. Angeblich isst man Churros meist zum Frühstück oder nachts auf dem Nachhauseweg nach einer Party. Mein Eindruck in Madrid war, dass die darauf spezialisierte Chocolatería San Ginés immer voll war, egal um welche Uhrzeit es sich handelte.

Fingerfood sind auch französische Macarons, die es mittlerweile nicht nur in Frankreich, sondern auch in deutschsprachigen Ländern gibt. Es handelt sich dabei um Schaumgebäck aus Eischnee, Staubzucker und Mandelmehl, das bunt gefärbt ist. Zwei Baisers werden mit einer nicht weniger farbenfrohen Creme zusammengesetzt. Macarons gibt es in allen möglichen traditionellen wie innovativen Geschmacksrichtungen. Und es gibt sie auch als Schokoladen-Macaron. Beim Backen von Macarons hat sich schon mancher Hobbybäcker geplagt. Das zeigt, dass Fingerfood zwar schnell gegessen wird, die Herstellung aber nicht unbedingt schnell erfolgt.

Als ich während des Studiums ein Auslandssemester in Irland absolvierte, brachte eine italienische Erasmusstudentin zu einem Picknick Ricotta-Kokos-Kugeln mit. Dafür hatte sie nur Ricotta – einen milden und süßlichen Molkenfrischkäse – mit Puderzucker und Kokosflocken zu einer halb festen Masse verrührt, aus der sie Kugeln formen konnte. Diese hat sie dann in Kakao gewälzt. Fertig waren die »Palline di cocco, ricotta e cioccolato«. Sie schmecken übrigens mit Kuh-, Büffel- und Schafmilchricotta gut.

Schokohaltiges Fingerfood sind im Prinzip auch alle Arten von schokohaltigen Süß- und Knabberwaren: Kekse und Cookies, Schokobrezeln, Schaumgebäck mit Schokolade, schokoladenüberzogene

Nüsse oder Stangerl. Schokomüsliriegel oder Früchte mit Schokoglasur fallen auch darunter. Aber kreatives Fingerfood ist das nicht.
Gerade das Konzept der kleinen Häppchen bietet sich an, um besondere Gaumenerlebnisse zu bieten. Petit Fours mit essbaren Blüten, meinetwegen süße Maki, und wenn Frucht mit Schoko gerne
gegessen wird, warum dann nicht mal umgekehrt die Schokolade
in eine Frucht füllen, statt die Frucht einzutauchen? Schokogefüllte
Himbeeren würden sich als Fingerfood anbieten.

Weil Schokolade den Frühstückstisch bereichern kann

Schokolade zum Frühstück, so lautet die deutsche Übersetzung einer
Komödie, die im Originaltitel *Bridget Jones's Diary* heißt. Davon ist
hier aber nicht die Rede. Es geht ums Frühstück als erste Morgen-
mahlzeit, die oft eine Versüßung des Morgens ist! Das deutsche
Wort »Frühstück« leitet sich vom in der Früh gegessenen Stück Brot
ab. Und zeichnet auch aus, was nach wie vor häufig gefrühstückt
wird: Brot mit etwas darauf. Das englische »breakfast« bedeutet
hingegen das Brechen (engl. »to break«) des nächtlichen Fastens in
Form der morgendlichen Nahrungsaufnahme.

Das Frühstück fällt in verschiedenen Ländern bekanntlich unterschiedlich aus. Eher asketisch in Italien, wo man mit Espresso oder
Cappuccino und ein paar Keksen auskommt. Ähnlich mager ist
es in Spanien, dort wird aber zumindest im Urlaub oder an Feiertagen in der Früh geschlemmt. Über die spanischen Chocolate con
Churros können Sie in *Grund 91: Weil Schokolade tolles Fingerfood
ist* nachlesen. Das »petit déjeuner« der Franzosen zeigt den Umfang
desselben: »petit« bedeutet klein. Meist geht es um Croissant und
Pain au chocolat. Süß ist es also in allen drei genannten Ländern
und manchmal schokoladig.

Das englische Frühstück ist hingegen von der deftigen Sorte. Tee mit Milch, Orangensaft, Frühstückscerealien oder – seltener – Haferflockenporridge, Toast mit Butter und bittersüßer Orangenmarmelade, Eier, Baked Beans in Tomatensauce, gebratener Speck, kleine Würstchen, gebratene Tomatenhälften oder Pilze und gelegentlich »black pudding«, eine gebratene Blutwurst. Das bekommt man zumindest im Bed and Breakfast serviert. Die gelebte Praxis zu Hause fällt auch dort etwas magerer aus, zumindest unter der Woche.

Ich selbst lebe in Wien, und das Wiener Kaffeehaus ist bekanntlich eine Institution. Hier kann man aus einem breiten Frühstücksangebot wählen. Schokolade kommt dabei öfter vor als in England! Das »Wiener Frühstück« besteht aus Semmeln, Butter, Marmelade oder Honig, einem weich gekochten Ei sowie Kaffee, Tee oder heißer Schokolade. Beim Kipferlfrühstück bekommt man zum Briochekipferl eines der drei Heißgetränke. Aber auch ein Stück Marmorgugelhupf, dessen dunkler Anteil schokoladig ist, isst mancher gern zum Kaffee. Man kann sich das Frühstück fast in jedem Kaffeehaus individuell zusammenstellen – vom Rührei mit Kürbiskernöl bis zum Nussnugataufstrich.

Auch neue, hippe Lokale haben Schokolade im Frühstücksangebot. Müslibuffets haben mehrere Müslimischungen zur Auswahl, manche darunter mit Schoko. Marmeladen werden manchmal vom Fruchtaufstrich zum Fusionsaufstrich: Erdbeer-Schoko-Marmelade und Konsorten sind heute erhältlich. Wo es heiße Waffeln gibt, gibt es meist auch Varianten mit Schokosauce.

Zu Hause isst man im ganzen deutschen Sprachraum neben Brot gerne Müsli. Manche Kinder essen das auch, vor allem, wenn ein Vehikel namens Schokolade unter die Flocken gemischt ist! Wenn ein paar Schokoflocken Anlass sind, dass ein Kind Müsli frühstückt, vielleicht überhaupt frühstückt, ist das fein! Genauso wie Frühstückskakao den Milchkonsum von Kindern und Jugendlichen fördert, was reine Milch so nie schaffen würde. (M)ein guter Tag beginnt immer mit einem guten Frühstück.

Weil Schokolade im Buchstabenmenü nicht fehlen darf

Das S-Menü muss man noch nicht kennen. Ich habe es eben erst erfunden. Genauso wie das A-Menü, das E- Menü, das G-Menü oder R-Menü. Die Idee ist einfach: Wählen Sie einen Buchstaben, notieren Sie alle Lebensmittel, die mit diesem Buchstaben beginnen, und kochen Sie daraus ein Menü!

Das klingt absurd? Mitnichten. Manche Einzelgerichte folgen diesem Prinzip bereits. Schweinsbraten mit Semmelknödel und Sauerkraut etwa, oder Semmelknödel mit Schwammerlsauce[73]. Ein ganzes S-Menü habe ich aber noch nie gesehen. Dabei lässt sich das Konzept problemlos auf Vor-, Haupt- und Nachspeisen umlegen. Ein Schaumsüppchen vom Spargel mit Shrimps ließe sich machen, oder ein Selleriesüppchen mit Schwarzbrotcroûtons. Sautierte Steinpilze mit Süßkartoffelpüree, ein Saibling in der Salzkruste … Klingt doch gut, oder? Und natürlich geht »S« nicht ohne Schokolade.

Welche Zutaten beginnen mit S? Gemüsig sind Spargel, Stangensellerie, Sellerieknolle, Salatblätter, Sauerampfer, Sauerkraut, Spinat, Schwarzwurzeln, Steinpilze, Shiitake-Pilze und Sprossen. Die Kartoffelsorte Sieglinde beginnt ebenso mit S wie Süßkartoffeln. Fruchtig sind Stachelbeeren, Schwarzbeeren, Sharonfrüchte, Sternfrüchte, Satsumas (Mandarinen) und Sultaninen. Getreidig ist der Schwarzroggen und manche Brot- und Gebäcksorte wie Semmel, Salzstangerl, Schwarzbrot und Sauerteigbrot. Bei den Hülsenfrüchten punktet Soja. Animalisch sind süße oder saure Sahne, Schafkäse, Stilfser Käse (ein Südtiroler Schnittkäse), Sainte-Maure de Touraine (ein französischer Ziegenkäse), der Schweizer Hartkäse Sbrinz, österreichischer Sura Kees (ein Sauermilchkäse aus Vorarlberg), Schotten[74], der Sennalpkäse aus dem Allgäu, Saibling, Scholle, Steinbutt, Sardinen, Sardellen, Scampi, Schweinefleisch, Salami oder Schinken. Würzen kann man mit Salz, Senf, Safran, scharfer Salsa,

Schabzigerklee oder Suppenwürze (wobei ich hier auch Nicht-S-Gewürze einbeziehen würde). Zu trinken gibt es Sodawasser oder Wein der Rebsorte Sauvignon Blanc. Und süß? Natürlich Schokolade!

Diese Zutatenliste hat keinen Anspruch auf Vollständigkeit. Ich habe aber die Erfahrung gemacht, dass die Kochkreativität durch jegliche Reduktion steigt: hier eben durch die Beschränkung auf gewisse Zutaten. Man kann das auf Zubereitungen ausweiten. Dazu zählen die genannten Schlutzkrapfen – gefüllte Teigtaschen – ebenso wie Schupfnudeln aus Kartoffelteig. Beim Fleisch denke ich an Spieß, Steak oder Schnitzel. Suppe und Saucen, Sulz und Spätzle, sommerliche Salatkompositionen und Schöberl fallen mir ein. Im Dessertbereich können Schäume, Strudel, Schmarren und Stanitzel gemacht werden, ein Soufflé aus Schokolade, oder ein Sorbet, das am besten gleich in der Schokoschale serviert wird.

Ich stelle mir das Ganze auch in der Gastronomie lustig vor. Als Mittagsmenü etwa: Wenn ich weiß, dass das Menü temporär durch das Alphabet wandert, und die ersten Male war es gut, bin ich doch neugierig und möchte noch mehrere Buchstaben degustieren. Mahlzeit!

Weil Schokolade ein guter Aufhänger ist, um kochen zu lernen

Was war das erste Gericht, das Sie kochen konnten? Oft lautet die Antwort wohl Rührei oder Spiegelei. Auch Suppe oder Würstchen, Vanille- und Schokopudding zählen vielfach zu den frühen Kochversuchen. Nur beim Backen ist es anders, denn die meisten Kinder helfen beim Backen von Weihnachtskeksen und schlecken gerne Kuchenteig, wenn Kuchen gebacken wird.

Schokolade – egal ob in Form von Kuchen oder Pudding – ist also ein möglicher Aufhänger, mit dem Kochen zu beginnen. Wer als Kind weiß, dass Kochen mehr als die Bedienung der Mikrowelle ist, wer einen Schneebesen, eine Teigkarte oder eine Spritztüte kennt, und wer weiß, dass das Erwärmen von Schokolade im Wasserbad kein Versenken derselben im Waschbecken bedeutet, der hat später einen einfacheren Zugang zum Kochen. Auch zum Kochen anderer, pikanter Gerichte. Einmal erworbene Koch-, Back- und Küchenkompetenz ist etwas Ausbaufähiges!

Kochen zu können heißt auch, zu wissen, was man isst. Man bekommt einen besseren Zugang zu Lebensmitteln. Es erlaubt uns, auch Speisen, die wir nicht selbst gekocht haben, bewusster wahrzunehmen. Gewürze zeigen das besonders deutlich: Wer Gewürze selbst nicht verwendet, kann sie schwerer herausschmecken.

Kochen ist aber auch eine soziale Tätigkeit. Wie oft sind Freunde bei uns, nicht um bekocht zu werden, sondern um gemeinsam zu kochen! In puncto egalitäre Partnerschaft ist das Kochen auch ein Teilaspekt, den beide Partner beherrschen sollten. Am feinsten ist es dann trotzdem, das Essen gemeinsam zuzubereiten.

Aber auch beim besagten Puddingkochen kann man einiges lernen! Wer keine Hautbildung an der Puddingoberfläche mag, lernt, dass man ihn dafür mit Frischhaltefolie abdecken kann. Wenn der abgekühlte Pudding in der Form einen wässrigen Rand bekommt, dann wurde er zu lange gekocht. Soll der erkaltete Pudding aus seiner Form gestürzt werden, empfiehlt sich die Zugabe von etwas Grieß zur Puddingmasse, das macht ihn standhafter. Abgesehen davon kann beim Selbermachen der Zuckergehalt individuell dosiert werden – im Gegensatz zu fertigen Puddingdesserts.

Schokolade ist bei Kindern oftmals ein emotional aufgeladenes Produkt. Man kann diese Begeisterung für ein Produkt, das Momentum nutzen – für den Erwerb von küchentechnischen Fähigkeiten.

Weil man aus Schokolade Seifenblasen, Kaviar und Schüsseln machen kann

Kochen ist Physik und Chemie. Kochen bedeutet, dass man Zutaten kombiniert, verändert und oft in einen anderen Aggregatzustand bringt. Aus festen Gemüsen und Früchten werden flüssige Suppen, Pürees und Smoothies. Aus flüssigen Produkten werden luftige Schäume hergestellt, die »Air« (engl.: Luft) oder »Espuma« (span.: Schaum) heißen. Airs sind besonders luftig, fast wie Seifenblasen! Espumas sind etwas dichter.

Espumas können mithilfe eines Sahnesiphons hergestellt werden. Aus Milch, Sahne, weißer oder dunkler Kuvertüre und Geliermittel aus Algen entsteht im Handumdrehen eine helle oder eine dunkle Mousse au Chocolat, die allerdings nicht sehr lange stabil bleibt und zum sofortigen Genuss gedacht ist[75].

Dass man Schäume aus allen möglichen Lebensmitteln erzeugen kann, ist spätestens seit der Molekularküche weit bekannt. Diese gastronomische Strömung begann im Kleinen in den 1990er-Jahren, hatte in den 2000er-Jahren ihren Aufschwung und ist mittlerweile abgeflaut. Molekularköche nahmen die Chemie beim Kochen ziemlich wörtlich. Zusatzstoffe, die zuvor vielerorts angeprangert wurden, waren plötzlich salonfähig, während regionale und ökologische Aspekte außen vor gelassen wurden, obwohl molekulare Küche auch mit regionalen Zutaten möglich war und ist. Die Molekularküche reizte die kulinarischen Möglichkeiten aber auch mithilfe der Physik weiter aus. So wurde nicht nur erhitzt und gefroren, es wurde auch mit flüssigem Stickstoff bei minus 196 Grad Celsius hantiert. Letzteres wurde sogar zu einer Art »Markenzeichen« der Molekulargastronomie, war aber nicht massentauglich. Anders die Herstellung von Schäumen, die nach wie vor beliebt sind. Auch heute werden Cremesuppen in

Suppen-Cappuccinos verwandelt und viele Desserts mit Schäumen kredenzt.

Auch »Kaviar«, kleine Perlen mit fester Hülle, war ein beliebtes Produkt der Molekularküche. Im Gegensatz zu Schäumen sind Kaviars heute selten anzutreffen. Kaviar kann aus allem Möglichen erzeugt werden. Schokoladenkaviar kann man beispielsweise herstellen, indem man geschmolzene Kuvertüre mit etwas in Wasser aufgelöstem Alginat, einem Geliermittel aus Algen, mischt und von dieser Masse mithilfe einer Pipette Tröpfchen in ein Bad aus Kalziumlaktat einträufelt.

Nicht auf die Gastronomie reduziert, sondern auch für zu Hause geeignet ist die Herstellung von Dessertschalen aus Schokolade. Ich habe das in einem Pralinenworkshop bei einer Wiener Schokoladenmanufaktur[76] gelernt. Man nehme ein paar Luftballons, blase diese etwas auf und mache jeweils einen Knoten hinein. Dann bereite man ein Blech mit Backpapier vor, wo die Schokoschalen daraufgesetzt werden können. Schokolade wird temperiert, also erwärmt, abgekühlt und erwärmt, nach dem in *Grund 89: Weil Pralinenherstellen entschleunigt* beschriebenem Prinzip. Die Luftballons werden ein Stück eingetaucht und auf das Backpapier gestellt. Die abrinnende Schokolade bildet ein Füßchen, und der Luftballon bzw. die werdende Schale steht. Abkühlen lassen und dann den Luftballon vorsichtig aufstechen und die Luft auslassen. Es bleibt eine Schokolade, die als essbares Geschirr betrachtet werden kann. Früchte oder Eis lassen sich darin servieren.

Luftballons zum Herstellen von Schokolade, Seifenblasen aus Schokolade … Hieß es nicht früher mal, mit Essen darf nicht gespielt werden? Nun, solange der spielerische Umgang bedeutet, dass das Ergebnis genussvoll verspeist wird, ist das Ganze okay!

Weil Schokolade
bei Staatsbanketten serviert wird

Ein Bankett ist ein Festmahl für einen Ehrengast in einem entsprechenden Rahmen. Ein Staatsbankett zu Ehren des jeweiligen Staatsbesuches ist ein diplomatisches Großereignis, das eine aufwendige Planung, ja Choreografie bedeutet. In der Diplomatie gibt es viele Regeln, und dazu gehören auch das Essen, die Sitzordnung beim Essen, die Kleidung.

Ein Bankett beinhaltet einen Sekt- oder Champagnerempfang und geht meist in ein mehrgängiges Menü über. Es kann aber auch ein Buffet geben. Beim Essen gibt es zwei Philosophien. Entweder serviert man dem Gast landesübliche Speisen oder man kredenzt möglichst besondere Gerichte. Dem Dessert als krönendem Abschluss kommt natürlich entsprechende Bedeutung zu. Und hier war und ist Schokolade beliebt, und zwar international! Schokolade als gemeinsamer Nenner?

Bereits in der K.-u.-k.-Monarchie servierte man in Wien Schokolade. Das machte man auch in der jüngeren angloamerikanischen Beziehungsgeschichte. Als Tony Blair den damaligen amerikanischen Präsidenten George W. Bush im Weißen Haus besuchte, fertigte der Chefpatissier des Weißen Hauses kleine Big Bens aus Schokolade an. Und bei einem Staatsbankett für den französischen Präsidenten Hollande in Washington 2014 wurde Schokoladenkuchen serviert.

Bei Staatsbesuchen werden aufwendige Sicherheitsvorkehrungen getroffen, ist sich der Gastgeber seiner Verantwortung doch bewusst. So wird den Besuchern entsprechender Polizeischutz gewährt. Sogar Kanaldeckel sollen in Hauptstädten bei Staatsbesuchen kontrolliert worden sein. »Vorkoster«, wie sie es lange Zeit in Königs- und Herrscherhäusern gab, um potenzielle vergiftete Speisen zu identifizieren, gibt es heute aber nicht mehr.

Historisch waren Vorkoster meist Sklaven am Königshof. Erst wenn diese nach einer definierten Wartezeit keine Anzeichen einer Vergiftung zeigten, griff der jeweilige Herrscher selbst zu. Was früher dem Motto »Vertrauen ist gut, Kontrolle ist besser« entsprach, gilt heute in umgekehrter Form, zumindest beim Essen: Kontrolle ist gut – Vertrauen besser. So betrachtet kommt dem Essen eine gewichtige, ja staatstragende Bedeutung zu!

Das gesamte Volk nimmt indirekt auch am Staatsbankett teil: Über Medien erfahren wir, was alles schiefgelaufen ist, welche Speisen es gab und ob diese adäquat zubereitet worden sind. Und begeben uns dann selbst in die eigene Küche, bereiten unser Essen zu und genießen Schokolade als Nachtisch.

97. GRUND

Weil Schokolade
eine schöne Verzierung ist

Wenn eine Speise, eine Torte, ein Lebkuchenherz dekoriert ist, dann erfreut das zuerst einmal das Auge! Das Auge isst bekanntlich mit, und die Vorfreude auf den Gaumenkitzel ist entsprechend groß. Ein schönes Kindheitserlebnis von mir war es, jährlich zu Weihnachten ein Lebkuchenhaus zu verzieren. Meine Großmutter buk die Hausteile, mein Großvater setzte sie zusammen, und wir Kinder durften sie bekleben. Mit Zuckerglasur wurden Geleefrüchte, Schokolinsen und dergleichen am Knusperhäuschen befestigt. Um dann wieder sukzessive heruntergenascht zu werden!

Speisendekoration ist aber – glücklicherweise – nicht auf Weihnachten reduziert! Milchreis ist das ganze Jahr über bei den meisten Kindern beliebt – mit etwas Schokolade darüber gerieben allerdings noch beliebter. Das geht sicher auch auf den Geschmack zurück, aber mindestens genauso auf das Äußere: Ja, ich bekomme Schokolade – denkt das Kind, und realisiert gar nicht, wie wenig Schokolade dabei eigentlich im Spiel ist.

Geburtstagstorten werden oft mit einer Aufschrift aus Schokoladenbuchstaben und -zahlen verziert. Torten können zu Gutscheinen werden, indem die Botschaft auf der Torte abgebildet ist. Manche Torten enthalten Schokolade in unterschiedlichen Texturen: einen Schokoteig und Schokostreusel als Dekor. Klar gibt es auch zahlreiche andere Möglichkeiten des Torten-Verzierens: Marzipan, Zuckerbuchstaben, Glasuren, frische oder kandierte Früchte, Sahne. Diese können durchaus eine Dekoration für Schokokuchen oder Petit Fours sein.

Wer im Kaffeehaus Cappuccino bestellt, bekommt oft ein wunderschönes Muster aus Milchschaum auf den Kaffee. Barista bereiten nicht nur den Kaffee gekonnt zu, sie erzeugen oft schöne Muster beim Eingießen der geschäumten Milch. Man nennt das auch »Latte Art«, also Milchkunst. Die einfachere Variante, Kaffee zu dekorieren, ist es, etwas Kakaopulver auf das Milchhäubchen zu streuen. Auch damit können schöne Muster gemacht werden.

Dicke Schokosauce ist als Tellerrand-Dekor auch bei pikanten Gerichten im Einsatz. Das Sprichwort »Du bist, was du isst« kann getrost um »Du isst, was du siehst« ergänzt werden.

»Decorare« heißt auf Lateinisch schmücken. Was schmücken wir noch, außer Essen? Wenige das Auto, viele die Wohnung. Vor allem zu bestimmten Anlässen wie Fasching, Ostern, Geburtstagsfeiern oder Weihnachten werden Wohnräume verschönert. Gärten, Balkone, ganze Landschaften werden dekoriert. Geschmückt wird nicht nur der private, sondern auch der öffentliche Raum: Straßenbeleuchtung, Schaufenster, Einkaufszentren. Auch in Kunst und Architektur war Dekorieren eine Zeit lang angesagt. In der Zeit der Art decó (verzierende Künste) von 1920 bis 1940 ging es beim Design von Gebäuden, Möbeln, Gebrauchsgegenständen oder Schmuck um Formen, Materialien, Farben und Flächen.

Letztlich schmücken wir uns selbst: mit Kleidung, Schmuck, Taschen. Schokoladiger Körperschmuck ist zwar rar – aber ein schoko-
verschmierter Kindermund sieht definitiv lustig aus. Im weitesten
Sinne ist auch das dekorativ!

Weil Schokoladendesserts auf fast jedem Geschirr schön aussehen

Weiße Teller hat fast jeder zu Hause. Die kaufte man mal oder
bekam sie geschenkt. Aber dabei blieb es selten, in den meisten
Haushalten gibt es heute wohl Teller oder Schüsseln in Bunt. Denn
auch Geschirr geht mit der Zeit, und gedeckte Tische sind heu-
te farbenfroher. War Lilienporzellan in den 1960er- und 1970er-
Jahren noch der Inbegriff für buntes Geschirr schlechthin, sind
Schüsseln und Teller heute von verschiedenen Herstellern in allen
Farben erhältlich. Tischtücher, Kerzen und Servietten sowieso.
Das erfreut das Herz vor allem an grauen Wintertagen, wo der
Morgen nur wenig vom Abend zu unterscheiden ist. Da tut Farbe
wirklich gut!

Nun ist Schokolade selbst – Ausnahmen wie Erdbeerjoghurt-
schokoladen bestätigen die Regel – kein sonderlich farbenfrohes
Produkt. Aber gerade dunkle Schokolade ist auf vielen Geschirr-
farben ein schöner Kontrast. Sie passt auf himmelblaue genauso
wie auf frühlingsgrüne Teller, ziert orange wie gelbe und sieht auf
Lachsrosa ebenso wie auf Lila elegant und ansprechend aus. Auf
weißem oder naturfarbenem Geschirr sowieso. Das ist insofern interessant, als sich in der Natur Farben eigentlich nie beißen, weder
auf einer Blumenwiese noch im Tierreich, da alle Farben in der
Natur Mischfarben sind. Es sind immer Farbtöne, die in der Natur
nicht vorkommen, die sich beißen können. Aber auch wenn das

Geschirr einen unnatürlichen Farbton hat, sieht natürliches Schokoladenbraun als Kontrast darauf schön aus.

Nun beeinflusst aber die Farbe des Geschirrs, wie intensiv der Geschmack eines Lebensmittels empfunden wird! Man weiß von Popcorn, dass die Schüsselfarbe nicht egal ist, und hat bei Joghurt festgestellt, dass die Löffelfarbe den Geschmackseindruck verändert. Eine Studie wurde auch mit heißer Schokolade gemacht. Die Wissenschaftler Betina Piqueras-Fiszman und Charles Spence[77] verwendeten für ihr Experiment Plastikbecher in vier Farben – Rot, Orange, Cremefarben, Weiß. Insgesamt 57 Konsumenten bekamen aus diesen Bechern gesüßte und ungesüßte heiße Schokoladen und bewerteten, wie süß die Schokolade schmeckte, wie sehr sie nach Schokolade roch, wie stark der Schokoladegeschmack war und wie cremig sie sich anfühlte. Außerdem bewerteten sie, wie gut sie die Schokolade fanden.

Die Ergebnisse waren spannend! Im orangen Becher wurde die heiße Schokolade besser bewertet als im weißen. Auch der Schokogeschmack wurde im orangen Becher am intensivsten empfunden, stärker als in weißen oder roten Bechern. Im Schokogeruch und im süßen Geschmack gab es keinen deutlichen Unterschied, tendenziell roch die Schokolade aber im cremefarbenen Becher am stärksten und wurde aus demselben Becher tendenziell am süßesten empfunden.

Bei Tests mit unterschiedlichen Lebensmitteln – Schokolade war nicht dabei – kam die Wissenschaft noch auf eine andere Erkenntnis: nämlich, dass von roten Tellern und Bechern oft weniger konsumiert wird als von anderen Farben. Seither wird spekuliert, ob Rot eine Art Stopp-Signal in uns auslöst. Von der Verkehrsampel wären wir ja entsprechend darauf trainiert. Wer Schokolade also auf rotem Geschirr genießt, hat mitunter früher genug. Aber nur mitunter!

Weil Schokolade zur Resteverwertung eingesetzt werden kann

Nein, hier geht es nicht ums Verbacken von Schokoladenkrampus-Resten! Schokolade kann auch eingesetzt werden, wenn andere Lebensmittel übrig bleiben und verwertet werden sollen, anstatt im Müll zu landen. Meist sind solche Lebensmittel Brot, Früchte, Frischmilch oder Eier. Sie werden weggeworfen, weil man zu viel eingekauft hat, weil Großpackungen erstanden werden, die man dann doch nicht aufisst.

Diesen Luxus des Wegwerfens leistete sich früher niemand. Nicht umsonst entstanden wohl Rezepte wie Semmelknödel aus Weißbrotwürfeln, die mit Eiermilch übergossen werden und zu Knödeln geformt in Salzwasser gegart werden. Auch Süßspeisen wie Semmelschmarrn, Scheiterhaufen (ein Auflauf aus Weißbrot, Eiermilch, Äpfeln, Zucker und Rosinen) und Arme Ritter (Weißbrotscheiben in Eiermilch mit Zucker gewendet und in heißem Fett herausgebacken) sind in ihrem Ursprung Resteverwertungsrezepte. Übrig gebliebene gekochte Kartoffeln können zu »G'röstl« – gerösteten Pfannengerichten – werden. Oder man presst sie, macht Kartoffelteig daraus und kocht daraus Kartoffelnudeln. Dafür ist es nämlich ohnehin besser, wenn die Kartoffeln abgekühlt eine Zeit stehen, bevor der Teig gemacht wird! Am leichtesten lassen sich Reste aber wohl in Form von Aufläufen verpacken. Oft ist es auch nur der Mangel an Ideen, was man mit Resten anstellen kann. Dabei heißt Resteessen nicht, dass die Gerichte langweilig sind, im Gegenteil.

Süße Gerichte können aber mit etwas Schokolade aufgepeppt werden! Schokolade ist dabei wie ein Gewürz. So etwa hatte die Kochbuchautorin Elisabeth Fischer, mit der ich über dieses Buch und den Gedanken der Resteverwertung geplaudert habe, sofort die Idee, einen »Schwarzwälder Brotauflauf« zu machen: aus Weißbrotresten, Eiermilch, Sauerkirschen und etwas geriebener dunkler Schokolade. Ein anderer Vorschlag von ihr war eine Bananencreme aus einer sehr reifen und weichen Banane, die man mit etwas geschmolzener Schokolade feincremig püriert. Fertig ist das Blitzdessert. Danke, Elisabeth!

Ich kombiniere weiter: Als Besitzerin einer kleinen Eismaschine stelle ich im Sommer Eis und Sorbet oft selbst her. Warum nicht einmal eine Art Stracciatella-Fruchteis probieren? Dafür macht man aus Überschuss an Früchten (weil zu viel gekauft wurde oder zu viel im Garten zu ernten war) Fruchteis und gibt ganz zum Schluss am Ende des Rührvorganges etwas gehackte dunkle Schokolade dazu.

Bei all diesen Rezepten geht es also vordergründig darum, das Zuviel an Brot, Milch, Eiern oder Obst zu verwerten. Schokolade bringt dann ein Tüpfelchen auf dem i ein! Guten Appetit!

Kapitel 9

EIN SAMMELSURIUM AUS SCHOKOLADE

Weil das Spiel »Schokolade schneiden« süße Kindheitserinnerungen weckt

Wahrscheinlich ist dieses früher an Kindergeburtstagen verbreitete Spiel mittlerweile ausgestorben. Eine Runde Kinder saß um den Tisch, es wurde reihum gewürfelt, und wer einen Sechser würfelte, war glücklich, aufgeregt und hektisch. Schnell hieß es, eine Haube aufzusetzen, einen Schal umzuwickeln, Handschuhe anzuziehen – bei jedem Wetter, versteht sich! Und dann nahm man Messer und Gabel in die Hand und konnte von einer Schokoladentafel abschneiden und essen – und zwar so lange, bis der nächste Sechser gewürfelt wurde. Wer Glück hatte, konnte viel Schokolade essen. Aber da von vornherein nicht klar war, wie lange man Zeit hatte, schnitt jeder möglichst große Stücke ab und stopfte sie selig in den Mund! Welch' eine Wonne! Wer Pech hatte, bekam trotz eines Sechsers gar nichts ab. Manchmal war der nächste Sechser schon gewürfelt, nachdem man gerade einmal die Haube aufhatte. Es war eine Art kulinarisches Mensch-ärgere-Dich-nicht!

Ich habe dieses Spiel in guter Erinnerung. Schokolade war ein Produkt, das ich als Kind vorwiegend zu Geburtagen, zum Schulzeugnis, zum Nikolaus und an Ostern bekam. Täglich Schokolade war tabu, sie lag nicht im Küchenkasten herum. Es war also für uns Kinder wertvoll!

Mit knapp 30 Jahren spielte ich das Spiel wieder. Ich war beruflich in England tätig, und irgendjemand erzählte plötzlich vom »Schokolade schneiden« in der Kindheit. Es dauerte nicht lange, bis eine Gruppe aus zehn Leuten würfelte. Schal, Haube und Handschuhe lagen parat, und es war wieder ein Riesen-Spaß. Der Unterschied zu früher: Wir schnitten kleinere Stücke ab. Als Erwachsener kann man sich immer Schokolade kaufen.

Ein anderes Kinder-Partyspiel war »Mehl schneiden«, und auch das hatte mit Schokolade oder einer anderen Süßigkeit zu tun. Ein Haufen Mehl wurde auf den Tisch oder ein Backblech geschüttet und in die Mitte des Mehlberges eine mundgroße Süßigkeit gelegt. Nacheinander durfte jedes Kind mit einem Buttermesser ein Stück vom Mehlhaufen abschneiden und das abgeschnittene Mehl weg-schieben. Dabei musste man aufpassen, dass die Süßigkeit nicht vom Mehlberg fiel. Irgendwann war es aber so weit, dass die Süßig-keit auf dem Tisch oder Blech landete. Der Spieler, der nachher zum Schneiden dran gewesen wäre, durfte nun die Süßigkeit essen. Das Besondere an der Sache: Er musste sie mit dem Mund aufgreifen und durfte die Hände nicht verwenden. Wenn er lachte, hatte er Mehl im Gesicht, und es war ein Spaß für alle.

Man kann freilich über den pädagogischen Wert solcher Spiele diskutieren. Heute, da Schokolade fast überall und fast immer vor-handen ist, ist auch die Wertschätzung bei Kindern dafür gesunken. Die Schoko-Verknappung in meiner Kindheit war ein wichtiger Grund, warum solche Spiele so attraktiv waren. Ich kam auf diese Weise in den doppelten Genuss: damals beim Spielen, heute beim Erinnern!

Welche Kindheitserinnerungen gibt es noch an Schokolade? Kat-zenzungen, Schneeschokoladen, Schokofondue. Es ist nicht lange her, da wurde ein österreichisches schokoladenhaltiges Produkt via Facebook-Kampagnen von Konsumenten »gerettet«. Es war ein skurriler Solidaritätsakt, Kindheitserinnerungen wurden bei vielen wach, und auch Personen, die das Produkt lange nicht mehr gekauft hatten, waren entrüstet, dass es »ihre« Kindheitserinnerung bald nicht mehr geben sollte. Es wurde zum Kauf der sogenannten »Schwedenbomben« aufgerufen und die Firma entging tatsächlich der Insolvenz.

Welche Kindheitserinnerungen haben Sie an Schokolade?

Weil Katzenzungen ein skurriles Produkt sind

Katzenzungen gibt es schon mehr als 100 Jahre. Sie werden von unterschiedlichen Produzenten hergestellt, aus weißer, Vollmilch- oder dunkler Schokolade. Warum Katzenzungen diesen Namen haben, ist mir nicht ganz klar. Ja, die Form ist dünn und länglich, aber die Oberfläche der Schokokatzenzunge ist glatt, während die Zunge einer echten Katze kleinste Dornen trägt und rau ist. Diese raue Zunge braucht die Katze, um ihr Fell zu putzen, aber auch zum Fressen und Trinken. Sie muss Fleisch von Knochen ihrer Beute separieren können, und beim Trinken darf die Flüssigkeit nicht sofort von der Zunge rinnen.

Lustigerweise heißt das Schokoprodukt Katzenzunge nicht nur auf Deutsch so. Auch die Franzosen nenne sie Katzenzunge, »Langues de Chat«. Analog bezeichnen sie auch die Briten, welche die echte Katzenzunge zwar als »cat's tongue«, das Schokoprodukt aber mit französischem Namen titulieren. In Südtirol assoziiert man mit »Katzenzungen« noch etwas anders – gibt es doch in Prissian, zwischen Bozen und Meran gelegen, ein Schloss mit dem Namen Castel Katzenzungen! Maler denken mitunter an Pinsel, wenn sie »Katzenzungen« hören – denn Haarpinsel mit einer abgerundeten Form nennt man Katzenzungenpinsel. Und last, but not least: *Katzenzungen* ist auch der Name einer Komödie des spanischen Autors Miguel Mihura (1905–1977).

Dass man sich bei einem Lebensmittel in der Benennung an einen Körperteil, in diesem Fall die Zunge, anlehnt, ist auch noch nicht das Skurrile – passiert dies doch bei zahlreichen Lebensmitteln: Biskotten heißen auf Englisch »lady finger«, also Damenfinger. Fischstäbchen sind »fish finger«. Beim Brot gibt es Zöpfe, Laibe und Brezeln, welche verschränkte Arme symbolisieren sollen. Und wenn auf einer Suppe Fetttröpfchen zu sehen sind, redet man von

Fettaugen. Der Kohl ist ein Kohlkopf, der Knoblauch hat Zehen. Körperliche Maßeinheiten waren vor allem bis ins 19. Jahrhundert üblich, jetzt gibt es noch Reste davon.

Was ist dann skurril an Katzenzungen? Dass Schokolade süß schmeckt, Katzen aber süß nicht wahrnehmen können! Sie schmecken nur salzig, sauer, bitter und umami – also den Geschmack von Eiweiß. Umami kommt aus dem Japanischen und wird oft mit »fleischig«, »herzhaft«, »köstlich« übersetzt. Dass Katzen süß gar nicht schmecken können, ist zwar für ein Säugetier ungewöhnlich, macht aber Sinn. Die Nahrung der Katze besteht nun mal nicht aus Süßem, sondern aus Fleisch. Ja, Katzen Schokolade zu füttern ist sogar ziemlich gefährlich für das Tier. Kühe als Pflanzenfresser schmecken hingegen süß, sauer, salzig und bitter, sind hingegen unempfindlich für umami.

Neulich bekam ich Besuch. Ein dreijähriges Mädchen sieht eine Packung Katzenzungen bei mir liegen. Sie sieht Katzenbilder auf der Packung und fragt mich, warum ich Katzenfutter zu Hause habe, wenn ich gar keine Katze besitze. Ich bin also nicht die Einzige, die sich über den Namen wundert. Gegessen haben wir die Katzenzungen dann gemeinsam.

102. GRUND

Weil Nugat eine nette Bedeutung hat

Nugat, Nugatmasse und Nugatcreme sind nicht das Gleiche. Das österreichische und das deutsche Lebensmittelbuch beschreiben Nugatmassen als weiche bis schnittfeste Erzeugnisse, die aus geschälten Walnusskernen, Haselnusskernen oder Mandeln, Zuckerarten, Kakaoerzeugnissen und Schokolade hergestellt werden. Die Masse darf höchstens zwei Prozent Wasser enthalten. Je nach Zutaten werden auch verschiedene Nugatmassen unterschieden, nämlich Nussnugatmasse, Mandelnugatmasse oder Mandel-Nuss-Nugatmasse, in Deutschland auch gesüßtes Nussmark.

Nugat ist eine Mischung aus einer Nugatmasse, Zuckerarten und gegebenenfalls Sahne- oder Milchpulver. Milchnugat muss mindestens 3,2 Prozent Milchfett und 9,3 Prozent fettfreie Milchtrockenmasse enthalten, Sahnenugat muss mindestens 5,5 Prozent Milchfett enthalten. Das Verhältnis zwischen den Zutaten beeinflusst klarerweise nicht nur den Geschmack, sondern die Konsistenz der Masse, also wie cremig oder hart sie ist.

Nugatcreme besteht aus einer Nugatmasse, mindestens zehn Prozent geriebenen Haselnüssen oder Mandeln, maximal 67 Prozent Zuckerarten, maximal zwei Prozent Wasser sowie Pflanzenfetten in unterschiedlichem Ausmaß.

Woher kommt Nugat? Aus Italien, genau genommen aus Turin. Dort war dunkler Nugat zum Zeitpunkt seiner Entstehung allerdings ein Ersatzprodukt. Infolge der von Napoleon verhängten Kontinentalsperre (1806–1814) war der Einfuhr von Kakao hoch bezollt. Folglich mischten die Turiner Schokolade mit gerösteten und gemahlenen Nüssen – die sogenannte Gianduia wurde zum Vorläufer des heutigen Nugats.

Auch wenn die Herkunft von Nugat in Italien liegt – die Bezeichnung »Nugat« hat ihren Ursprung in Frankreich. Angeblich leitet sich N(o)ugat vom französischen »tu nous gâtes« – du verwöhnst mich – ab! Eine rationalere Erklärung ist zwar genauso schlüssig, nämlich dass Nugat vom lateinischen »nux gatum«, übersetzt »Nüsschen«, abstammt. Netter ist aber wohl erstere Erklärung!

Was kann man aus Nugat machen? Pralinen und Plätzchen, Muffins und Kuchen, Parfait und Eis, Cremes und Liköre. Und natürlich Nugatschokolade. Trüffelmassen enthalten oft Nugat.

Was als »weißer Nugat« bezeichnet wird, hat mit Nugat im Grunde nichts zu tun, sondern erinnert an türkischen Honig. Weißer Nugat enthält keinen Kakao, sondern besteht neben Zuckerarten, Honig, Gelatine und Eischnee aus verschiedenen Nüssen und kandierten Früchten – wobei die Zusammensetzung natürlich auch beim weißen Nugat variabel ist. Die Schaumzuckerware gibt es in unterschiedlichen Ländern und ist als Gaz (Iran), Turrón (Spanien), Nougat de Montélimar (Frankreich) oder italienischer Torrone bekannt.

Weil Schokolade kein Blut enthält

»Only bad news are good news«, heißt es manchmal, wenn negative Sensationsnachrichten in den Medien stehen. Zeitungsleser lieben offenbar Skandale. Sensationen werden aber nicht nur medial verbreitet, sondern auch mündlich weitererzählt – und weitererzählt. Wer selbst schockiert ist oder andere schockieren will, transportiert Nachrichten im eigenen Umfeld.

Dass auf diese Weise auch Irrtümer weiterverbreitet werden, liegt auf der Hand. Ein solcher Irrtum ist die »Blutschokolade«. Gleich vorweg: Schokoladenmasse enthält kein Blut, weder vom Rind noch vom Schwein noch von sonst einem Tier. In der EU-Richtlinie 2000/36/EG ist nachzulesen, was in Schokolade enthalten sein darf. Woher kommt dann das ewig währende Gerücht? Und warum hält es sich so hartnäckig?

Einerseits, weil es eine neapolitanische Schokoladensauce gibt, deren ursprüngliches Rezept mit Schweine- oder Rinderblut zubereitet wurde. Diese Sauce namens Sanguinaccio enthält schon im Namen Blut (sangue = Blut), ist aber entsprechend der EU-Richtlinie mit Blut heute auch in Italien verboten. Im Internet findet man aber noch einschlägige Rezepte, aus Schweineblut, Milch, Zucker, gemahlenen Mandeln und Haselnüssen, Schokolade und Gewürzen[78]. Anstelle von Blut kann die Sauce auf Milchbasis hergestellt werden.

Zweitens ist zwar geregelt, was in der Schokolade selbst enthalten sein darf. Aber Füllungen für Schokolade sind mit ziemlich vielen Dingen möglich. Der österreichische Schokoladenhersteller Josef Zotter schockierte ergo 2011 mit seiner Blutschokolade und nahm sie aufgrund von heftigem Protest wieder vom Markt. Seither ist sie auf Zotters »Ideenfriedhof«, wo aufgegebene Sorten ihren Grabstein haben.[79]

Drittens werden mit Gerüchten Ängste geschürt, gerne auch politisch. Die Freiheitliche Partei Österreichs versuchte vor dem EU-Beitritt 1994, Märchen wie Blutschokolade und Läusejoghurt als Gegenargumente zum Beitritt zu thematisieren. Glücklicherweise ohne Erfolg.

Viertens befremdet allein der Gedanke, dass Schokolade als vegetarisches Produkt Blut enthält. Wer Blutwurst – eine schweinebluthaltige Kochwurst – isst, weiß, dass er Blut verspeist. Und Blutwürste haben in mehreren Ländern Tradition. Als »Blunzengröstl« mit Kartoffeln in Österreich, als Rahmblutwurst in der Schweiz, als »black pudding« in England, als »Boudin noir« in Frankreich, und in Deutschland gibt es zahlreiche Blutwurstarten. Von Schokolade erwarten wir das nicht.

Irrtümer selbst sind kein Grund, Schokolade zu lieben. Aber wenn man weiß, woher sie kommen und wie man sie bewerten und einordnen muss, sind sie durchaus unterhaltsam!

104. GRUND

Weil es unzählige Sprichwörter und Lebensweisheiten zu Schokolade gibt

Wer »auf die Schokoladenseite des Lebens fällt«, hat's auf jeden Fall gut erwischt! Denn Schokolade macht glücklich und eignet sich daher äußerst gut als Metapher für ein glückliches Leben. Wie überhaupt als Sinnbild für alles Gute. Janine Weger, eine deutsche Aphoristikerin, vergleicht etwa positive Erinnerungen mit Schokolade:

Schöne Erinnerungen sind wie Schokolade: Man kann zwar nicht von ihnen leben, weil sie nicht nahrhaft sind, doch sie versüßen das Dasein.[80]

Der bereits verstorbene deutsche Fernsehmoderator Robert Lembke (1913–1989) soll hingegen gute Unterhaltung mit Schokolade gleichgesetzt haben:

Ich wickle den Lebertran der Information in die Schokolade der Unterhaltung, damit er sich leichter schluckt.[81]

Über die positive Wirkung von Schokolade hat sich so mancher Gedanken gemacht – und zwar nicht erst im 20. und 21. Jahrhundert. Es war einmal vor langer Zeit ein französischer Richter und kulinarischer Schriftsteller. Er hieß Jean Anthelme Brillat-Savarin (1755–1826), und er hatte neben seinem Beruf genug Zeit, um seine wahre Leidenschaft – das Kochen – zu hegen und zu pflegen. Zu Schokolade hielt Brillat-Savarin fest:

Wer das Glück hat Schokolade zu verzehren, erfreut sich einer guten Gesundheit. Diejenigen leiden viel weniger an kleinen Gebrechen, die ihr Glück verhindern.[82]

Ein ernstes, aber positives Plädoyer! Charles Dickens, englischer Schriftsteller, 1812–1870, der vor allem für seinen Oliver Twist bekannt ist, erkannte ebenso den Wert von Schokolade:

Nichts ist wertvoller als ein guter Freund, außer ein Freund mit Schokolade.[83]

Wer das Glück hat, Schokolade zu essen, hat es also gut. Aber die mag laut John Tullius, einem amerikanischen Künstler, ohnehin fast jeder:

Neun von zehn Leuten mögen Schokolade. Der Zehnte lügt.[84]

Nun ist aber nicht jeder Mensch gleich aufgeschlossen, was Geschmäcker betrifft. Wer Pralinen bekommt, weiß nicht immer, was sich in deren Innerem befindet. Wer den Film *Forrest Gump* gesehen hat, kann sich vielleicht erinnern:

Das Leben ist wie eine Schachtel Pralinen – man weiß nie, was man kriegt.[85]

Grausam ist es hingegen, wenn man »*durch den Kakao gezogen*«, also ins Lächerliche gezogen wird. Dieses Bild leitet sich von »jemanden durch den Dreck ziehen« ab. Das Wort »Kakao«, das dem lateinischen »cacare« ähnelt, bedeutet nämlich »kacken« oder »beschmieren«. Demgemäß geht auf den beliebten und erfolgreichen Kinderbuchautor Erich Kästner (1899–1974), dem wir die Kinderbuchklassiker *Emil und die Detektive* oder *Das doppelte Lottchen* zu verdanken haben, folgendes Zitat zurück:

Was immer geschieht: Nie dürft ihr so tief sinken, von dem Kakao, durch den man euch zieht, auch noch zu trinken.[86]

Das Beschmieren mit Kakao hat heute wieder eine bessere Bedeutung: Denn so wir in Moor baden und Wellness-Schlammpackungen genießen, gibt es auch Gesichtsmasken mit Kakao! Schokolade kann dabei mit allen Sinnen erfasst werden: »Schokolade ist fassbar, greifbar und vor allem essbar gewordenes Glücksgefühl«[87], sagte Wim Wenders, deutscher Regisseur. Danke, Herr Wenders!

Weil die Farbe Schokoladenbraun
sogar im Duden verankert ist

Rot, Orange, Gelb, Grün, Blau, Lila. Die Farben des Regenbogens sind zu wenig, um all die Farbnuancen, die uns im Alltag begegnen, zu beschreiben und zu unterscheiden! Rot ist nicht gleich Rot, wir unterscheiden deutlich zwischen Ziegelrot und Purpurfarben, zwischen Himbeerrot und Rostrot. Und das Ganze bei der Mode, bei Haarfarben, Nagellack und Lidschatten, bei Lampenschirmen, Teppichen und Polstermöbeln, bei Leder und Lacken, bei Geschirr, Buntstiften und Autofarben. Farbbezeichnungen gibt es in allen Sprachen – manchmal fehlt jedoch ein Begriff in einer Sprache, der in anderen Sprachen vorhanden ist.

Auch Speisen werden farblich charakterisiert: Brot kann unter anderem als semmelfarben, linsenbraun, maronibraun, walnussbraun oder whiskybraun[88] beschrieben werden. Werden Lebensmittel farblich beschrieben, orientiert man sich an anderen Nahrungsmitteln. So können rote Speisen apfelrot oder brombeerrot sein. Camparirot leuchtet ebenso ein wie Erdbeerrot, Hagebuttenrot oder Hummerrot. Kirschrot ist ein Klassiker bei Weinbeschreibungen. Rosatöne reichen von Bonbonrosa bis Lachsrosa, Schinken- oder Schweinchenrosa, bis zu Mandelblüten- oder Beerenrosa. Orange kann mango-, safran-, sanddorn-, aprikosen- oder pfirsichfarben sein. Gelbtöne beinhalten Ananas-, Apfel-, Bananen-, Butter-, Curry-, Mais-, Zitronen- und Senfgelb. Grün kann ins Apfelgrüne reichen, aber auch erbsen-, kiwi-, oliv-, limetten-, gurken- oder lorbeergrün sein.

Schokolade ist meist – braun. Schokoladenbraun! Der Duden charakterisiert Schokoladenbraun als »ein warmes Dunkelbraun aufweisend«. Wie treffend! Es gibt zwar auch Cognac- und Whiskyfarben, Dattelbraun, Haselnussbraun, Zimtbraun, Zwiebelschalenbraun oder Champignonbraun. Der Duden kennt Zimtbraun aber nur in Zusammenhang mit einer Zwergtigerkatze, deren Fell diese Farbe aufweist. Whiskyfarben, Dattelbraun, Zwiebelschalenbraun, Haselnuss- oder Champignonbraun kennt der Duden nicht. Lediglich Cognacfarben ist ihm noch vertraut.

Schokoladenbraun ist nicht nur Selbige. Schokobraun ist mancher Teddybär, manch Tablet-Hülle, manches Hundehalsband. Dass selbst Staubsauger mit der Farbe Schokoladenbraun gehandelt werden, finde ich kreativ. Nicht zu vergessen sind Haustüren und Fensterrahmen, die ebenfalls Schokoladenbraun sein können! Nun, im Marketing wird viel versprochen. Aber wenn einer seine privaten Eigentümer als schokoladenbraun bezeichnet, dann stimmt das mit dem Omen. Das sagt definitiv etwas über die eigene Schokoliebe aus!

Weil Schoko-LADE einen Hinweis auf ihren Aufbewahrungsort gibt

Wo lagern Sie zu Hause Schokolade? Wahrscheinlich gibt es eine Süßigkeitenlade oder ein süßes Fach im Küchenregal. Nomen est omen: Die Lade ist bereits in Schokolade enthalten. Und der Tipp ist gut – denn im Kühlschrank kann man Schokolade im Hochsommer aufbewahren, aber ein geeigneter Ort ist das nicht. Ideal ist eine Raumtemperatur von 18 Grad Celsius.

Ein derartig stimmiger Hinweis fällt mir sonst nur bei Eis ein. Speiseeis wird im Eisschrank gelagert. Die Biskuitrou-Lade lagert nicht in der Lade. Man bäckt sie frisch – und dann wird sie frisch gegessen. Sie steht höchstens für kurze Zeit abgedeckt im ausgeschalteten und ausgekühlten Rohr. Wer Krautroulade, Rindsroulade oder sonstige Wickel erzeugt, lagert diese schon gar nicht in einer Lade.

Stracciatella hortet man nicht auf dem Teller, man isst es vielleicht davon. Aber lagern? Die Apfelsorte Dean's Küchenapfel liegt – okay, für kurze Zeit – in der Küche. Das ist aber ein sehr unspezifischer Ort. Der »Apfel im Schlafrock« wird nicht in ebendiesem aufbewahrt, es handelt sich um einen Apfel, der wie ein Bratapfel gefüllt, in Blätterteig gewickelt, im Rohr gebacken und sofort gegessen wird. Alle Arten von gefüllten Teig-Täschchen haben zwar Inhalt, aber werden selbst nicht in einer Tasche aufbewahrt.

Bezeichnungen abseits des eigenen Heimes sind definitiv keine Lagervorschläge. Linzeraugen dienen nicht als Augenklappe zum Schlafen in Linz, sondern sind Mürbeteigkekse, die mit Marmelade gefüllt sind. Die Kekssorte Eisenbahner ist visuell an Schienen angelehnt, wird aber weder im Zug gelagert noch dort serviert. Zimtsterne lagern und essen wir auf der Erde, nicht auf einem anderen Stern. Kasnocken[89] sind zwar am Berg beliebt, aber nicht nur auf dem Hohen Nock[90].

Oft sind Bezeichnungen an die Herkunft einer Speise angelehnt, etwa der Champagner aus der Champagne oder der Edamer, der ursprünglich aus der holländischen Gemeinde Edam stammt. Manchmal ist es paradoxerweise anders: Was in Frankfurt als »Wiener Würstchen« verkauft wird, heißt in Wien »Frankfurter«.

Zurück zur Schoko-LADE. Welche Wörter kann man noch von Schokolade ableiten? Es gehen auch Schoko(l)-ade – falls sich jemand von Schokolade verabschieden möchte. Aber ob das ein Leser dieses Buches tut? Wohl kaum! Und mit etwas Fantasie versteckt sich auch Deutschland darin: Schokola.de. Mehr als zehn Prozent der weltweiten Kakaoernte wird allein in Deutschland verarbeitet! In Deutschland wird auch viel und gerne Schokolade gegessen. Nomen est omen – der Kreis schließt sich.

Weil es sogar Briefmarken gibt, die nach Schoko riechen und schmecken

Die meiste Post wird heute virtuell gesendet. Postkarten aus dem Urlaub? Selten. Wenn, dann für Kinder und Großeltern. Wer sich im Urlaub den zu Hause Gebliebenen mitteilen möchte, hat via E-Mail, Blog, Facebook und Co ausreichend Möglichkeiten dazu. Und kann nicht nur ein einziges Bild wie auf der Postkarte, sondern gleich zahlreiche Impressionen posten.

Dabei gibt es durchaus einiges, was für Postkarten spricht! Das haptische Element, das Anfassen, fehlt bei virtueller Post. Beim Empfänger schmücken Postkarten Büros, Küchenkästen oder Vorzimmer. Die Limitierung einer Karte, auf der man rein platztechnisch nicht viel mitteilen kann, hat ihre Qualitäten. Und Briefe schreibt man auch nicht täglich, was sie wieder zu etwas Besonderem werden lässt. Während eine Mail rasch gelöscht ist, hebt man Briefe oder Karten zumindest temporär auf. Aber auch Briefmarken können ein Grund sein, gelegentlich Briefe zu schreiben. Vor allem, wenn sie nach Schokolade duften! Wie kann man süßere Grüße als auf diese Weise versenden? Zumal das Aroma automatisch das limbische System im Gehirn und damit den Sitz der Gefühle anspricht.

Es waren die Schweizer, die 2001 als erstes Land eine Briefmarke herausbrachten, die nach Schokolade roch, wenn man mit dem Finger daran rieb, und die auch wie ein Stück Schokolade aussah. Wer einen Bogen Briefmarken kaufte, hatte eine Tafel Schokolade aus 15 Briefmarken in der Hand. Anlass für die Sonderbriefmarken war der 100. Geburtstag des Verbandes der Schweizer Schokoladefabrikanten Chocosuisse.

Dem Beispiel sollten andere folgen, etwa die Belgier 2013. Der belgische Block enthält fünf Briefmarken mit unterschiedlichen Schokosujets: ein Schokoherz, eine Schokotafel, übereinandergestapelte Schokostücke, einen Toast mit Schokoladenaufstrich und eine Spirale aus Schokoladenstreusel. Auch diese Marken duften nach Schokolade. Wer die Gummierung der Marke zum Aufkleben abschleckt, hat den Geschmack von Schokolade im Mund. So sollen Briefeschreiber buchstäblich wieder auf den Geschmack des Briefeschreibens kommen! Dummerweise gibt es diese Briefmarken nur für Post außerhalb der EU.

Von Schokobriefmarken haben auch Briefmarkensammler etwas. Schokolade selbst eignet sich aber auch sonst zum Versenden, wenn man gewöhnliche Briefmarken hat. Etwa als Schokotelegramm: Buchstaben aus Schokolade können zur Grußbotschaft werden. Liebe geht auf diese Weise definitiv durch den Magen!

Aromatisierte Briefmarken sind natürlich nicht nur mit Schokoladenaroma möglich. Es gab sie auch schon mit Rosenduft, die Sondermarke Blumenstrauß der Österreichischen Post wurde als Valentinsgruß 2002 verkauft. Auch eine witzige Idee.

108. GRUND

Weil die Sollbruchstelle bei Schokolade positiv besetzt ist

Sollbruchstellen sind in ihrer eigentlichen Bedeutung immer positiv, sonst hießen sie nicht Soll- sondern Kannbruchstellen, oder gar Darf-nicht-Bruchstellen. Sollbruchstellen sind dazu da, dass Objekte im Schadensfall an vordefinierten Stellen brechen und so zum Schutz des Menschen beitragen, aber auch den Schaden des Gerätes oder Objektes minimieren. Die vordefinierten Stellen sind nicht immer sichtbar, aber physikalisch eingeplant. Sollbruchstellen dienen aber auch dazu, Dinge leicht abtrennen zu können, etwa die Briefmarke vom Briefmarkenblock.

Auch im Lebensmittelsektor gibt es zahlreiche Sollbruchstellen. Viele Schokoladentafeln haben Rippen und Stücke, die vorgeben, wo sie gebrochen werden. Bei kleinen Tafeln fehlen Sollbruchstellen oft, bei großen und vor allem dicken Tafeln sind sie jedoch notwendig. Riegel haben meist keine Sollbruchstellen, da von ihnen ohnehin abgebissen wird. Waffelblöcke haben Sollbruchstellen, um die Waffeln zu separieren. Sollbruchstellen bei Schokolade und Waffeln machen aber nicht nur das Abbrechen leichter, sie erleichtern auch das Teilen.

Neben Schokolade und Waffeln gibt es vor allem bei Lebensmittelverpackungen Sollbruchstellen. Die Champagnerflasche hat am Flaschenhals eine, denn sie muss mit einem Champagnersäbel geköpft, man nennt das auch »sabriert«, werden können. Getränkedosen könnte man auch nicht ohne Weiteres ohne Sollbruchstelle öffnen. Die Tiefkühlpackung aus Karton hat eine vorperforierte Lasche zum Öffnen, ähnlich ist das bei vielen Kekspackungen.

Auch unverpackte Produkte können Sollbruchstellen aufweisen: Buchteln aus Hefeteig etwa, mit Marmelade gefüllt, sind in der Form »aneinandergewachsen«, brechen aber an klar definierten Stellen, da die Buchteln in Teigform einzeln hineingesetzt wurden und so auch brechen. Die Semmel, ein Brötchen aus weißem Mehl, das zumindest in Österreich fünf Einkerbungen hat und daher in fünf Segmente teilbar ist, ist ein weiteres Beispiel.

Seit einigen Jahren wird der Begriff »Sollbruchstelle« aber auch für etwas anderes verwendet. Viele Menschen vermuten eine absichtlich eingebaute Schwachstelle in vielen elektrischen Geräten, um deren Langlebigkeit zu reduzieren und zu wiederholten Käufen zu zwingen. Waren Waschmaschinen früher wirklich langlebige Produkte, hat sich deren Beständigkeit deutlich verkürzt. Dabei ist nicht anzunehmen, dass mit der zunehmenden Verkleinerung der Haushaltsgröße heute mehr gewaschen wird als früher. Solch absichtlich eingeplante Schwachstellen heißen »geplante Obsoleszenz«. Bewiesen ist das zwar nicht, aber empirisch gibt es derart viele Erfahrungsberichte, dass die Mutmaßung naheliegt.

Wo ist die »geplante Obsoleszenz« bei der Schokolade zu finden? Beim Genießer! Er zerbeißt sie genüsslich oder schmilzt sie auf der Zunge. Ganz geplant!

Weil wir Serien lieben

Ja, der Mensch ist ein Gewohnheitstier! Das hat biologische Gründe, denn evolutionär betrachtet machte es Sinn, unbekannten Lebensmitteln nicht zu vertrauen, sondern ihnen mit einer gewissen Skepsis zu begegnen. Wenn die erste Verkostung unproblematisch – nicht tödlich, aber auch nicht krankmachend – ausfiel, war man bei der zweiten Verkostung schon optimistischer. Und die Sicherheit stieg von Mal zu Mal und damit auch das Wohlwollen. Nach etlichen Versuchen stand dann fest, dass es sich um ein genießbares Produkt handelte, und man mochte es auch. Dieses Muster ist uns erhalten geblieben, auch wenn wir heute sichere Lebensmittel haben. Wir mögen viele Dinge erst, wenn wir sie mehrmals verkostet und gut vertragen haben. Aber immer das Gleiche wäre langweilig und aus biologischer Sicht fatal, denn wir würden uns dann nicht sehr vielfältig ernähren. Wir brauchen und wollen daher auch ein gewisses Ausmaß an Abwechslung.

Serien sind aus den zwei genannten Prinzipien eigentlich ein Geniestreich. Man hat etwas Bekanntes und etwas Neues zugleich! Bei Schokolade einer Marke kennt man die Marke, das Produkt (Tafel, Riegel, Praline), die Form, die Größe, die Dicke – aber die Geschmacksrichtung, sprich die Sorte ist neu. Ähnlich kennen wir das von Fernsehserien. Man kennt die Charaktere, aber der Inhalt der Serie ist neu. Krimiautoren bleiben bei ihren Kommissaren, aber es ist jedes Mal ein neuer Fall, der gelöst wird. Fotografen fotografieren oft vergleichbare Sujets in Serie – bei gleichem Licht, gleichem Setting. Vertrautes wird mit Neuem kombiniert, und das ist ein Erfolgsrezept!

Serien haben zudem den Vorteil, dass man sehr viel breiter werden kann als bei einem Einzelprodukt. Bei der Fernsehserie müssen die Personen nicht jedes Mal aufs Neue erklärt werden. Ähnlich muss bei lange bekannten Schokoladen das Produkt nicht erläutert werden. Der Hersteller muss nur kommunizieren, dass es etwas Neues gibt. Die Kunden sind dann gespannt, welche Sorte wohl als Nächstes kommt, und wollen sie ausprobieren.

Übertreiben darf man es aber nicht. Wenn von einer Schokolade irgendwann wahnsinnig viele Sorten des ansonsten gleichen Produktes erhältlich sind, wird der Handel kaum alle davon listen. Und wenn der Kunde »seine« Lieblingssorte nicht mehr erhält, kann es sein, dass er aus Frust zu einem völlig anderen Produkt abwandert. Wer als Hersteller viele Sorten hat, muss das Sortiment immer wieder sanft bereinigen.

Ein ähnliches Beispiel sind Fruchtjoghurts. Hier gibt es immer wieder neue Sorten, aber zu viele dürfen es insgesamt nicht werden. Daher werden entweder alte Sorten ausrangiert, oder die neuen sind nur für kurze Zeit erhältlich.

Auch manch Krimiautor hat irgendwann doch einen neuen Kommissar oder eine neue Kommissarin kreiert. Die alten haben irgendwann ausgedient.

110. GRUND

Weil es mehr als 111 Gründe gibt

Auch wenn es in diesem Buch um 111 Gründe geht, hat wohl niemand behauptet, dass nicht noch mehr Gründe existieren, um Schokolade zu lieben! Hier einige davon, getreu dem Motto »In der Kürze liegt die Würze«:

Da wäre einmal, dass Schokolade genießen etwas sehr Reales ist. Vieles geht heute virtuell vonstatten: digitale Fotos, virtuelle Post, Avatare. Zeitungen werden online gelesen und Rezepte manchmal im Internet gesucht, obwohl der Schrank voller Kochbücher ist. Dabei bleibt jedoch einiges auf der Strecke. Das Haptische, das Fühlen, fehlt komplett! Über Schokolade kann man zwar lesen, digitale Bilder betrachten, aber der Genuss von Schokolade kann nicht virtuell sein!

Real ist auch, dass bei Schokoladentortenrezepten rechtlich gestritten wurde, wer der Erfinder ist. So etwas macht man wohl nur, wenn es wirklich um etwas geht. 1832 erfand ein gewisser Franz Sacher, damals 16 Jahre alt und selbst noch Lehrling, die Sachertorte. Franz Sachers Sohn Eduard war es, der die Tortenrezeptur vollendete, allerdings im Zuge seiner Ausbildung in der k. u. k. Hofzuckerbäckerei Demel. Im 20. Jahrhundert sollte die Eigentümerfrage in einen Rechtsstreit zwischen Hotel Sacher und Demel ausarten. 1963 kam es aber außergerichtlich zu einer Einigung.

Nun hat man wohl nicht umsonst um die Sachertorte gestritten, ist sie doch eine sehr gute Torte! Aber: Es gibt immer wieder ein neues, bestes Schokoladenkuchenrezept! Das allein ist ein Grund, Schokolade zu lieben.

Bevor ich dieses Buch zu schreiben begann, habe ich im Freundeskreis herumgefragt, was Schokolade für jeden Einzelnen bedeutet. Da kam unter anderem die Antwort: Entspannung, ein Betthupferl. Entspannung ist das Gegenteil von Anspannung und Stress. »Stressed« (engl.: gestresst) rückwärts gelesen bedeutet vielleicht nicht umsonst »desserts«! Und die sind, wie wir wissen, oft schokoladig!

Man kann Süßwarenmessen besuchen und sich über Trends im Schokoladensektor informieren.

Man kann über Schokolade ganze Doktorarbeiten schreiben. Wissenschaftler unterschiedlichster Disziplinen zollen der Schokolade ihr Tribut: Neben Medizinern und Chemikern sind es Archäologen genauso wie Physiker und Marktforscher.

Und ein Kind hat mir gesagt: Schokolade ist wie ein Lügendetektor. Jedes Kind mag Schokolade, und wer das nicht zugibt, lügt. In diesem Sinne: Die Wahrheit liegt nicht (nur) im Wein, sondern (auch) in der Schokolade!

Weil Gründe individuell sind

Vielleicht haben Sie die ersten 110 Gründe gelesen und Ihr persönlicher Hauptgrund, Schokolade zu essen, war noch nicht dabei? Vielleicht denken Sie, dass Ihr bestes Lieblingsschokoladerezept in diesem Buch aufgehoben werden sollte? Vielleicht möchten Sie das Buch jemandem schenken und es dafür mit einem persönlichen 111. Grund individualisieren? Genau dafür sind die leeren Zeilen da! Halten Sie fest, was Schokolade für SIE bedeutet. Was IHRE größten Genussmomente waren und sind. Allein das gedankliche Schwelgen ist ein weiterer Genussmoment – und ein Grund, Schokolade auch künftig zu lieben!

Und das ist Ihr Grund:

Danke

Meinem Lebensgefährten Andreas Baierl – selbst ausgeprägter Schokoliebhaber – danke ich für seine vielen Ideen, aber auch kritischen Kommentare zu den einzelnen Kapiteln, für seine nicht enden wollende Begeisterung und seine moralische Unterstützung. Merci, Chéri!

Mit meiner Freundin Marlies Gruber koche und esse ich nicht nur gern, wir haben auch eine gemeinsame Schreibwoche eingelegt. Jede von uns hat an ihrem eigenen Werk gearbeitet, aber das parallele Schreiben war unheimlich inspirierend! Und die Schreibpausen sehr gemütlich.

Meine Freundin Daniela Gassner ist Theaterwissenschaftlerin. Sie hat ihr umfangreiches Opern- und Operettenwissen mit mir geteilt und mir für den *Grund 67: Weil Schokolade vor der Oper nicht haltmacht* tiefere Einblicke in den Stellenwert von Schokolade in der Oper gegeben. Danke!

Meine Eltern warteten fast ungeduldig darauf, immer wieder neue Kapitel zum Lesen zu bekommen. Das euphorische Feedback war immer wieder ermunternd, kritische Anmerkungen vor allem in der Endredaktion willkommen.

Einige meiner Freunde und deren Kinder lieferten immer wieder Gründe für dieses Buch – einfach, indem wir Schokolade gemeinsam in verschiedenen Situationen verzehrten. Andere schickten mir Links oder brachten mir Schokoladen aus allen möglichen Ländern mit. Ihr werdet euch alle ohne Namensnennung in diesem Buch wiederfinden!

Letztlich möchte ich meinem Literaturagenten Martin Brinkmann und dem Verleger Oliver Schwarzkopf für die Buchidee, die unkomplizierte Zusammenarbeit und das Vertrauen danken. Meiner Lektorin Anne Tröst danke ich für das aufmerksame Lektorat und die äußerst nette Rückmeldung zu den Texten. So machen selbst Korrekturen Freude!

Anmerkungen

1 www.hahnertwins.com/de/ernaehrung (12.1.2015)

2 www.helene-fischer.de/musik-songtexte/ farbenspiel/marathon (12.1.2015)

3 Derndorfer, Eva: Klettern, Essen & Ernährung. Climax 12: 86–90, 2011.

4 Perchonok, M., Bourland, C.: NASA Food Systems: Pasts, Present, Future. Nutrition 18: 913–920, 2002.

5 Kerwin, J., Seddon, R.: Eating in Space – From an Astronaut's Perspective. Nutrition 18: 921–925, 2002.

6 www.alle-sprichwoerter.de/H_sub, (12.1.2015)

7 Hopkins J., Freeman M.: Strange Food. Skurrile Spezialitäten. Komet Verlag 1999.

8 Anm. d. Autorin: Der Krampus begleitet den Nikolaus, verkörpert jedoch das Gegenteil. Während der Nikolaus Geschenke an »brave« Kinder verteilt, bestraft der Krampus die anderen. Er hat eine grässliche Maske im Gesicht.

9 Von Goethe, J. W.: Die Leiden des jungen Werthers. URL_ www.gutenberg.spiegel.de/ buch/die-leiden-des-jungen-werther-3636/2 (12.1.2015)

10 Anm. d. Autorin: Dieses Zitat stammt aus dem Sketch »Dinner for one«, der alljährlich am 31.12. als Fixprogramm im österreichischen, deutschen und schweizerischen Fernsehen ausgestrahlt wird (und interessanterweise in England gänzlich unbekannt ist). In diesem 1963 gedrehten Sketch wird zwar gegessen und noch mehr getrunken, bis der Butler James, der die vier verstorbenen Freunde von Miss Sophie imitieren muss, nur mehr herumstolpert. Schokolade aber kommt nicht vor.

11 www.goodreads.com/quotes/23400-as-with-most-fine-things-chocolate-has-its-season-there (12.1.2015)

12 Mony, P., Tokar, T., Pang, P., Fiegel, A., Meullenet, J.-F., Seo, H.-S.: Temperature of served water can modulate sensory perception and acceptance of food. Food Quality and Preference 28: 449–455, 2013.

13 Zeh, J.: Corpus Delicti. Verlag Schöffling & Co, 2009.

14 Vohs, K.D., Wang, Y., Gino, F., Norton, M.I.: Rituals Enhance Consumption. Psychological Science 24: 1714–1721, 2013.

15 Carvalho-da-Silva, A.M., Van Damme, I., Wolf, B., Hort, J.: Characterisation of chocolate eating behaviour. Posterpräsentation, Pangborn Sensory Science Symposium, Florenz 2009.

16 www.aphorismen.de/zitat/5113 (12.1.2015)

17 Maier-Solgk, F., Neumann, H. IN: Platt T. (Hg): Genussbarometer Deutschland. Wie wir zu leben verstehen. Ch. Links Verlag, Berlin 2004.

18 www.de.wikipedia.org/wiki/Teilen (12.1.2015)

19 Lotz, S., Christandl, F., Fetchenhauer, D.: What is fair is good: Evidence of consumers' taste for fairness. Food Quality and Preference 30: 139–144, 2013.

20 EFSA Journal 2008, 725.

21 Mahro, B., Timm, M., Henrichs, R.: Möglichkeiten der Nutzung von biogenen Reststoffen der Lebensmittelindustrie als Biomasse-Ressource. Vortrag auf der Dechema-Fachtagung am 19.2.2008.

22 Anm. d. Autorin: »Umami« ist der Geschmackseindruck eiweißreicher Lebensmittel. Der Begriff stammt aus dem Japanischen und bedeutet übersetzt »köstlich«.

23 www.schokonews.de/2013/04/besten-schokoladen-sprueche/ (12.1.2015)

24 Frauendorfer, F., Schieberle, P.: Identification of the Key Aroma compounds in Cocoa Powder Based on Molecular Sensory Correlations. Journal of Agricultural and Food Chemistry 54: 5521–5529, 2006.

25 Frauendorfer, F., Schieberle, P.: Changes in Key Aroma Compounds of Criollo Cocoa Beans During Roasting. Journal of Agricultural and Food Chemistry 56: 10244–10251, 2008.

26 Buhr, K., Pammer, C., Schieberle, P.: Influence of water on the generation of Strecker aldehydes from dry processed foods. European Food Research and Technology

230: 375–381, 2010, oder Granvogl, M., Beksan, E., Schieberle, P.: New Insights into the Formation of Aroma-Active Strecker Aldehydes from 3-Oxazolines as Transient Intermediates. Journal of Agricultural and Food Chemistry 60: 6312–6322, 2012.

27 Elwers, S., Zambrano, A., Rohsius, C., Lieberei, R.: Differences between the content of phenolic compounds in Criollo, Forastero and Trinitario cocoa seeds (Theobroma cacao L.). European Food Research and Technology 229: 937–948, 2009.

28 Anm. d. Autorin: Grammeln (auch »Grieben« genannt) sind in kleine Stücke geschnittener, ausgelassener Schweinespeck. Beim Braten des Specks wird das Schmalz abgetrennt, die übrig gebliebenen Stücke sind die Grammeln.

29 www.zeit.de/2014/52/warum-soll-ich-das-lesen-52 (12.1.2015)

30 Donadini, G., Fumi, M.D.: An investigation on the appropriateness of chocolate to match tea and coffee. Food Research International 63C: 464–476, 2014.

31 www.guinness-storehouse.com/de/Taste_Of_Guinness.aspx (12.1.2015)

32 Thamke, I., Dürrschmid, K., Rohm, H.: Sensory descriptions of dark chocolates by consumers. LWT – Food Science and Technology 42: 534–539, 2009.

33 Cuenca-García, M., Ruiz, J.R., Ortega, F.B., Castillo, M.J.: Association between chocolate consumption and fatness in European adolescents. Nutrition 30: 236–239, 2014.

34 Anm. d. Autorin: BMI = Gewicht in kg/ Körpergröße in m². Beispiel: Der BMI einer 70 kg schweren Person mit 1,75 m Größe beträgt $70/(1,75 \times 1,75) = 22,9$.

35 Golomb, B.A., Koperski, S., White, H.L.: Association between more frequent chocolate consumption and lower body mass index. Archives of Internal Medicine 172: 519–521, 2012.

36 Nurk, E., Refsum, H., Drevon, C.A., Tell, G.S., Nygaard, H.A., Engedal, K., Smith, A.D.: Intake of Flavonoid-Rich Wine, Tea, and Chocolate by Elderly Men and Women Is Associated with Better Cognitive Test Performance. The Journal of Nutrition 139: 120–127, 2009.

37 www.goethe.de/ins/br/sab/ver/kao/bdk/deindex.htm (12.1.2015)

38 www.barry-callebaut.com/news?group=, year=,lang=en,read=de,page=, release=10743 (12.1.2015)

39 Dunkle Schokolade gegen Stress. Ernährungsumschau Heft 5/2014, M236.

40 www.aphorismen.de/zitat/78862 (12.1.2015)

41 Neufingerl, N., Zebregs, Y.E.M.P., Schuring, E.A.H., Trautwein, E.A.: Effect of cocoa and theobromine consumption on serum HDL-cholesterol concentrations: a randomized controlled trial. American Journal of Clinical Nutrition 97: 1201–1209, 2013.

42 Karjalainen, Söderling, Pienihäkkinen, Laine, Lenander-Lumikari: Salivary sugar clearance of food products frequently used by Finnish school children. 49th ORCA Congress, Finnland 2002.

43 Gajendragadkar, P.R., Moualed, D.J., Nicolson, P.L.R., Adej, F.D., Cakebread, H.E., Duehmke, R.M., Martin, C.A.: The survival time of chocolates on hospital wards: covert observational study. BMJ 347: 1–7, 2013.

44 Price, A.M.H., Coates, C., Symeonides, C., Hiscock, H., Smith, L., York, E., Hennel, S.: Chocolate frogs do not increase completion of parent survey: Randomised study. Journal of Paediatrics and Child Health 50: 866-868, 2014.

45 Fahrnow, I.M. Fahrnow, J.: Nahrungsmittelliste zum Buch »Fünf Elemente Ernährung«, GU, 7. Auflage 2004.

46 Derndorfer, E., Mörixbauer, A., Gruber, M.: Schmankerlland Österreich. 60 kulinarische Ausflüge. Pichler Verlag, 2014.

47 www.martinparr.com/2010/el-bulli/ (12.1.2015)

48 www.stephenshore.net/photographs.php (12.1.2015)

49 www.vikmuniz.net/gallery/junk (12.1.2015)

50 Nordico Museum Linz, Ausstellung Kunstgenuss Essen, 2014.

51 www.simpsons.wikia.com/wiki/The_Land_of_Chocolate; www.simpsonspedia.net/index.php?title=Heimatland_der_Schokolade (12.1.2015)

52 Zotzmann-Koch, K.: Mord und Schokolade. KSB Media, 2014.

53 Nabers, R., Ehses, C., KSB Media, 2013.

54 Bernsdorf, M.: Bei Schokolade Mord! CreateSpace Independent Publishing Platform, 2014.
55 Henn, C.S.: Die letzte Praline. Piper Taschenbuch, 2014.
56 Rankin, J.: Ein Rest von Schuld. Goldmann Verlag, 2010.
57 Auf: www.evaderndorfer.blogspot.co.at/
58 Desrues, G.: Der neue Schokoladenboom. Falstaff Dez-Feb: 118-124, 2015.
59 Bernadini, G.: Der Schokoladentester. Die besten Schokoladen und Pralinen der Welt. Was dahinter steckt und worauf wir gerne verzichten. 2. Auflage, 2013.
60 Di Mattia, C., Martuscelli, M., Sacchetti, G., Beheydt, B., Mastrocola, D., Pittia, P.: Effect of different conching processes on procyanidin content and antioxidant properties of chocolate. Food Research International 63: 367–372, 2014.
61 www.academyofchocolate.org.uk/ (12.1.2015)
62 www.dlg-verbraucher.info/de/testergebnisse/ suesswaren.html (12.1.2015)
63 www.internationalchocolateawards.com/ judging-system-and-forms/ (12.1.2015)
64 www.ec.europa.eu/research/infocentre/ article_en.cfm?id=/research/star/index_ en.cfm?p=ss-propraline&item= Infocentre&artid=26676 (12.1.2015)
65 Gesehen bei Doisy & Dam.
66 Gesehen bei iQ SuperFood chocolate.
67 Von Rainer Melichar, Nibelungenhof, Traismauer, NÖ: www.nibelungenhof.at/ (12.1.2015)
68 Von Josef Haslinger, Chefpatissier im Meinl am Graben, Wien
69 Gewürzkochkurs bei Natalie Pernstich, www.babettes.at/de (12.1.2015)
70 rote Johannisbeeren
71 www.alteskochbuch.at/ (12.1.2015)
72 www.evaderndorfer.blogspot.co.at/2013/08/ linzertorte-rezepte-aus-dem-19.html (12.1.2015)
73 Pilzsauce
74 Anm. d. Autorin: Eine Käsespezialität aus Molke, die aufgekocht und mit Essig oder Zitronensäure versetzt wird. Dadurch fällt das Molkeneiweiß aus und kann abgeschöpft werden. Die Masse wird in Leinensäcke gefüllt, gepresst und ganz leicht geräuchert.
75 Randel G.: Molekulare Desserts. Umschau Verlag, 2008.
76 Xocolat
77 Piqueras-Fizman, B., Spence, C.: The Influence of the Color of the Cup on Consumers' Perception of a Hot Beverage. Journal of Sensory Studies 27: 324–331, 2012.
78 www.cuisimonde.com/rapidrecipe/ sanguinaccio-dolce-schokoladenpudding- mit-schweineblut.html.html (12.1.2015)
79 www.zotter.at/de/das-ist-zotter/biografie/ produkteinfuehrungen.html (12.1.2015)
80 www.chocri.de/wissensbereich/ schokolade-allgemein/ schokoladensprueche/ (12.1.2015)
81 www.eatconsult.at/ (12.1.2015)
82 www.callebaut.com/atde/chocophilia/ schokoladen-abc/zitate (12.1.2015)
83 www.gutezitate.com/zitat/107316 (12.1.2015)
84 www.goethe.de/ins/br/sab/ver/kao/bdk/ deindex.htm (12.1.2015)
85 www.de.wikiquote.org/wiki/Forrest_Gump (12.1.2015)
86 www.spruch-des-tages.org/zitate/1249- was-immer-geschieht-nie-duerft-ihr-so- tief-sinken-von-dem-kakao-durch-den- man-euch-zieht-auch-noch-zu-trinken (12.1.2015)
87 www.spruch-archiv.com/list/?query= schokolade&sort=datum&order= up&id=31128 (12.1.2015)
88 Derndorfer, E., Mörixbauer, A., Reiselhuber-Schmölzer, S.: Brot im Klartext. Die österreichische Brotansprache. Trauner Verlag, 2012.
89 Käsespätzle
90 Berg in Oberösterreich

EVA DERNDORFER beschäftigt sich seit vielen Jahren mit dem Genuss von Lebensmitteln. Sie studierte Ernährungswissenschaften und spezialisierte sich auf die Sensorik, die Wahrnehmung von Lebensmitteln mit allen Sinnen. Nach Jobs im Hochschulsektor und der Lebensmittelindustrie, wo sie sich u. a. mit der Entwicklung von Schokolade befasste, gründete sie ihr eigenes Unternehmen. Sie hält Sensorikschulungen und Genussworkshops und ist Autorin zahlreicher Bücher rund um das Thema Essen. Eines ihrer Bücher wurde 2013 mit dem Gourmand World Cookbook Award ausgezeichnet (www.evaderndorfer.at).

Eva Derndorfer
111 GRÜNDE, SCHOKOLADE ZU LIEBEN
Wissenswertes und Anekdoten über den süßen Genuss

ISBN 978-3-86265-452-9
© Schwarzkopf & Schwarzkopf Verlag GmbH, Berlin 2015
Coverfoto: © Oxana Zubov/thinkstock.de,
© Pekic/thinkstock.de , © prapass/Shutterstock
Bilder im Innenteil: © Andreas Baierl & Eva Derndorfer

KATALOG
Wir senden Ihnen gern kostenlos unseren Katalog.
Schwarzkopf & Schwarzkopf Verlag GmbH
Kastanienallee 32, 10435 Berlin
Telefon: 030 – 44 33 63 00
Fax: 030 – 44 33 63 044

INTERNET | E-MAIL
www.schwarzkopf-schwarzkopf.de
info@schwarzkopf-schwarzkopf.de